政治学の扉

言葉から考える

[増補第２版]

明治学院大学法学部政治学科編

Key Concepts of Politics and Government

風行社

はしがき

鍛冶 智也

「初めに言《ことば》があった。言《ことば》は神と共にあった。言《ことば》は神であった。」(『新約聖書』「ヨハネによる福音書」第一章第一節) この言《ことば》とは、ロゴスのことを指しており、言葉を通して表現された概念、理性、理論、思想などを指している。この小さな本は、政治学の基礎的なロゴスを学ぶための入門書である。

言葉が溢れている。

アナウンサーの読む時間当たりの文字数は、三〇年前と比べて三割程度多くなっている。

言葉が貧している。

ツイッターでは一四〇文字以内でメッセージを送り、携帯メールの文章は断片化している。

言葉が軽くなっている。

不祥事の後、政治家の言い訳、企業経営者の弁明、お笑いタレントの言い種は軽薄である。

言葉が重大になっている。

ウェブサイトの炎上は、言葉で引き起こされ、言葉の伝播で社会問題になり、なかなか消火できない。

二〇一五年は、戦後七〇年の年である。このちょうど中間の時期に、日本政治学会は『政治学の基礎概念』（岩波書店、一九七九年）を年報の特集テーマとした。戦後の政治学の再出発から一世代、三十余年が経ち、基礎的な概念の整理を試みたものである。それからもう一世代経った現在、学科として改めて初学者にも理解しやすい政治学の基礎概念の解説書の必要性を考え、編纂したものが本書である。

『政治学の基礎概念』は、〔主体〕〔構造〕〔機能〕〔統合〕の四つの柱にそれぞれ五つの概念の解説があり、市民、自由、自治、統治、共和、文化、意識、階級、組織、政府、行政、政策、情報、福祉、開発、権力、闘争、変動、憲法、政治と計二〇の基礎概念を扱っている。この二〇の基礎概念には、当時の問題意識もあって政治過程に関する概念と国際政治に関わる用語が省かれている。プラトン以来二五〇〇年近くの伝統があり、政治学は最も古い学問として認められているが、時代時代の関心概念も変化していることが了解できよう。本書は、目次をご覧頂けばおわかりになるように、自由、権力、国民、国家、情報、世論、政治参加、政治文化、政党、圧力団体、政府、行政、公共、市民、政策、市場、戦争、平和、国際社会、国際組織の二〇の基礎概念を解説している。上記の『政治学の基礎概念』とは、七つが重なっており、姉妹書『初めての政治学―ポリティカル・リテラシーを育てる』（風行社、改訂版二〇一五年）には政治、自治、統治、福祉を扱った論文もあるので、およそ半分以上は、重なっている。主権、議会、選挙、官僚制など重要概念でも取り上げていないものがあり、全ての基礎概念を解説できたとは毛頭考えていないが、入り口の扉を叩くことができるだけの道具立ては揃っているように思う。

本書は、『政治学の基礎概念』の他、三省堂の「一語の辞典」シリーズ、岩波書店の「思考のフロンティア」シリーズやブリタニカ国際百科辞典の大項目などを意識しているが、明治学院大学法学部政治学科の一〇名の専任教員の専門分野を踏まえ、政治学の基礎的な専門科目の授業でも使用できるように編纂した。言葉を歴史や文脈の中で理解してもらうことを主眼としたので、個々の政治学の基礎概念を短く解説する用語辞典のようにならないように各執筆者が担当する概念は二つとした。おそらく、一概念について解説が比較的長い量でなされること、各執筆者が二つの概念について執筆していること、そして二つの概念がどのように関係しているかについても解説しているのが、本書の特徴点と考える。一般的には、対立する（感じがする）概念や両者には共通することはみられないとも思われる概念に、「こんな親和性がある」という形で提示したり、逆に、一般に違った言葉で表しているけれども、「その違いは？」と聞かれて、答えに窮するような概念を峻別したり、あるいは歴史的に密着しながら発展してきた概念を説明したりなど、個々の独立した概念の解説では曖昧模糊としていたような関係を少しはすっきりさせることを目指して、このような企画となった。読了後、「へぇ〜、この二つの概念にはこんな関係があったんだ。」というような、初学者にとって、幾ばくかの「意外感」をもってもらって、次のステップに進んでもらいたいと願っての教師の「政治的」策略である。

さて、政治学の重い扉を押し開ける時がきたようです。準備はできましたか?

「殿下、何をお読みで?」「言葉、言葉、言葉」（W・シェイクスピア『ハムレット』第二幕第二場）

増補第2版のはしがき

葛谷　彩

二〇一五年に本書の初版が刊行されてから、はや五年が経過した。この間、政治学科では新たに熊谷英人（政治学原論担当）、久保浩樹（政治制度論担当）、佐々木雄一（日本政治史担当）の三名を専任教員として迎え、昨年二〇二〇年に『初めての政治学』（増補第3版）を刊行した。本書もそれに伴い、改訂することになった。

今回の改訂に際しては、三名が執筆した章を新たに加え（第2章〔熊谷〕、第5章〔久保〕、第8章〔佐々木〕）、初版の第3章を割愛し、それにあわせて既存の章の順序に多少の修正を施し、増補第2版として出版することになった。

本書の特徴は、初版のはしがきにある通り、（1）政治学の基礎概念を二つ取り上げて、それぞれの意味だけでなく両者の関係を説明していること、（2）個々の政治概念について、その歴史的背景や文脈を重視して解説していることである。

現在の国内・世界の政治情勢は大きな変容にさらされている。二〇二〇年に発生した新型コロナウィルスによる感染拡大（コロナ禍）は、一方でグローバル化を所与として政治的・経済的・社会的活動を行ってきた各国家や企業、団体および個人に大きな打撃を与え、その政策や行動の変容を余儀なくさせている。他方で、それは以前から各国が抱えていた問題や脆弱性を浮き彫りにした。たとえば、国内の格差の増大（ステイホームできる職業とそうでない職業の格差など）や対立の激化（重症化リスクは高いが、経済活動のための外出の必要が少ない高齢者と、前者は低いが後者は高い若者の間の対立）、インバウンドへの観光業の依存や市場・原料供給地としての海外への依存などに見られる経済における対外依存の増大などである。

一見するとコロナ禍は未曽有の危機と見なされ、これに対応していかに社会を変えていくか（「新しい日常（ノーマル）」）が至上命題として唱えられがちである。しかし、世界的な感染症の拡大は、既におよそ一〇〇年前の第一次世界大戦末期の世界で人類が経験したことである（「スパニッシュ・インフルエンザ」）。問題をより深く理解し、社会の分断を回避し、さまざまな人々の利害を考慮したバランスの取れた対策をとるためには、歴史的理解が不可欠である。また二つの概念の対比に見られる、ある現象を一つの視点だけでなく多角的な視点から考察することは、危機の打撃を受けやすいにもかかわらず、声を上げることが困難な社会的弱者の救済に求められる姿勢である。なぜなら、こうした人々自身は権利を主張して何らかの保護や救済を求めるのではなく、往々にして「仕方がない」あるいは「運が悪かった」と考えて泣き寝入りする、もしくは最悪の場合自ら死を選びがちだからである。それはコロナ禍の現在における自殺者（特に女性）の激増に表れていると言えよう。本学科が掲げる教育目標である「教養ある成熟した市民の養成」とは、まさにそうした社会的弱者に心を寄せて行動することができる人材の育成に他ならない。本書がこうした問題を理解し、今後の行動を考える一助となれば、幸いである。

目次

目　次

第1章　自由と権力

添谷　育志

はじめに

フランツ・ノイマンの著書『政治権力と人間の自由』（内山秀夫ほか訳、河出書房、一九七一年）の表題が示しているように、権力と自由とは切り離し難く結びついている。以下では「自由」という価値観を中核とする「リベラリズム」の思想的源流を探求するとともに、その概念的転回と歴史的変遷を辿ることにする（「はじめに」～「三」）。ついで「自由」の対概念としての「権力」について考察する（「四」～「六」）。まずは「自由」という言葉の由来について考えることにしよう。

一　「自由」という言葉について

今日では「フリーダム（Freedom）」と「リバティ（Liberty）」は、ともに「自由」と訳されるが、その意味合いは若干異なっている。「フリーダム」の原形である形容詞「フリー（free）」は古英語の「frēo」に由来する。これは古インドヨーロッパ語の「prijos」や「prēy-」、あるいは古ドイツ語の「frijaz」に起源をもち「like、love」の意味をもつ。北欧神話の「フレイ」、「フレイヤ」も同じ語源による。古アイルランド語の「riar」はウェールズ語の「rhydd」と対応し、現在の「フリー」に直接対応している。一説によれば古代ギリシア語ではπρᾶος（praos 温和で、優しい）と表記され、「気ままさ」や「傲慢さ」という意味が含まれている。

一方で「リバティ」はラテン語の「liber」すなわち「社会的・政治的に制約されていない」「負債を負っていない」という意味で、英語の形容詞「liberal」や名詞「liberty」の語源となった。また動詞の「liberate（解放する）」、名詞の「liberator（解放者）」や「liberation（解放）」も同じ語源による。今日の Liberalism はこの系列に属する。こちらでは自由の消極的側面（しなくてよい）が強調される。両者に共通点しているのは、現在的意味合いの「自由」とは異なる意味で用いられた点である。現在の freedom や liberty の用法にも名残を留めているが、近世までは特権を意味する言葉だった。民衆の持ちえない権利を有している状態が freedom または liberty だったのである。一七二九年に出版された辞書によれば、権利付与や時効によって得られる高貴なる者の特権と定義され、但し書きで「一部で、各人が思うように行動できる力という意味でも用いられてきている」と言及されている。

またヨーロッパでは古代から近世に到るまで、「アジール（asylum：ギリシア語 ἄσυλον（asylon）を語源とするフランス語 asyle に由来する）」という俗世界の法規範とは無縁の場所、不可侵の場所が存在し、そこに逃げ込めば世俗権力の逮捕や裁判を免れることができた。その多くは神殿、寺院、教会だったが、自治都市もある意味で「アジール」としての性格を有していた。「都市の空気は自由にする」というドイツ語の諺があることは、そのことの証左に他ならない。ただしここでの「自由」とはあくまでも封建領主への隷従から解放されるという意味であり、後述する近代的個人が有する「自由」とは異なっている。

ところが王権の拡大とともに「アジール」は消滅し、個人は強大化した君主権力と直接的に対峙することになった。たとえばイングランドでは一四世紀頃からアジール権を廃止する要望が出るようになった。とくに債務逃れのためにアジール権を用いる者が出現するようになり問題となった。ヘンリー八世はアジール権についての法を変え、アジール権を請求しうる犯罪の種類を大幅に削減した。こうしてイングランドでのアジール権は、ジェームズ一世によって一六二三年に完全撤廃されたのである。

ここから看取できるのは①「自由」という考え方が、とくに古代ギリシアにおける「帰属としての自由」や中世ヨーロッパの「アジール」に見られるように、何らかの「領域性＝空間」と関連していることと、②古代ローマの平民階級の「リベルタス」に見られるように、貴族階級の権力と両立可能な権利であったこと、そして③これらいずれもが、何らかの「特権性」を有していたこと、この三点である。「特権性」と結びついた古代的・中世的「自由」は、これから述べる近代という時代のなかで大きく変容することになる。その変容をもたらしたものは「イングランドにおける内乱」、「アメリカ独立戦争」、「フランス革命」という「近代市民革命」と総称される社会的・政治的・経済的・文化的な地殻変動だった。この変動に対しては当然のことながら、様々な反作用が生じた。たとえばイングランドでは、一〇六六年のノルマン人による征服によってもたらされた「封建法」を打破する革命勢力が、ノルマン人による征服以前に存在した（と想定される）「旧い国制」の下での自由を称揚した。

フランスでは革命によって没落を余儀なくされた旧貴族勢力が依拠した古代的自由と革命によってもたらされた近代的自由を比較考量する議論が展開された。その代表例がバンジャマン・コンスタンの「近代人の自由と対比された古代人の自由」（一八一九年）である。コンスタンは近代的自由＝個人的自由の観念が生じたのは一八世紀以降のヨーロッパにおいてであり、それは古代人が考える自由とは異質のものだったと主張する。

だが公共的事柄への参加の義務を伴う自由と私的領域における自由をいかにして両立可能なものにするかは、それほど容易なことではなかった。その問題に取り組んだのが、フランスの旧貴族アレクシス・ド・トクヴィルであった。彼は母国フランスでは革命によって一掃された様々な中間団体がアメリカでは生き生きと機能しており、それが「草の根デモクラシー」の活力源になっているのを称賛するが、他方で平等の進展に伴い個人が匿名の集合体としての大衆へと頽落し「多数者の専制」に陥る危険性が存在することを危惧していたのである（『アメリカのデモクラシー（全四巻）』（松本礼二訳、岩波文庫、二〇〇五―八年）参照）。

二　「自由」の概念的転回と歴史的変遷――二〇世紀まで

上述したような「特権」とは切り離された「行為主体」としての個人の自由が問題とされるようになるのは、近代に到ってからだった。それはまず個人の精神的活動としての「信仰」の自由をどのようにして達成するかという問題だった。一六一八年から一六四八年まで続いた「三〇年戦争」は、西ヨーロッパ全域を巻き込むカトリックとプロテスタント諸国間の宗教戦争だった。それに決着をつけたのが、「ウェストファリア条約」だった。この条約によって、ヨーロッパにおいて三〇年にわたって続いたカトリックとプロテスタントによる宗教戦争に終止符が打たれ、条約締結国は相互の領土を尊重し内政への干渉を控えることを約し、新たなヨーロッパの秩序が形成されるに到った。それとともに宗教的にも教皇・皇帝といった普遍的・超国家的な権力＝権威がヨーロッパを単一のものとして統治する試みは事実上断念され、カトリックを採用するかプロテスタントを採用するかは各国の裁量に委ねられることになった。

しかし他方で、国家という集合体の成員である一個人の精神的活動としての「信仰」の自由を求める思想的動きは、中世神学における「意思自由論」と「意思奴隷論」の対立として始まった。前者は人間の意思こそが人間行動の第一原因であるとするものであり、後者は神の意思こそが第一原因であり、人間行動はそれによって全面的に決定されているというものだった。

こうした個人としての自由に関する議論の展開において決定的役割を果たしたのはトマス・ホッブズの『リヴァイアサン（全四巻）』（水田洋訳、岩波文庫、一九八五―九二年）「第一四章」における「外的障害の欠如としての自由」という考え方だった。すなわちホッブズは「自由」という問題を徹底して個人の自由意思からは切り離し、外面的な「行動の自由」の問題として措定したのである。これによって政治的自由の問題は「公共社会の一員であることによって課せられる諸拘束の中で個々の行動主体が享受しうる行動の自由の範囲は何か」という問題として再定義されることになり、そしてこの「行動の自由」は何よりもまず経済活動の自由として追求されることになった。その背景にあるのは一八世紀スコットランド啓蒙の語彙を用いれば「商業社会」ないしは「文明社会」の興隆だった。それを代表するのがアダム・スミスの『国富論（全四巻）』（水田洋監訳・杉山忠平訳、岩波文庫、二〇〇〇―〇一年）だった。

スミスにとって問題だったのは、生産力の向上によって全体としての「国富」は確かに増大したが、それが国民全体に均等に分配されていないことだった。彼は結局のところ「市場」という「見えざる手」

によって商品価格は貧しい者にも入手可能なレベルに落ち着くだろうと考えた。したがって政府が過剰な介入をして貧しい者を救済することは、無用な混乱を「市場」にもたらすものとして極力回避するべきだとして、たとえば大土地所有者の利益をはかり国内農産物価格を高レベルに維持しようとして、政府が関税障壁を設定し安価な外国産農産物の輸入を禁止すること（保護貿易）は、国際市場における自由競争を阻害するだけではなく、長期的には貧しい者にとって不利益をもたらすものとして反対したのである（自由貿易）。これが古典的経済自由主義の中心にある考え方だが、他方でスミスは自由市場が健全に機能するためには、他者に対する「想像上の立場交換」としての「同感」によって個人の内面に形成される「公正な観察者」が必要だとも論じているのである。

こうして一九世紀半ばまでには行動主体としての個人の自由を擁護する古典的自由主義は、政治・経済思想や国家政策の面でも確固たる地位を確立していった。後者を代表するのが一八四六年の「穀物法」の廃止であり、前者の面ではジェレミー・ベンサムに代表される「功利主義」である。

ベンサムの思想史上の功績は、それまで正義の根拠とされてきた「自然法」を「大言壮語のたわ言」として退けたことである。それに代わってベンサムが正しい政策や行為の根拠として提示したのが、あの有名な「最大多数の最大幸福」だった。彼は道徳や立法の原理を一変させただけではなく、たとえば「一望監視装置《パノプティコン》」や「貧民管理」プランなどの奇妙な提言もしたのである。

それに対して前者を代表するのが、ベンサムの影響を受けながらも、全体としての社会的効用の増大だけで道徳や立法の良し悪しを判断するのではなく、公共社会の一員としての個人の行動の自由を尊重したＪ・Ｓ・ミルだった。

ミルによれば行為主体が自由に行動できる範囲を最大化することこそが、政治的自由主義の眼目なのだ。しかし行為主体の自由裁量に委ねられるのは無限大ではない。なぜなら社会には同じように自らの行動の自由を最大限化しようとする「他者」が存在するからである。「他者」に現実的危害を加える行為は「公権力＝物理的強制力＝刑罰＝法律」によって罰せられるか、あるいは「世論＝社会的な強制力＝匿名の権力」によって抑制されることになる。「公権力」ないしは「世論」が「現実的危害」以外の理由（たとえば行為主体の幸福や物質的利益の増大）によって行動主体の自由を制限することは、その後の言い方では「パターナリズム」と呼ばれ、ミルはこれを徹底的に排除しようとしたのである。

ともあれ現在ではミル的自由主義は次のように定式化されている。①成人で判断能力のある者は、②身体と生命の質を含む「自己のもの」について、③他人に危害を加えない限り、④たとえ当人にとって理性的にみて不合理な結果になろうとも、⑤自己決定の権利をもち、自己決定に必要な情報の告知を受ける権利があるというものである。

一九世紀後半になると英国の国内では労働者が選挙権を獲得して政治の舞台に登場し、国外では帝国主義的拡大が頂点に達した。こういう時代変化を背景にして、ミルの期待とは裏腹に個人の自由の尊重よりも国家が積極的に社会生活ひいては個人生活の中に介入することが重視されるようになった。その理由は労働者の生活条件を改善することによって生産力を向上させ、兵士の身体的能力を向上させることによって帝国主義戦争に勝利することだった。そのためには「国民的効率」を向上させることが最重要視された。そしてこの「国民的効率」の思想は、ウエッブ夫妻によって国内労働者に対して最低限の福祉を保障する「ナショナル・ミニマム」という考え方に結び付けられ、後述する「福祉国家」の思想的源泉のひとつとなっていったのである。

三　現代的「自由」概念への転回と歴史的展開——二〇世紀以降

英国ではこの路線に沿って「ベヴァリッジ報告」（一九四二年、本報告の邦訳は『ベヴァリッジ報告——社会保険および関連サービス』〔一圓光彌監訳、法律文化社、二〇一四年〕として出版されている）を端緒とする、「揺りかごから墓場まで」というスローガンに集約される「福祉国家」がアトリー政権の下で推進された。同報告には対独戦争に勝利した暁には「五大巨悪」——「欠乏」、「病気」、「無知」、「不潔」、「怠惰」——との戦いが待っていると書かれており、その克服のために英国民は奮闘努力したのだった。これらの巨悪のそれぞれに対処するために、①老齢年金や失業保険などの現金給付、②無料の「国民医療サービス」、③無料の義務教育、④住宅・都市整備計画、⑤基幹産業の国有化による完全雇用などの政策が実施された。一九五一年に政権を奪回したチャーチルが率いる保守党も基本的にはこの路線を踏襲した。

しかし七〇年代以降の「英国病」と呼ばれたインフレと不況の同時進行である長期的な「経済衰退＝スタグフレーション」は、この路線に対する見直しを迫ることになった。

そこに颯爽と登場したのがマーガレット・サッチャーだった。彼女は主としてミルトン・フリードマンに代表される「マネタリズム」と呼ばれる財政政策によって、英国経済を建て直そうとしたのだった。その具体策は「民営化」、「規制緩和」、「自由競争の奨励＝格差の容認」、「高額所得者への減税」、「金融ビッグバン」、「市場万能主義」など今日「新自由主義」ないしは「新保守主義」と呼ばれているものだった。彼女は「社会などというものはない」という有名な台詞《せりふ》をはいたが、その際に「社会」が意味していたのは、旧態依然たる「社会主義」の母体である「社会」、より直截に言えば「労働組合」のことだったのだ。

実はサッチャー登場以前からケインズ的「福祉国家」に対する批判は各方面から投げかけられていた。その代表者のひとりがハイエクであり、彼は戦時中に書かれた『隷従への道』において、福祉国家や社会主義国家の計画経済を「集産主義」として激しく批判した。またオーストリア生まれの哲学者カール・ポパーも『開かれた社会とその敵（全二巻）』（内田詔夫・小笠原誠訳、未來社、一九八〇年）おいて、プラトンからヘーゲル、マルクスを経てナチズムに到る「全体主義」の系譜を辿り、戦後英国やアメリカの「福祉国家」的な政治・経済運営に対する激しい批判を展開したのだった。

これらの「福祉国家」批判とは逆に積極的にこれを正当化する議論もあった。言うまでもなくジョン・

ロールズの『正義論〈改訂版〉』（川本隆史他訳、紀伊國屋書店、二〇一〇年）の出現である。『正義論』においてとくに注目されたのは、ある社会において最も恵まれていない人びとの生活向上のためならば不平等も是認されるという考え方（「格差原理」）だった。ロールズが擁護しようとしたのは、政府が再分配政策を通して積極的に経済に介入することを是認するリベラル派の「平等」という価値観だった。それに対して肥大化した政府による個人生活への干渉を排除して「自由」という価値観にあくまでも固執する「保守主義」や、何らかの共同体における「美徳」という価値観を復活させようとする、アリストテレスに起源をもつ（と想定された）「共同体主義」と呼ばれる考え方が続々と復活ないしは誕生してきた。前者を代表するのがロバート・ノージックの『アナーキー・国家・ユートピア――国家の正当性とその限界（上・下）』（嶋津格訳、木鐸社、一九八五年）であり、後者を代表するのがマイケル・サンデルの『リベラリズムと正義の限界』（菊池理夫訳、勁草書房、二〇一〇年）である。その後、前者からはミルトン・フリードマンの息子であるデイヴィッド・フリードマンを代表とする「完全自由尊重主義」という個人の自由を最大限に尊重し、極端に言えば国家無用論とも言える「無政府資本主義」という考え方が産み出され、後者からはそれぞれが帰属する集団の美徳や文化的アイデンティティを最大限に尊重する、チャールズ・テイラーを代表とする「多文化主義」という考え方が産み出されていった。

リバタリアニズムが猛威を振るう一九九〇年前後から、バーリンの「二つの自由概念」の背景としてあった東西対立を基調とする世界のあり方は、ベルリンの壁の崩壊を端緒とする冷戦構造の終焉、ソ連の崩壊、「グローバル化」と「情報通信技術」の急速な発展などによって大きく変貌した。こうした時代変化の中で、サミュエル・ハンチントン的見方（文明の衝突）が現実味をますます帯びてきた。それを象徴するのがアメリカ同時多発テロ事件だった。国内政治の領域でも「ネオリベラリズム」の負の遺産としての格差の拡大、労働市場の流動化、犯罪の増加、世代間の対立、薬物依存、家庭の崩壊、共同体の空洞化などなど、いわば一九世紀末の「社会問題」にも勝るとも劣らない状況が発生してきた。先進諸国はこれらの問題に対応すべく、たとえば英国ではトニー・ブレアが「新労働党」を率いてサッチャーに勝るとも劣らぬ颯爽とした姿で登場し、アメリカでは民主党のビル・クリントンが、そしてドイツでは社会民主党のゲアハルト・シュレーダーたちの中道左派勢力が政権を掌握した。これらの政権が採用した政策路線を総称するものが、とくにブレアのブレインとも言われたアンソニー・ギデンズの「第三の道」だった。

この路線は一時的には成功したかに見えたが、二〇〇〇年代後半になるとブレアの失脚が象徴するように、最早「第三の道」もその効力を失ったようだ。事実アイスランドにおける規制緩和の実験に端を発し、二〇〇八年のサブプライムローンの破綻を契機とする、いわゆる「リーマン・ショック」に見られるいっさいの規制なき市場経済、つまりは（気候変動をも含めて）すべての事象が投資の対象となる金融市場の暴走と、ギリシアを典型とする先進諸国の財政危機に歯止めをかける手立てはないように見える。

このような状況の中で、たとえばアンドルー・ギャンブルは『資本主義の妖怪――金融危機と景気後退の政治学』（小笠原欣幸訳、みすず書房、二〇〇九年）において、一九三〇年代の「大恐慌」、一九七〇年代のインフレと物価上昇を伴う長期的不況である「スタグフレーション」と今回の危機を対比しながら、今回の危機を説明しかつそれに対処する五つの方策――①「市場原理主義」、②「国家保護主義」、③「規制重視自由主義」、④「コスモポリタン自由主義」、⑤「反資本主義」――を挙げている。ギャンブル自身は「市場原理主義、あるいは、もっと極端な形態の国家保護主義への逆戻りを回避し、新しい規制システム、新しい国際的枠組み、そして新しい経済をプラグマティックに構築すること」のなかに、「かすかな望み」を見出しているが（前掲邦訳、二三二頁）、果たしてそれが具体的にはどのような政策として実現されるのかについては言及していない。

最後に同世代のひとりとして筆者が長年にわたり親近感を抱いてきたトニー・ジャットの言葉をもって結びとしたい。ジャットの六二年に渡る生涯は、まさにその墓碑銘に刻まれた「私は言葉に生きた（I did words）」という三文字に象徴される、世界を言葉によって理解し、そしてその理解に基づいて行動する人生だった。『荒廃する世界のなかで――これからの「社会民主主義」を語ろう』においてジャットはこう書いている。

《自由な社会を構成する公共社会《シティズン》の一員として、私たちには自らの世界を批判的《クリティカル》／批評的に見つめる義務がある。しかし何が間違っているかを理解したと考えるのならば、私たちはその理解に立って行動しなければならない。ある有名な人物が述べたように、これまで哲学者たちは多種多様なやり方で世界を解釈してきただけだが、重要なのは世界を変えることなのだ》〔前掲邦訳、二五七頁、ただし引用文は添谷訳〕。

死を間近にしたジャットがこのように書いたとき、彼のなかにあったのは「荒廃する世界」に対する「呪詛」だったのだろうか、それとも「祈り」だったのだろうか。

『荒廃する世界のなかで――これからの「社会民主主義」を語ろう』の「前置き」の副題「不安と混乱のさなかにある若者たちへ」は、原書では“A Guide for the Perplexed”となっている。言うまでもなくこれは、中世のユダヤ人神学者マイモニデスの著著『迷える者のための手引き（*The Guide for the Perplexed*）』を念頭においたものである。それではジャットが本書において目指したものは、かつてのマイモニデスのように「不安と混乱のさなかにある若者たち」に向けて「社会民主主義」復活のための「手引き」を提示することだったのだろうか。ジャットのユダヤ人としての背景を考慮すれば、そのような解釈も可能だろうが、おそらくそうではない。ジャットの「社会民主主義」への信念を支えていたのは、本書の各所で見られ、遺著『記憶の山荘――私の戦後史』（森夏樹訳、みすず書房、二〇一一年）では中心的テーマとして語られる、ヨーロッパ戦後史に深く根ざした「伝統」であり、彼の個人史に深く根ざした「記憶」であった。それは彼の代表作『ヨーロッパ戦後史（上）1945-1971・（下）1971-2005』（森本醇訳、みすず書房、二〇〇八年）執筆の出発点となった、第二次世界大戦直後のヨーロッパの「ふるさと」への尽きることない哀惜の念であった。そのような思いを抱きながらも、ジャットが私たちに託したメッセージは、――「記憶喪失が原因のノスタルジー」〔同書（上）、一五頁〕――を断固として断念し、「神」の代替物としての超越的理念への屈服をも拒否し、あくまでも理不尽な現実そのもののなかに留まりながら、そこに潜在するかすかな希望への兆しを見出すことだったのだ。ジャットがレイモン・アロンの論文集の英訳版に寄せた「前置き」のつぎのような言葉は――アロンをジャットに、二〇世紀を二一世紀に置き換えれば――そのままジャットにも当てはまる。

《彼はかつて自らをそう描写したように、「アンガージュする観察者（le spectateure engage）」、すなわちコミットする観察者だった。その醒めた冷静な声調と原子力の時代（the atomic age）における生の現実を、それにまつわる迷妄から解放されて受け容れる態度は、開かれた社会の脆弱な価値観への彼の深いコミットメントを見えなくさせた。……（中略）……しかし彼のコミットメントには疑念の余地はなく、その情熱はリアルだった。今日アロンを読むことは、二〇世紀の諸々の対立において何が賭けられているのか、そしてそれがなぜそれほどまでに重要なのかを思い起こさせることなのだ》〔“Introduction,” in: Raymond Aron, *The Dawn of Universal History: Selected Essays From*

A Witness To The Twentieth Century, Translated by Barabara Bray (New York; Basic Books, 2003), p. xxiv.〕

四　権力論の思想史的背景

M・メルロー＝ポンティは「マキアヴェリ覚え書」というエッセイの中でこう述べている。「他人を抹殺しようとするような――そしてまた他人を奴隷にしてしまうような――自己主張の仕方があるわけですが、また、他人の死などではなく、それでいてやはり私の行為そのものにほかならぬような、人との相談や交換の関係があるのです」。彼によれば、そのような関係とは「権力」を媒介とした関係であって、「おのれと他人との関係を掌握することによって、人と人との諸関係を何らかの形で透明ならしめるもの――あたかも人間は一種の隔たりの中でしか近づきえないものだというように――、それが権力というものなのです」。つまり、「他人とともに生きる手段」、それが権力だというのである。(1)

一見したところ、これは奇妙な考えに思われるだろう。わたしたちの日常感覚からすれば、「人と人との諸関係」を不透明にするものこそ「権力」であり、「他人との相談や交換の関係」ではなく、有無を言わせず強制するものこそが「権力」にほかならないのではないか。

メルロー＝ポンティの考えを理解するためには、このエッセイがマキアヴェリの政治思想を論じたものであることを念頭におかなければならない。上記引用で述べられているのはメルロー＝ポンティ自身の「権力」観ではなく、あくまでも彼が理解したマキアヴェリの「権力」観である。それではなぜマキアヴェリは「他人とともに生きる手段」として「権力」を考えたのであろうか。それには近代国家の形成が深く関与している。

中世ヨーロッパは宗教的領域と世俗的領域の共存、世俗的領域内での自立的な各種中間団体の並存などに見られるように、ある意味で多元的な社会であった。ところが、一六世紀イングランドにおけるヘンリー八世によるカソリックからの離反に始まり、世俗的領域における国王が宗教的領域をも制圧し、かつ世俗領域においても次第に各種中間団体の自立性を否定し国王に統制力を集中する動きとそれを弁証する思想が生じてきた。いわゆる絶対主義の時代の到来である。さらに、三〇年戦争に見られるように、宗教の違いが秩序撹乱の主要な原因となる事態は、強力な世俗的国王に統制力を集中することによって政治社会の安定を確保しようという期待を高めていった。このような時代背景の下で、ボダンの主権論やホッブズの国家論が構想されていったのである。ホッブズの権力観は、生成時における相互性（社会契約）にもかかわらず、いったん確立された権力については、命令を発する者とそれに服従する者との間での相互性を否定するきわめて一方通行的（非対称的）な性格を有していた。この思想的遺産は後世の思考に対して大きな影響を及ぼし、権力を概念化するに際して、人格としての国王ないしは脱人格化された国家機構がなんらかの実体的権力を「所有」し、かつ権力の作用は一方通行的（非対称的）である、という固定観念を生み出していった。

ところで、近代ヨーロッパは絶対主義的な権力観だけを生み出したのではない。それと並んで、メルロー＝ポンティが理解したマキアヴェリのような権力観、すなわち対等者同士の間での相互関係としての権力という概念化をも生み出した。それは共和政ローマの遺産の復活という意味で共和主義的な権力観とも呼べるだろう。古代ギリシア・ローマにおける公共性のあり方に郷愁をいだくH・アレントは、絶対主義的な権力はむしろ「暴力」と呼ぶべきで、「権力」とは端的に「共に活動すること」であると述べている(2)。

マキアヴェリには二つの顔がある、すなわち『君主論』のマキアヴェリと『ディスコルシ』のマキアヴェリとがいると言われるように、前者のマキアヴェリはボダンやホッブズに優るとも劣らない絶対主義的な権力観の先駆者でもあった。しかしその彼が究極的に追求したものは、政治社会の安定にほかならなかった。そのことからもわかるように、二つの権力観の根底には実はある共通した考えが潜んでいる。つまり両者は、既成秩序の固定化であれ新秩序の創設であれ、権力は政治社会の存立と維持にとって不可欠のものであるという認識を共有しているのである。

五　権力とは何か

１　権力の実体？

「力とは、その最も一般的な意味では、何かが原因となって結果が産み出されることである」（"In its most general sense, power is the production of causal effects."）[3]。この「原因としての力（causal power）」という考え方は、典型的には水力、風力、電力といった自然界で作用する力に最もよくあてはまるが、行動主体としての人間が他の人間に対して行使する力、すなわち権力にも適用可能である。権力とは最も広い意味では、それが原因となって他の人間の行動に何らかの変化がもたらされること、と定義できよう。川底の石の動きによって「水力」の作用を確認するように、権力の作用もまた人間の行動の変化から推定される。反体制的な主張をしていた者がある時からそれをしなくなった時、われわれは「恫喝」や「買収」といった形での権力の作用を推定する。かつての力学が自然界における変化の観察から、その背後で作用する物理力をさまざまに実体化してきたように、権力もまたさまざまな形で実体化されてきた。

このような考え方はつい最近まで、既存の政治秩序に異議申立てするさまざまな集団によって採用されてきた。それらに従えば、権力とは最も素朴には軍隊や警察といった組織化された強制力と同一視される。だが個々の警察官はあくまでも「権力の手先」であってそれを意のままに動かす誰かがいるということになれば、権力の実体はその誰かの意思だということになってしまう。さらに、その誰かもまた経済的な利権集団の「代弁者」にすぎないということになれば、権力の実体はむしろ経済力だということになろう。実際、たとえばイギリスの歴史に即してみれば、権力の所在地と目される場所は、宮廷からカントリーへ、新興工業都市からロンドンのシティへ、さらにはダウニング街十番地へと目まぐるしく移り変わってきた。おそらくその変化は、それぞれの時代の人々が権力の実体をどのようにとらえてきたかの変化と即応している。大筋で言えば、権力の実体は、組織化された強制力から経済力へ、それも土地から産業資本、金融資本へ、さらには民意という得体の知れないもの、オーラを帯びたリーダーの個人的魅力といったものへと化してきたのである。

2　相互関係としての権力

しかし、前項でも示唆したように、権力を何らかの実体としてとらえようとする思考には大きな難点がある。一つには、それが「らっきょうの皮むき」のように論理的な無限後退に陥ってしまうことである。さらにもう一つには、権力を威嚇力と同一視したうえで、威嚇効果を有する何らかの実体こそが権力だと考えた場合、その権力が効果を発揮するためには、脅された側がそれを脅しとして感じなければならないという点が看過されていることである。

このような反省から、権力とは働きかける側と働きかけられる側との相互関係の中で生起する現象だという理解が生まれてくる。つまり権力というモノが問題なのではなく、権力という関係が問題なのである。このような思考の転換は、力学の世界における概念転換と類比的に、しばしば権力の実体概念から機能概念への変化として語られてきた。そして、実体概念説と非対称性、機能概念説と対称性との関係が整理されないままに論じられてきた。永井（一九七一）が指摘したように、実体概念説は権力を「所有」の観念から構成するものであり、機能概念説は権力を「関係」または「函数」関係から構成するものである。権力を非対称的なものと考える立場は、AとBとの関係においてBが完全にAの従属変数である場合AはBに対して権力をもつというもので、機能概念説と非対称性は両立可能である。近年の理解では、機能概念説が主流であり、A、B両者にどのような関係が構成されるかを左右するものを権力の「資源」ないしは「メディア」とよんでいるが、それはかつての実体概念説において権力者が「所有」するモノと目されてきた諸価値――知識、金銭、健康、等々を指している。したがって権力は「実体」か、「関係」か、という議論はあまり意味がない。さらに重要なのは、権力現象を二者関係で捉えるか集合現象として捉えるか、という論点である。

3　構造としての権力

権力を個人ないしは集団が「所有」したり「行使」したりする何らかの実体と考える立場も、個人間ないしは集団間の関係のある特別なあり方と考える立場も、ともに権力とはある個人ないしは集団が別の個人ないしは集団に対して意図的に働きかけてその行動を変えさせることだと考える点では同じタイプの考え方に属している。だが近年問題視されてきたのは、特定可能な主体に強制されたわけではないにもかかわらずある種の行動パターンを人々が採用してしまうような場合に作用する力である。つまり、Aが明確な意図をもってBに働きかけたわけではないにもかかわらず、またBも強制されたという自覚がないにもかかわらず、A—B間にある非対称的な関係が固定化されるという場合である。二者関係としての権力論が特定可能な「顔」を持った主体間の関係を問題としてきたのに対して、そもそも「顔」という比喩を用いることが不適切な場面での権力についてどう考え、どう語るべきなのだろうか。

K・ボールディングの著書（『権力の三つの顔』）を代表に、これまで権力について語る者はしばしば「顔」という比喩を多用してきた。アメリカ政治学における多元主義批判の文脈においても、権力の「第二の顔」（バカラックとバラツ）や「第三の顔」（ルークス）という表現が用いられてきた。だが一九七〇年代末以降の「新制度論」が問題にしようとしてきたのは、「顔」という比喩になじまない権力なのではないだろうか。ある顕在的争点をめぐる決定に対する影響力として定義される権力の「第一の顔」（ダール）のみを問題にしてきた多元主義に対して、争点の顕在化自体を抑制する「非決定権力」や特定可能な「顔」を持った政治的アクターをも拘束する「制度」を問題にするためには、「顔」という比喩から解放される必要があったのだ。(4)

国際政治学の領域で、意図的な軍事的抑圧や経済的搾取と区別して、先進諸国に住む善意に満ちた人々の努力にもかかわらず第三世界の後進性を固定化する「構造的暴力」について語られたちょうどその頃、フランスの思想家Ｍ・フーコーは、専門領域としての政治学とはまったく無縁の地点からいわば「構造としての権力」を問題にした。フーコーの権力論は概略つぎのように要約できる。すなわち、従来の思想史的理解によれば近代社会は前近代社会におけるさまざまな抑圧から解放され自由を獲得した主体的個人が作り出したものと考えられてきた。だが事態は逆であって、近代の主体的個人とはむしろ近代社会に独特な権力構造の効果として産出されたものである。

フーコーはそれを「規律訓練権力」とよぶ。典型的には、イギリスの思想家ジェレミー・ベンサムが考案した「一望監視装置」に見られるように、近代的な監獄においては、囚人たちは文字通り「顔」のない監視者の視線を自発的に内面化することによって自律的個人として社会復帰するよう知らず知らずのうちに強制される。そのメカニズムは病院、学校、工場、兵舎、官庁など近代社会の基本的な制度全般を貫徹して作用している「規律訓練権力」は近代社会のあらゆる局面に遍在し、教師と生徒、医師と患者のような従来の二者関係的権力論からは非権力的関係として考えられてきた場面においても、当事者たちの意図とは別個に権力現象について語ることができる。

このようなフーコーの権力論は政治学や社会学が展開してきた従来の権力論に大幅な修正をせまる潜在的な可能性を有しており、現にフーコーに刺激された、いくつかの新しい権力論の試みも存在する。しかし反面、理論的には、フーコーがいうような権力をどのように同定しかつ測定するのかという難問、また実践的には、遍在する権力に対してどのように抵抗することが可能なのかという難問を同時に生み出したのである。

六　権力の同定と測定——アメリカ政治学の挑戦

1　戦後アメリカ政治学における権力研究

C・メリアムの「ミランダ」「クレデンダ」概念やH・ラズウェルの権力の類型論など、アメリカ政治学は前節で述べた政治理論レベルでの権力の概念化にも多大の貢献をなしてきた。だがアメリカ政治学がその本領を発揮するのは、権力現象への実証的なアプローチにおいてである。政治哲学の立場からそれを偏狭な科学主義として一蹴してしまうのは偏見であって、アメリカ政治学の科学主義の背後には、実はアメリカン・デモクラシーの健全さに対する規範的な関心が存在する。ここでは、そのような観点からF・ハンターの「CPS」研究、C・W・ミルズの「パワー・エリート」研究、そしてR・ダールの「ニューヘヴン」研究を概観し、つぎにその含意を検討したい。

ハンターは『コミュニティ権力構造』(一九五三年)において、ジョージア州アトランタ市における調査に基づいて、ローカル・レベルでの自治の伝統がその強靭さを支えていると称されてきたアメリカン・デモクラシーが、まさに草の根の部分で一部エリート集団による寡頭支配に変質している実態を明らかにした。その際に彼が用いた方法は「声価法」と呼ばれる。それは、当地における政治・行政・経済・文化などの各領域のトップリーダーと目される人物のリストを事情通に示して、「声価」の大きさによって判定してもらいリストを絞り込み、つぎにリストアップされた人物たちに直接インタビューすることによって、相互選択数の多い数人をあぶり出してゆく、というものであった。その結果、相互選択数が集中するのは、企業出身の経済エリートであることが明らかになった。こうしてハンターはアメリカン・デモクラシーの理想とは裏腹に、地方都市においてはビジネス界出身のエリート層によって牛耳られる「成層化されたピラミッド構造」の現実を暴露したのである。

ハンターの研究が出版されてから三年後、アメリカにおける思想的左翼を代表する社会学者ミルズは『パワー・エリート』（一九五六年）において、ハンターがローカル・レベルに見出したようなピラミッド構造が全国レベルにも妥当することを主張した。すなわち、アメリカには「重大決定」を直接に下す、あるいはその決定に影響力を行使する約四〇〇人からなるエリート集団が存在する。彼らは経済、軍事、政治・行政という一応は相互に独立した各領域のトップエリートたちではあるが、相互に強固な人脈を通して「一枚岩的権力構造」を形成している、というのである。ミルズの議論は、ハンターのようになんらかの方法論にもとづいてはおらず「証拠」のないものではあったが、アメリカには珍しい左翼性もあってか、わが国では大いに歓迎された(5)。

これら「権力エリート論」に対して、ダールの研究は「多元論」と呼ばれる。彼は『統治するのはだれか』（一九六一年）において、自らが勤務するイエール大学の所在地コネティカット州ニューヘヴンにおける調査にもとづいて、ハンターやミルズが提示するイメージとは異なって、アメリカの伝統的地方都市ニューヘヴンでは影響力の不平等は一極集中的というよりは争点領域ごとに多極分散的であることを「実証」した。その際に彼が用いた方法は「争点法」と呼ばれ、権力概念の洗練化（「AがBに対して、さもなければBがしないような何かをさせるかぎりにおいて、AはBに対して権力を有する」[6]）とあいまって、権力の測定という政治学上の難問に果敢に挑戦し一定の成果を得たものと見なされた。しかし一九七〇年代になるとこの多元論は、アメリカン・デモクラシーの現状に対するオプティミズムと、上述した方法論的難点のゆえに厳しい批判にさらされることになった。

2　犯人探しとしての権力研究

前項では、一九五〇年代から七〇年代までのアメリカ政治学における権力研究の流れを概観したが、それを見て何か気づくことはないだろうか。アメリカの政治学者たちが権力の所在を同定し測定しようとする試みは、どこか事件の犯人を追い求める探偵の行動と推理に似ていないだろうか。実際、ハンターが試みたソシオグラムは、フィリップ・マーローの手帖にあっても不思議ではない。おそらくこの類推には必然性がある。前述したように、権力についての語り口は、眼前に確認できるある変化からそれをもたらした原因を遡及的に推測するという形態をとる。それは、事件の発生によってはじめて発動するミステリー小説の語り口と同型的なのだ。

権力の概念化および権力の「実証」研究のヴァリエーションは、ミステリー小説のヴァリエーションに対応している。犯人の動機をおどろおどろしい血脈や怨念に求める伝奇小説や、心理であれ性格であれ犯人の動機を特定可能と考える本格派は実体概念説に対応している。了解可能な動機を設定した上でトリックの精巧さと推理の鮮やかさを競い合う本格派のリアリテイの欠如を批判して登場した社会派は、犯行の動機形成に際しての社会的抑圧や被害者の側にある悪辣さをも視野に入れている点で、関係概念説に対応している。五〇年代以降のアメリカ政治学の権力研究は、広い意味で社会派に属するハードボイルドの流れに対応させることができるだろう。地道に足を使った聞き込みの果てに地方都市の黒幕をあぶりだすハンター、政・軍・官・財の癒着構造を告発するミルズ、もっとスマートに『頭を使った』データ分析から犯罪組織のネットワークに迫ろうとするダール。

一九七〇年代以降、ミステリー小説はサイコホラーからノワールまで一つのトレンドを語ることができないほど拡散の一途をたどっている。おそらくそこにはアメリカにおけるリベラル・ヒーローの没落という事情が関係している。次項では、ミステリー小説の動向との対応を念頭に置きながら、権力についての語り口という観点から多元主義批判が持つ含意を検討しよう。

3　多元主義批判——「顔」のない犯人についてどう語るか

バカラックとバラッツやルークスによって手がけられたダール批判は、ある意味で一九五〇年代に行われたD・リースマンに対するミルズによる批判の反復（もちろんヴァージョンアップされてはいるが）のように見える。

ミルズの『パワー・エリート』はリースマンの『孤独な群集』（一九五〇年）における「拒否権行使集団」についての議論、すなわち大衆社会アメリカにおいては、従来の支配階級の権力ヒエラルヒーから多元的な拒否権行使集団への権力の分散が見られる、というある種の多元主義への批判を眼目とするものだった。そして、リースマンの繊細かつアイロニカルな権力論を単純化した上でミルズが対抗的に提示したものは、これまた驚くほどに単純化された軍産複合体のイメージであった。

今ではほとんど忘れ去られているが、永井陽之助『政治意識の研究』に収められた「大衆社会における権力構造——D・リースマンとC・W・ミルズの権力像の対立をめぐって」（初出一九五九年）は、現在の多元主義批判（新制度論）やフーコー的権力論をどう評価すべきかというわたしたちの関心にとっても大きな示唆を与えるものである。

永井によれば、ミルズもリースマンもともに、「リーダーが権力を失っているのに、フォーロー〔ママ〕は権力を手に入れていない」というアメリカの権力状況に対して、一方は社会学的に他方は政治学的に応答しようとした知的挑戦として理解できる。ミルズは、その現状を多元的な拒否権行使集団による均衡状態として捉えるリースマンの議論を、権力の中間レベルに関心を集中したひとつの幻想にすぎないとして退け、リースマンの視線の届かないアメリカ社会の最上層部ではパワー・エリートが史上空前の権力を掌握している現実を対比する。永井は、一見したところ現状肯定的なリースマンと現状批判的なミルズとして対比されがちな両者の権力像の違いを、社会科学的認識のあり方――この場合は、権力現象の何を、誰に向けて、何のために語るのか――という観点から再解釈し、ミルズに対するリースマンの知的優位性を鮮やかに浮かび上がらせてゆく。

その手順を詳述する余裕はないが、結論だけを要約すればこうである――ミルズもリースマンも当時のアメリカ社会科学の主流派（行動主義）には批判的で、むしろ大陸ヨーロッパの知的伝統を受け継いでいる点、および現代社会において社会科学に要求されているのが社会の全体像の描写であると考える点では共通している。しかし、ミルズは知的達人が社会学的想像力を発揮すればその全体像の描写が直接に可能だと考えるのに対して、リースマンは現代社会を構成する個々人の意識に写った社会像という迂回路を通してしか全体像には接近できないと考えている。この「直接的認識」と「迂回的認識」という認識方法上の相違は、彼らが産出する社会科学的認識の交信相手である大衆の行動に対してまったく正反対の帰結をもたらす。

リースマンは自らが語りかける相手は「無力なる少数者」であることを明言している。それは彼ら少数者を外的圧力から守るためばかりではなく、「自分自身からも守る」ためでもあった。「あたかも女性解放の最大の敵が、しばしば女性自身であるように、現代の大衆社会における『無力なる少数者』を、孤立させ、無力化しているものも、じつはかれら自身の、知られざる圧力なのである。かれらの日常行動を知らず知らずのうちに一定の方向に流しこむ圧力、アメリカの文化全体に重くたちこめる気圧配置こそ、当面の分析対象とならざるをえない。その圧力から自らを解放し、政治の全体を通覧することのできる《主体的浮動層》（政治の主体）として再形成していくための『自己認識』と『自己装備』の学がリースマンの政治学であった。それは、権力者へのアッピールでもなければ、現実の政治家、組織リーダーへの勧告でもなければ、大衆にたいする啓蒙・説得でもない。自己自身をふくむ『無力なる少数者』へ向けられた自己解放の政治学であった。したがって、それは全カルチュアの文脈から政治領域をとらえるところの、政治の認識が同時に力となるような、新しい政治学でなければならない。もはや個人の行動と表象から分離されて客観的に存在する『政治の世界』はありえない(7)」。

それに対して、まさにリースマンが退けた「客観的に存在する『政治の世界』の真実を把握したと自負するミルズがふりまく権力の表象は、「下積みの人びと」を無力感から解放するどころかかえってそれを固定化しかねない。「ミルズにおいては、つねに、自己に向けられた認識ではなく、他者に向けられた知識だということである。ミルズの理論構成が、しばしば荒野でひとり叫ぶに似た空しさと、ペシミズムに陥るかに見えるのは、結局、彼自身いましめる『権力者へのアッピール』におわるからではなかろうか(8)」。

＊＊＊

このように見てくると、構造論（ミルズ）と多元論（リースマン）という用語とは逆に、現在の多元主義批判やフーコー的権力論に共通する問題状況を先取りしていたのは、むしろリースマンの方だったことがわかる。盛山（二〇〇〇）における否定的評価にもかかわらず、フーコー的権力表象は現代人の実感に強く作用している。なぜそうなのか、またそのような表象を受け入れることがある種の Quietism に陥らないためには、どのような語り口が必要なのかを考える上で、リースマンが五〇年前に敢行した挑戦は再評価に値する。「無力なる少数者」が諦念と無思慮な抵抗の悪循環から解放されるためには、それは是非ともなされなければならない作業であろう。わたしたちの文脈からリースマンを読み直せば、「匿名の権力」「顔のない権力」といわれるものにも名前と顔があって、それはほかならぬわたしたち自身だった、ということになるのだろうか。

注

（1）メルロー＝ポンティ「マキアヴェリ覚え書」（滝浦静雄訳『シーニュ2』（みすず書房、一九七〇年））、一〇六、一一〇頁。
（2）アレント『暴力について』（山田正行訳、みすず書房、二〇〇〇年）。
（3）John Scott, *Power*, Cambridge: Polity Press, 2001.

（4）Clarissa Rile Hayward, *De-Facing Power*, Cambridge: Cambridge University Press 2000を参照。

（5）同時代のアメリカ社会にあってミルズがいかに孤立した存在であったかについては、David Halberstam, *The Fifties*, New York: The Random House, 1994〔『ザ・フィフティーズ　第2部』（金子宣子訳、新潮OH！文庫、二〇〇二年）〕の卓抜なミルズ小論が一読に値する（邦訳四〇六頁以下）。

（6）Dahl, "The Concept of Power," in: *Behavioral Science*（1957: July）, 2-3を参照。

（7）永井陽之助『政治意識の研究』（岩波書店、一九七一年）、三一七―三一八頁。

（8）同上、三一九頁。

◎文献案内

モーリス・クランストン『自由――哲学的分析』（小松茂夫訳、岩波新書、一九七六年）は分析哲学の立場から、「自由」という言葉の意味を「分明化」した古典的著作である。またPaul J. Kelly, *Liberalism*（Cambridge: Polity Press, 2004）は、「リベラリズム」についての多様な流れについて知る上で格好の手引きであり、翻訳・出版が待望される。ウィル・キムリッカ『新版　現代政治理論』（千葉眞ほか訳、日本経済評論社、二〇〇五年）は「リベラリズム」だけではなく、ロールズの「正義の理論」出版以後の政治理論全般についての見取り図を示してくれる。また川崎修・杉田敦編『現代政治理論』（有斐閣、二〇〇六年）も現代政治理論上の重要な論点をカヴァーする好著である。とくに同書第三章「リベラリズムの展開――その振幅と変容」、第四章「現代の自由論――自律とは何か」（分担執筆者：金田耕一）からは、本稿執筆に当たり多大な示唆を得たことに感謝する。日本における「リベラリズム」に関する思想史的研究の最高峰とも言える佐々木毅編『自由と自由主義――その政治思想的諸相』（東京大学出版会、一九九五年）は必読文献である。また盛山和夫『リベラリズムとは何か――ロールズと正義の理論』（勁草書房、二〇〇六年）は、各種の「アイデンティティ・ポリティクス」の挑戦に直面した現代リベラリズムが陥っている困難な状況を見事に浮き彫りにしている。山岡龍一『西洋政治理論の伝統』（日本放送出版協会、二〇〇九年）はソクラテスからロールズに到る政治理論の主要な論点を網羅したもので、エピソードを交えた語り口は見事である。児玉聡『功利と直観——英米倫理思想史入門』（勁草書房、二〇一〇年）は、「功利」と「直観」をめぐる論争の歴史を通して英米倫理学の展開を整理し、現代的な課題を展望する本格的入門書として推称に値する労作である。最近の優れた自由論としては苫野一徳『「自由」はいかに可能か——社会構想のための哲学』（ＮＨＫブックス、二〇一四年）および苫野氏が「哲学的「自由」論の最高峰」と絶賛している竹田青嗣『人間的自由の条件——ヘーゲルとポストモダン思想』（講談社学術文庫、二〇一〇年）を参照せよ。

秋元律郎『権力の構造——現代を支配するもの』（有斐閣、一九八一年）。
Kenneth E. Boulding, *Three Faces of Power*, London: Sage Publications, 1990〔益戸欽也訳『権力の三つの顔』（産能大学出版部、一九九四年）〕.
Robert Dahl, *Who Governs?: Democracy and Power in an American City*, New Haven: Yale University Press, 1961〔河村望・高橋和宏監訳『統治するのはだれか——アメリカの一都市における民主主義と権力』（行人社、一九八八年）〕.
Mark Haugaard（ed.）, *Power: A Reader*, Manchester: Manchester University Press, 2002.
Barry Hindess, *Discourses of Power: From Hobbes to Foutcault*, Oxford: Blackwell, 1996.
Floyd Hunter, *Community Power Structure: A Study of Decision-makers*, Chapel Hill: North Carolina Press, 1953〔鈴木弘監訳『コミュニティーの権力構造——政策決定者の研究』（恒星社厚生閣、一九九八年）〕.
Steven Lukes, *Power: A Radical View*, London: Macmillan, 1974〔中島吉宏訳『現代権力論批判』（未來社、一九九五年）〕.

C. Wright Mills, *The Power Elite*, Oxford: Oxford University Press, 1956〔鵜飼信成・綿貫譲治訳『パワー・エリート』上・下（東京大学出版会、一九六九年）〕.
David Riesman, *The Lonely Crowd*, New Haven: Yale University Press, 1950〔加藤秀俊訳『孤独な群集』（原著一九六一年新版の翻訳）（みすず書房、一九六四年）〕.
盛山和夫『権力』（東京大学出版会、二〇〇〇年）。
ミシェル・フーコー『監獄の誕生——処罰と監視』（田村俶訳、新潮社、一九七七年（原著一九七五年））.

第2章　平等と専制

熊谷　英人

οὐ γὰρ ἔθ εὑρήσεις δῆμον φιλοδέσποτον ὧδε
ἀνθρώπων, ὁπόσους ἠέλιος καθορᾷ.

Theognis

古代ギリシアの歴史家、ヘロドトスの伝える逸話からはじめよう。かつてギリシア征服を企図したペルシア王は前四八一年、みずから大軍を率いてギリシア本土にむけて出陣した。これを地峡テルモピュライで迎え撃つ先鋒部隊は、小勢のスパルタ軍である。誰の目にも明らかな優位に驕るペルシア王は、賓客として逗留していたスパルタ人亡命者にこう語りかける。これほどの戦力差を前に戦いを挑むスパルタ人は正気の沙汰とは思えない。しかも、彼らは「ひとりの支配者に服さず」「全員が自由である」

というが、兵卒は本来、「鞭で強制されてこそ」戦意をもちうるのであり、「自由へと放任」された軍隊など役に立つはずがない。そのように王は言う。

これに対してスパルタ人亡命者は以下のように応じたという。

スパルタ人は一対一の戦闘において誰にも引けはとりませんが、集団となれば万人のなかで最強です。なぜなら、彼らは自由（eleutheroi）といっても、あらゆる点で自由というわけではないからです。彼らの上には法（nomos）が主人（despotēs）として君臨しているからです。ペルシア人があなたさまを恐れるよりも、彼らはこの法をはるかに恐れています。法が命ずるところを彼らはおこないます。法はつねに同じことを命じます。誰であれ戦場からの逃亡を許さず、戦列にとどまり勝利するか、さもなくば討ち死にするよう命じるのです。(1)

この対話のなかでは、ふたつの秩序像があざやかに対比されている。かたや、臣下や民のうえに「ひとり」の支配者が「奴隷の主人」のごとく君臨する秩序であり、服従は「鞭」によって、すなわち暴力と恐怖によって調達されることとなろう。これに対して、いまひとつの秩序にはそうした「ひとり」の支配者がいないため、その意味で「自由」がそこにはある。しかし、そのかわり各人は共通の「法」への服従をもとめられるのであり、例外は認められない。「法」こそが「主人」なのである。いいかえるならば、「自由」なき奴隷の平等と、「自由」をともなう市民としての平等の対比といってもよい。ヘロドトスは両者のいずれが優れているか、あえて断定しない。ただ、その後の戦闘描写では、飛び道具に頼り、「鞭」に追い立てられ乱雑な攻撃をくりかえすペルシア軍を、「戦闘の専門家」スパルタ軍が一糸乱れずに圧倒するさまが描かれる。重装歩兵の横並びの「戦列」taxis は「法」の支配に服する平等な市民団のありようを象徴している。ヘロドトスにとって、テルモピュライの戦いはふたつの秩序原理の戦いを意味していた。

西洋政治思想の歴史とはある意味で、こうした「自由」freedom/liberty と「平等」equality の結合のあり方と条件を問いつづけてきた歴史でもある。実際に、「自由」と「平等」に言及することなしに西洋政治思想史を語ることは、至難の業であろう。とくに現代の自由民主体制は「自由」と「平等」の両立をもって正統性根拠とする政治体制である。そこでは両価値は政治秩序の存立にとって不可欠の前提であると同時に、政治が追求すべき価値とみなされているのである。

アメリカの思想家、ジョン・ロールズの『正義論』（一九七一年）は、そうした意識に哲学的表現をあたえた作品と読むことができる。ロールズは社会秩序の根本原理たる「公正としての正義」の核心を、「正義の二原理」――「平等な自由」としての第一原理と、「公正な機会均等」と「格差原理」からなる第二原理――にもとめた。ロールズは基本的自由を何より重視する一方で、基本的自由はあくまでも市民全員に「平等」に保障されねばならず、ゆえに公権力は自由競争に必然的にともなう社会経済的不平等の是正に責任を負うとした。ロールズの議論がどれほど抽象的で普遍主義的な衣装をまとっているにせよ、それが自由民主体制の正当化理論であったことは疑いない。ロールズは「正義の二原理」に立脚した政治秩序を素描しているが、それは明らかにアメリカ合衆国をモデルとする自由民主体制そのものなのである。ロールズ自身も『正義論』のねらいが「立憲民主制を志向するひとつの哲学的構想を手に入れること」にあったと、のちに述べている(2)。ロールズにとって、自由と平等の幸福な結婚は自由民主体制においてこそ可能となるのである。

しかし、ことはそう単純ではない。十九世紀後半から現代にいたる、自由と平等の関係をめぐる錯綜した議論をふりかえれば、両概念の関係が一筋縄ではいかないことは一目瞭然である。周知のように、ロールズの理論も通説として定着するどころか、『正義論』の公刊と同時に毀誉褒貶の嵐にまき込まれていった。有力な批判のひとつは、ロールズが「結果の平等」に固執するあまり、「自由」の根源的価値を見失っているというものであった。ここでロールズをめぐる論争にこれ以上足を踏み入れるつもりはない。重要なことは、こうした論争の存在じたいが、自由と平等の両義的で複雑な関係を象徴しているということである。それゆえ、自由と平等を望ましい価値として称揚するだけでは、両概念の抜き差しならぬ関係をとらえたことにはならない。問われるべきは、いかなる自由と平等か、でなければならない。

以上の問題について、ここでは「専制」despotismという補助線を引いて考えることとする。近代における専制論の確立者モンテスキューにとって、「専制」は、およそあらゆる「自由」――政治参加の自由（「政治的自由」）はもちろんのこと、生命・安全・所有の自由（「市民的自由」）も含む――と無縁の政治体制であった。それはあらゆる政体のなかでも最悪の政体であり、何があっても避けるべき絶対悪にほかならなかった。ところが興味ぶかいことに、「自由」と相容れない悪しき政体であるはずの「専制」は、実は「平等」の価値――仮にそれが「奴隷」の「平等」だとしても――とはある面で親和性を有している。この点に着目したフィジオクラットやイデオローグといった理論家たちはその後、モンテスキューの定式化を継承しつつも、評価の方向性を逆転させてゆくことになる。つまり専制のうちに、「自由」はないが、静穏で豊かな「平等」社会の可能性を探ろうとするのである。さらに、こうした「平等」と「専制」の結合という問題を徹底的に論究した人物こそ、十九世紀の思想家トクヴィルにほかならない。トクヴィルによると、デモクラシーも「専制」もともに「平等」を根幹とする体制であり、そうであるがゆえにデモクラシーは不断に「専制」へとむかう「自然の傾向」を有する。すなわち、「自由」と「平等」は決して「自然に」むすびつくことはないのである。したがって、「平等」を最高原理とするデモクラシーの社会は、「自由の制度」という「工夫」を介して「専制」への傾向に抗せねばならない。こうしたトクヴィルの理論は突然変異として政治学史に現れたわけではなく、それ以前の議論の蓄積に独自の解釈を加えたものであった。トクヴィル以後、評価の紆余曲折を経つつも、現在もなお、「専制」の問題は政治学において重要な意味をもちつづけている。

以下では、「平等」価値との関連を意識しながら「専制」概念の歴史をたどることによって、「自由」と「平等」との逆説的な関係を浮かびあがらせることにしたい(3)。

一　古代ギリシア

政体論の基本枠組が成立した古代ギリシアにおいて、「専制」はいまだ政治体制を示す概念ではなかった。たしかに古典ギリシア語の despotēs、あるいは despoteia の概念は、「専制」の語源である。だが、despotēs は基本的に「奴隷の主人」、despoteia は「奴隷主人による奴隷の支配」を意味するにすぎなかった。強圧的な支配を表現する比喩として政治論の文脈でもちいられることはあっても(4)、いずれも本来は「家政」oikonomia の範疇に属する概念なのである。

こうした含意を把握するうえで最良の出発点となるのが、アリストテレスによる支配類型論にほかならない(5)。アリストテレスは「支配」archē 概念をめぐる従来の議論の混乱を除去するため、『政治学』において「支配」を「政治的支配」・「家長的支配」・「主人的支配」の三つに分類する。

まず、「家長的支配」は成人男性市民の「家長」による子供の支配を意味しており、その特徴は、支配者（家長）が自分自身の利益ではなく、あくまでも被支配者（子供）の利益を目的として支配をおこなう点にある。これに対して、「主人的支配」は文字どおり奴隷の主人による奴隷の支配であり、「家長的支配」

とは対照的にそこで考慮されるのはつねに支配者（奴隷の主人）の利益のみとされる。したがってアリストテレスにとって、さらには古代ギリシア人の一般的感覚にとって、「家長的支配」も「主人的支配」も「政治」の領域には属していない。

それでは「政治」の存立根拠はいずこにもとめるべきか。アリストテレスは、政治社会（ポリス）における支配、すなわち「政治的支配」を、自由人の市民同士が交互に支配し、支配される関係として定義する。このように「政治的支配」を支配・被支配の相互交換関係と定義する以上、アリストテレスが公職就任権に「市民」性の本質をみたとしても何ら不思議ではない。

自分と同じような生まれの自由人に対しておこなう支配があり、我々はこれを政治的支配（politikē archē）とよぶ。この種の支配は、支配する者が支配されることをつうじて学ぶ必要がある。たとえば、騎兵隊長の指揮に服することで指揮の方法を学び、将軍の指揮下に置かれ、種々の部隊長を務めることで将軍としての指揮の方法を学ぶのである。したがって、「支配に服したことがなければ、うまく支配することができない」というのはいいえて妙である。支配における優秀さと被支配における優秀さとでは意味が異なるとはいえ、善き市民であるためには、支配することと支配されることの両方を心得ていて、両方ともできるのでなければならない。そしてこのことが、つまり自由人の支配を両面にわたって心得ているということが、市民として優れているということ（aretē）なので

ある。（P1277b）

このように「政治的支配」の基礎には、まずもって市民同士の間に何らかの「平等と同質性」isotēs kai homoiotēs が前提されることになる。加えて、各市民は公権力以外の何物にも服従すべきではないとされる。その意味で市民は、第三者の私的権力からの独立性、すなわち「自由」eleutheria を担う主体でなければならない。かくして立場の非対称性を前提とする「家長的支配」と「主人的支配」は、言葉の本来の意味における「政治」とは相容れない。

とくにアリストテレスが「政治的支配」の基準として強調するのが、「法」nomos の存在である。「政治」の根幹に市民間の支配・被支配の交換関係をみるにしても、そうした交換は一定のルールに則っておこなわれねばならない。冒頭のヘロドトスの逸話が示すように、古代ギリシア人は以前から「法」のうちに、ポリスを異民族の支配体制から区別する最大の指標をみいだしてきた。ペルシアやエジプトではあたかも奴隷主人が奴隷に対するかのように、王は民を支配している。(6) これに対して、ポリスにおいては支配者個人ではなく、「法」が支配するのである。ポリスにおいて、統治者は「法」の規定によって任命された「公職者」archōn であり、「法」で定められた一定期間のみ統治権力を担う。そして、期間終了後は統治権力を手放し、後任の公職者に引き継がねばならない。当時のギリシアには無数のポリスが存在し、ひとつとして同一の政治体制は存在していなかった。政体の優劣についても意見の対立があった。それでも、「法」の支配という大原則は揺るがなかった。ポリスの「市民」とは究極的には同一の「法」を共有する人的集団として観念されたのであり、「法」は市民団の「平等と同質性」を保障する装置を意味したのである。アリストテレスが「法」の有無に「政治的支配」と「主人的支配」の分水嶺をみたのもうなづけよう。

それゆえ、仮にギリシア人の支配するポリスだとしても、その支配のありようが「法」とは無縁で恣意的なものである場合、それは「政治的支配」とはいえない。アリストテレスは「法」にもとづかぬ統治の例として、少数の名門家系が権力を独占する極端な寡頭政（「門閥支配」dynasteia）や、無定形な多数者が一切の基準なしに無理やりに多数意志を押しとおす極端な民主政を挙げている。それらは「法」を欠いた支配であるがゆえに、「政治的支配」ではなく、むしろ「主人的支配」の名にふさわしいという。

だが何といっても、アリストテレスにとって「主人的支配」の典型は「僭主政」tyrannisである。代々世襲によって即位し、「法」に則して統治する「王」basileusに対して、「僭主」tyrannosとは実力と運で成りあがった独裁者を意味する。このように「王」と「僭主」の相違は支配の正統性の有無にあるため、理論上は善政を敷く、善き「僭主」もありえよう。しかし多くの場合、「僭主」概念には不当な物理的暴力による虐政の含意がどうしてもつきまとう(7)。アリストテレスにとっても、僭主政は極端な寡頭政と極端な民主政、双方の欠点をもつ最悪の政体であり、「あらゆる政体のうちでもっとも政体の名にふさわしくないものである」（P1293b）(8)。

「驕慢」hybris に駆られた僭主による支配は市民の「平等と同質性」とはまったく相容れない。僭主はみずからの権力保持のためにあらゆる術策に手を伸ばす。市民の財産を気まぐれに没収し、つねにその言動をスパイに探らせ、市民の子弟や婦女子に対して性的放縦のかぎりを尽くす。当然、僭主は市民から蛇蝎のごとく忌み嫌われる。身の危険を感じた僭主は、より一層物理的暴力による支配——通例、僭主は武装親衛隊をはべらせた——に傾斜してゆく。こうした僭主像はアリストテレスの独創ではなく、古典期を中心に古代ギリシア思想史の随所にみいだすことができる(9)。

いずれにせよ、despotēs/despoteia の概念は本来、「家政」に属する概念であり、またそうであるがゆえに、政体論への侵入はあくまでも例外的な逸脱現象として理解されたのである。アリストテレスに典型的にみられる以上の図式は、十八世紀まで基本的には維持されることとなる。

二　モンテスキュー

一般的に中世から近世にかけて、悪しき統治は「暴政」tyranny とよばれた。これはいうまでもなく、ギリシア語の「僭主政」tyrannis に由来する概念であり、文字どおり暴虐な君主による悪政を意味した。他方で、ギリシア語の原義「支配の正統性なき独裁者による支配」については、別に「簒奪」usurpation の概念があてられることとなった。「暴政」にせよ、「簒奪」にせよ、いずれも統治者個人の属性に焦点を当てた分類であり、ヨーロッパ文化圏内の政体記述にもちいられたという点に注意すべきである。

これに対して、「専制」が政体概念として確立したのは、ようやく十八世紀にいたってからである。そして近代のあらゆる専制論は、フランスの思想家モンテスキューにその起源を有する。もちろん、「専制」概念を政治概念として使う用法はそれ以前からみられたが、新奇な流行語としての「専制」概念を明確な定義と含意をもつ分析概念にまで磨きあげたのはまぎれもなくモンテスキューであり、この点で彼には不朽の功績が認められねばならない。モンテスキューは処女作『ペルシア人の手紙』（一七二一年）以来、一貫して「専制」を分析し、その克服の方途を探りつづけた思想家である。代表作『法の精神』（一七四八年）は、生涯を賭けた思想的格闘の集大成ともいうべき作品であり、そこにはひとつの政体としての「専制」概念が見事に定式化されている[10]。

まず、モンテスキューは『法の精神』において、アリストテレス以来の伝統的な六政体論（王政・貴族政・中間国制・僭主政・寡頭政・民主政）――支配者の数と、支配の目的（共通善か、支配者の私益か）を基準とする――ではなく、君主政・共和政・専制という独自の三分類を採用した。それぞれの政体の「本性」、すなわち政治機構の組織態様については以下の説明がなされる。

共和政とは、人民が全体として、あるいはその一部分が主権をもつ体制である。君主政とはひとりの人間が統治する政体であるが、統治は確固たる法律に則っておこなわれる。これに対して専制では、ひとりの人間が法律も規則もなしに、万事を自身の意志と気まぐれによって引きずってゆくのである。（EL2-1）

モンテスキューの政体論の斬新さはこうした三分類とならんで、それぞれの政体に支配的な情念、すなわち「原理」principe を設定した点にある。モンテスキューによると、ある政治体制がうまく機能し、安定するか否かは、政府の組織形態だけから判別することはできない。統治機構は、それじたいを成り立たしめる社会構造（歴史・生活意識・気候風土・宗教・習俗・経済など）に支えられることではじめて機能するからである。善き政治社会の場合、統治機構から発する政策は社会構造を安定化させ、社会構造の安定化が今度は統治機構それじたいの安定性を高めることとなろう。つまり、権力の好循環が生じるのである。これに対して悪しき政治社会の場合、統治機構の暴政が社会構造を寸断し、社会構造の混乱が逆に統治機構そのものを不安定化させるという悪循環を生んでしまう。いずれにせよ、そうした循環過程から生まれ、循環を円滑にする情念のことを、モンテスキューは「原理」とよぶのである。そして、君主政には「名誉」、共和政には「徳」、専制には「恐怖」の「原理」がそれぞれ対応する。

モンテスキューにとって三つの政体は等価ではない。モンテスキューは君主政と共和政をまとめて「穏和政体」gouvernement modéré として評価する一方、専制は何としてでも避けるべき絶対悪を意味した。

なぜか。「穏和政体」においては統治機構と社会構造との間に好循環が生じ、政治社会が安定化するのに対して、「恐怖」を原理とする専制は「その本性上腐敗している」（EL8-10）からである。そこでは絶対的な権力を有する専制君主が主人として君臨し、それ以外の人民はすべて「奴隷」に貶められ、団結することもなく砂のように孤立した生を強いられる。土地財産はすべて専制君主のものとされ、不断の財産没収がおこなわれるため、私有財産制そのものが安定しない。当然、商業の芽は育たない。モンテスキューにとって、専制とは政治的自由とも市民的自由とも無縁の体制を意味した。そこでは「専制君主は何の規則ももたず、その気まぐれはほかのすべての気まぐれを破壊する」（EL3-8）こととなる。

さらにモンテスキューの専制論において注目すべきは、統治者の資質が一切問題にされないということである。ここにこそ、古代ギリシアにおける「僭主政」や「主人的支配」、あるいは中世・近世ヨーロッパの「暴政」や「簒奪」といった伝統的な概念との断絶がみられる。実際にモンテスキューは古典古代の「僭主政」と「専制」を明確に区別した。また、「暴政」についての言及もわずかである。つまりモンテスキューにとって、道徳的で高い能力を有する専制君主――たとえば、古代中国の有徳な皇帝のように――が仮に存在するとしても、それは政治体制としての「専制」の評価とは関係がない。こうしてモンテスキュー以後の専制論は、専制のシステムとしての側面に着目してゆくこととなる。

専制にはふたつの特徴がある。

ひとつは中間団体の徹底的な排除である。モンテスキューは専制を論じるさい、頻繁に君主政との対比を試みている。両者は同じひとりの君主を頂点とする政体でありながら、その実態はまったく異なる。両者を分かつ分水嶺こそ、貴族集団や同業者組合といった中間団体と、それを保護する「法律」の存在にほかならない。モンテスキューにとっての君主政とは、フランスをはじめとするヨーロッパの諸王国であったが、それらはいずれも身分と職能によって階層化された身分制社会を基盤としていた。君主は各種の中間団体や身分に相応の「特権」と「名誉」を認めることで支配の正統性を獲得しえたのであり、「主権」をもつ君主といえども恣意的に中間団体の権利を侵害することは許されなかった。とりわけモンテスキューが君主政にとって不可欠の中間団体とみなすのが、貴族身分である。中間団体と「基本法」の存在によって、権力の濫用は抑制され、政治社会は安定するのである。

ところが、専制にはこのように専制君主の権力を牽制する中間団体が一切存在しえない。もし中間団体が存在するとすれば、それはすなわち専制君主の権力に対する制約を意味したからである。かくして中間団体という制御装置を欠く専制では、専制君主による無軌道な権力行使がくりかえされることとなる。モンテスキューにとって中間団体は身分制社会と不可分であったわけであるから、専制はある意味で、身分障壁のない「平等」な社会といってもよいだろう。たしかに専制のもとでは君主をのぞいて、貴族のような支配身分は存在しない。だがそれは、公民の「平等」ではなくて、絶対的な専制君主に隷属する「奴隷」の「平等」なのである。「共和政においては万人が平等である。専制においても万人は平等である。前者においては万人がすべてであるがゆえに、後者においては万人が無であるがゆえに、そうなのである」（EL6-2）。

いまひとつの専制の特徴が官僚制である。いかに専制君主の権力が絶対的といっても、広大な帝国を君主ひとりで統治できるわけではない。支配を分担する貴族や中間団体の存在が否定される以上、支配装置としては直属の官僚制のみが残される。だが専制下の官僚制は、整然たる規律をもつ合理的組織ではない。専制君主は往々にして政務に無関心で、宮廷での酒池肉林に溺れる。そのため、権力行使は側近や大臣に白紙委任される。上位者の適切な監督と規律とは無縁な専制下の官僚制には通例、おびただしい腐敗がはびこり、人民は虐待される。他方で官僚たちの地位も所詮は専制君主の寵愛しだいであるがゆえに脆弱なものにすぎない。そこでは「立法の傑作」（EL5-14）たる「穏和政体」にみられるがごとき、統治機構と社会構造との間の好循環など望むべくもない。無軌道で、非効率で、不毛な権力行使がくりかえされるのみなのである。

こうしたモンテスキューの専制論で念頭に置かれていたのは、直接的には中国、トルコ、ペルシアといった非ヨーロッパ文化圏の大帝国であった。十六世紀以降、宣教師や交易商人の非ヨーロッパ世界への進出にともない、東方の諸帝国に関する文献は増大の一途をたどっていった。モンテスキューもそうした文献を情報源として積極的に活用しながら、みずからの専制論を彫琢したのである[11]。しかし、モンテスキューがこれほどまでに専制論にこだわった背景には、当時、成立過程にあった絶対王政に対する警戒感がある。とくにフランス王ルイ十四世が旧来の身分制社会の「特権」や制約を踏み越え、王権の拡張に驀進したことは、法服貴族出身のモンテスキューの危機意識をいたく刺激した。従来、国王権力を制御してきた中間団体と「基本法」が排除されることによって、本来は専制と無縁なはずの西欧社会がオリエント的な支配体制へと変質してゆくのではないか。モンテスキューにとっての専制概念とは、こうした現状を分析し、その克服をはかるための道具にちがいなかったのである。

三 「合法的専制」——フィジオクラットとイデオローグ

以上のごときモンテスキューの専制概念はその後、圧倒的な影響力を獲得し、十九世紀後半にいたるまで分析概念——専制君主と官僚制＝中央集権機構による「平等」社会——として定着することとなった。無論、専制における「平等」は、かつてアリストテレスが「政治的支配」の前提とした市民間の同質な「平等」ではなく、砂のように孤立した「奴隷」の「平等」である。

こうした専制概念に対する修正や批判の試みが十八世紀になかったわけではない。『法の精神』の公刊後、批判の急先鋒として登場したのが、「フィジオクラット」と総称される理論家たちである。[12] 彼らはその名が示すとおり——「フィジオクラシー」の語源は「自然の支配（physio + cratie）」から来ている——「政治社会の自然的秩序」にもとづく統治をめざした知識人集団といってよい。その基本的な信条は、自然界に物理的自然法則が存在するように、政治社会にも不変の法則が存在し、それに則った統治こそがもっとも合理的であり、かつ各人の幸福を最大化できるというものである。そして、「自然的秩序」の要ともいうべきが、一切の障害を除去した自由な交換経済、すなわち商業社会の実現にちがいなかった。

フィジオクラットの総帥フランソワ・ケネーによると、こうした「自然的秩序」の維持にもっともふさわしい「後見的権威」は、専制である。ただし、専制とはいっても、モンテスキューが定式化したような「恐怖」を原理とする「恣意的な専制君主」ではなく、強力な中央集権的機構によって交換の自由と私的所有を保障する「正統な専制君主」である。たしかにそこでは政治的自由が認められることはないが、そもそも政治的自由は各人の「幸福」にとって不可欠の要素ではない。対して、私的所有を核とする市民的自由は各人の「幸福」追求に不可欠の条件をなすがゆえに、「正統な専制君主」による保護対象となるのである。したがってフィジオクラットの標語「所有・安全・自由」における「自由」とは、政治的自由ではなく、あくまでも私的所有と経済活動の自由にすぎない。かくしてケネーは専制に下位区分を設けることで、専制を絶対悪と断じたモンテスキューを退けようとしたのである。しかもケネーにとって、正統な「後見的権威」は歴史上に実在した。数千年にわたり「自然的秩序」にかなった統治を実現してきた東アジアの帝国、中国である。

このようにケネーは専制を擁護してはいるものの、モンテスキューの専制概念の二大指標じたいは継承している。

まず、ケネーは専制の利点を中間団体の排除のうちにみた。フィジオクラットのいう「自然的秩序」の要、すなわち自由競争経済を十八世紀ヨーロッパ社会で達成するうえで最大の障害は、身分制社会と中間団体の存在であった。フィジオクラットたちにとって、独占や排他的特権を主張する中間団体は、自由な商業秩序の妨害者以外の何物でもない。ゆえに、専制という強大な「後見的権威」の力によって、何としてでも身分制社会を平準化・平等化する必要が生じてくる。そうすることによってこそ、各人は「自然権」――私的所有とその自由な行使をはじめとする市民的自由――の担い手として経済活動に従事し、自然法則にかなった「自然的秩序」を実現できるのである。

官僚制についても同様である。モンテスキューが専制下の官僚制の非合理性と恣意性を糾弾したのに対して、ケネーは中国を例にとって正反対の評価をくだす。近世中国における統治官僚の登用制度は、儒学的教養にもとづく官吏選抜試験・科挙制度であった。絶対王政下のフランスでは身分制と癒着した売官制がおこなわれたのに対して、科挙は純粋に試験の成績、すなわち知的優秀性のみを基準にした選抜試験であり、身分や家柄を一切問わなかった。ケネーはこの科挙制度を公平で合理的な官吏選抜制度として高く評価する。儒学の経典をつうじて万物の法則を、すなわち「自然的秩序」を体得した人文官僚による理想の統治を、中国のうちにみいだすのである。

中華帝国では自然法を遵守することによって、持続性、広大さ、そして永続的な繁栄が確保されてはいないだろうか。この非常に人口の多い国民は、人間の意志によって統治され、暴力によって社会的服従を強いられているほかの諸民族を、当然ながら野蛮な国民とみなしていないだろうか。自然的秩序に服するこの広大な帝国は、安定的で永続的、そして不変の統治の模範を示してはいないだろうか(13)。

以上のようにケネーをはじめとするフィジオクラットたちは、モンテスキューの専制概念の根本特徴を継承しつつ、その評価の方向性を逆転させた。専制はもはや「恐怖」を原理とする無軌道で非合理的な支配ではない。学を介して「自然」の奥義を究めた有能な官僚制によって管理運営される、「平等」な自由経済体制、すなわち「自然的秩序」なのである。代表的なフィジオクラット知識人、ル・メルシエ・ド・ラ・リヴィエールもまたケネーの図式を継承したうえで、「合法的専制」despotisme légal のうちに理想の後見的権力をみいだしていた。

さらにフランス革命期の総裁政府時代に台頭した「イデオローグ」とよばれる知識人集団も、フィジオクラットの提示した論点を部分的に受け継いでいる。政治社会の領域に物理法則に対応する普遍的法則を探求する点で、イデオローグはフィジオクラットと共通の志向を示す。ただし、フィジオクラットたちがどれほど「自然的秩序」を理論化したとしても眼前には旧態依然の身分秩序がそびえていたのに対して、イデオローグが活躍した時期は革命が猖獗をきわめたあとであった。つまり、フィジオクラットがあれほど改革を熱望した身分制と中間団体は、すでに革命の過程で解体されていたのである。イデオローグのひとり、レドレルはこの全面的な平等化状況をして「諸条件の平等」égalité des conditionsとよぶ。彼にとって、問題は「諸条件の平等」のもとにおける合理的統治の組織化へと集約されてくる。ここでレドレルがもちだすのは、ケネーと同様に中国の事例であった。とくに科挙制度のうちに、専門的な公務員試験制によって選抜された、能力主義原理にもとづく合理的な官僚制が体現されているというのである。レドレルにとって、「諸条件の平等」の時代にふさわしいのは代議制よりも、科挙制度のような一般競争試験によって選抜される「メリトクラシー」méritocratieであった。「すべてのことが人民のために、人民の名においてなされるが、何ものも人民によって、すなわち人民の無思慮な命令によってなされるのではない、そういうデモクラシーもある」。あるイデオローグの漏らしたこの発言は、彼らの基本的な志向をよく示すものといえよう。

四　ナポレオンと「専制」

こうしたなかでナポレオン政権の成立は、専制論にとって一大転機となった。モンテスキューにせよ、フィジオクラットやイデオローグにせよ、専制論で念頭に置かれていたのは、基本的に中国やトルコといった非ヨーロッパ圏の帝国であった。それゆえ、フィジオクラットたちがいかに中国の事例をもちだして「合法的専制」の効用を説いたとしても、それはしばしば現実から遊離した書生論として片づけられた。しかし、ナポレオン政権の樹立とともに事情は変わってくる。一時とはいえ、内政・外交の両面で驚異的な成功をおさめたナポレオン政権を無視することは、もはや誰にもできない。近代民法典の制定、一定の宗教的自由の確立、効率的な行政による経済発展、前代未聞の規模の軍事動員は、同時代人の耳目を驚かすに十分であった。

はたして、ナポレオン政権は「専制」なのか、どうか。この点について知識人たちの見解は分かれた。スタール夫人や十九世紀フランス自由派のように、ナポレオンをあくまでもモンテスキュー的な、あるいはアジア的な専制君主と断じた人びともいる。たしかにナポレオン政権は「専制」を想起させる要素をそなえていた。しかし、それらは典型的な専制概念の枠におさまりきらないことも明らかだった。

まず、平等との関係である。ナポレオン政権はフランス革命後の「諸条件の平等」という状況下において、すなわち身分制社会や中間団体の解体後に出現した政権であった。すでにみたように、従来の身分制社会においては王といえども恣意的な統治は許されず、各身分や中間団体に「特権」を付与し、保護することによって支配の正統性を認められてきた。旧体制下の絶対王政もこの点はかわらない。これに対して、中間団体なき平等化社会に君臨するナポレオンは世論に直接訴えかけ、世論操作をおこない、ことあるごとに自身の地位や政策を「人民」や「公共の福祉」の理念によって正当化した。その意味でナポレオン政権は明らかに革命政権、とくにジャコバン独裁の刻印をおびていたといえよう。そして、ナポレオンは国民の政治的自由をいちじるしく制限する一方で、各人の私的所有と自由経済を後見的に保障――近代私法秩序を確立したナポレオン民法典に典型的にみられる――する。このように平等化社会に成立したナポレオン政権は、かつてフィジオクラットが夢想した「合法的専制」の性格をそのまま体現する権力といってよかった。ナポレオン政権の熱烈な擁護者であったドイツ知識人、フリードリヒ・ブーフホルツはナポレオン政権の特色を、絶対王政に体現された「諸権力の統一 Einheit」と、フランス革命の偉大な原理たる「平等の根本法則」Fundamentalgesetz der Gleichheit ――「すべての公民は美徳と能力以外の一切の区別なしに、あらゆる公職と地位に就任できる」――との結合のうちにみいだしている[14]。

つぎに官僚制の問題である。ナポレオンは統治にさいして代議制を軽視する一方、官僚制に全面的に依拠した。しかも、その官僚制はモンテスキューが想定したごとき放恣な家産官僚ではなく、専門知識・規律・能力主義原理をそなえた近代官僚制にちがいなかった。いわば、レドレルがポスト革命社会にもとめた「メリトクラシー」そのものである。それゆえ、ナポレオン政権下のエリート統治を肯定的に評価し、政権支持にまわる知識人も少なくなかった。自身も官僚としてナポレオンに仕え、王政復古後も熱心なボナパルティストでありつづけた作家、アンリ・ベールことスタンダールはその好例といってよい。あるいは、プロイセン官僚として政治的には対立関係にあった歴史家B・G・ニーブーアも、混迷をきわめる政局を収攬したナポレオンの手腕を絶賛し、成功の原因を有能な官僚制の存在に帰している。

反ナポレオン派に属する思想家ではあるが、バンジャマン・コンスタンはこうしたナポレオン政権の新しさに敏感であった。コンスタンは『征服の精神と簒奪』（一八一四年）において、民主的・革命的象徴を駆使したプロパガンダや大衆の軍事動員といったナポレオン政権の動的側面を指摘し、旧来の専制概念と区別するために「簒奪」usurpation とよぶ。[15] コンスタンによると、ナポレオンは圧倒的な軍事的功績によって新しい型の専制を樹立はしたものの、それは本質的に軍事的栄光に依拠する体制であるがゆえに、「商業社会」という近代の根本特徴とは相容れない。したがって、ナポレオンの軍事独裁は表面上はいかに堅固にみえたとしても、その基盤は本質的に脆弱なものであるため、永続性を望むことはできないと診断される。

十九世紀ドイツ自由派のナポレオンに対する評価も両義的である。[16] 彼らにとって、ナポレオンは征服者であると同時に、身分制社会を解体した改革者としての顔をもっていた。なかでも十九世紀ドイツを代表する歴史家、J・G・ドロイゼンはナポレオンの支配を「国家の理念による専制」Despotismus der Staatsidee と名づけた。つまり、ナポレオンの「軍事独裁制」は「人民主権」に立脚し、能力主義原理に正統性根拠をもとめた点で「未分化のアジア的専制」とは明確に異なっていたというのである。そこでは「完全無欠の官僚制」のもとであらゆる中間団体が解体され、社会領域は完全に国家権力のうちに包摂されてしまう。そして、原子化した個人を把握する機械のように精密な統治機構の頂点には、「共和国の君主、革命の君主」としてのナポレオンが君臨するのである。ドロイゼンはナポレオン政権が国民の自律性を抑圧した点を非難しつつも、機能不全に陥っていた身分秩序を粉砕し、「国家の理念」の展開を促した点を評価している。

以上の例からもわかるように、ナポレオン政権に対する評価はつねに両義性をおびざるをえない。仮にそれが「専制」だとしても、モンテスキューによる古典的定義をそのまま適用できないことは明らかだった。ナポレオンの驚異的な成功は、代議制にもとづく立憲的統治よりも効率的で合理的な統治形態の可能性を示唆していた。たしかにナポレオンは最終的には没落した。しかしそれは軍事的栄光の過度の追求ゆえであって、政治体制そのものの根本的欠陥とはいえないのではないか。各人の「幸福」にとって政治的自由は、かならずしも不可欠の条件とはいえないのではないか。こうして、社会状態の平等化が所与になるとともに、合理的官僚制による垂直的統治――政治的自由の抑圧と、市民的自由に対する後見的保護の組み合わせ――が新たな政治体制の選択肢として浮上してくるのである。

五　トクヴィル

平等化社会と専制的権力の関係をめぐる錯綜した議論を整理し、明確な定式化へと導くうえで決定的な役割を果たしたのが、フランスの思想家、アレクシ・ド・トクヴィルにほかならない。

青年期のアメリカ旅行をもとにした代表作『アメリカのデモクラシー』(一八三五～四〇年)の特異性は、

民主政を単に統治機構の問題としてではなく、統治機構を成立せしめる社会構造、とりわけ民主制社会に特有の思考と価値の問題としてとらえた点にある。[17] トクヴィルは人間社会を、身分制によって階層化された「貴族制社会」aristocratie と、「諸条件の平等」égalité des conditions によって特徴づけられる「民主制社会」démocratie に区分したうえで、前者から後者への移行に世界史の支配的傾向をみいだす。「諸条件の平等の漸次的発展」は「神の御業」であり、「普遍的持続的であり、日ごとに人の力で左右しえぬものとなりつつあり、すべての出来事、すべての人びとがその進展に奉仕している」(DA-i-intr.)。

トクヴィルによると、貴族制社会は身分や中間団体によって階層化されているため、財産・知識・権力の偏重がいちじるしい。一方の極には少数の世襲貴族が存在し、政治的・社会的資源を独占し、政治社会を指導する。他方の極には極度に貧困で、財産や知識をほとんど欠いた民がおり、両極は同じ「人類」とは思えぬほどに異なる境遇にある。それに対して、身分障壁の解体によって成立した民主制社会では以上の二極化はみられない。もちろん、民主制社会にも多少の能力や財産の不平等はみられるが、全体としてみれば財産・知識・権力は平準化されているため、大多数を占めるのは「中産階級」である。仮に一時は巨万の富を獲得する者がいたとしても、民主制社会に特有の社会的流動性によって速やかに貧困化してゆくことだろう。民主制社会を突き動かす根源的価値にして最高原理は「平等」であり、何人たりともその支配を逃れることはできない。

民主制社会において、人びとはつねに「物質的安楽」と「蓄財欲」に駆られている。かつての貴族制社会では世襲身分によって各人の価値は定められており、財産の多寡は二次的な価値をもつにすぎなかった。ところが身分制が解体されると、今度は財産の多寡以外に自分と他者を序列化する術がなくなってしまう。それゆえ、民主制社会の人びと、とりわけ「中産階級」は「物質的安楽」、およびそれを可能にする手段としての財産をもとめて狂奔するのである。「財産所有から生まれる情念が中産階級におけるほど激しく執拗である階級はない」(DAii. 3-21) のであり、彼らは「その味を知るに足る物質的享楽を手にするが、これに満足するには十分でない。努力しなければ享楽を手にできず、不安に震えることなしに享楽に耽ることがない」(DAii. 2-10)。

また民主制社会に生きる人は、誰しも孤独と孤立を迫られる。貴族制社会の人間はつねに自分と同じ身分の人びとと交流する機会をもつと同時に、世襲貴族という厳然たる指導層に服していた。貴族と庶民は越えられない深淵によって隔てられつつも、両者の間に強い絆が生まれることも稀ではなかった。貴族は自分に臣従する領民を保護する義務を負っていたし、領民の側も貴族の優越性を自明のものとして喜んで服従したからである。かくして貴族制社会の人間関係はつねに個別性・特定性をおびることとなる。逆に民主制社会では各人は市民として「平等」であるため、特定の人間や階層に対する忠誠心や信頼は存在しえない。また、自分の判断を「伝統」や「形式」にゆだねることもなくなり、各人の「理性」のみが判断と行為の基準となる。そこでは誰もが平等で独立しているが、そうであるがゆえに人は誰とも強い絆をもつことができず、孤立する運命を免れえない。「デモクラシーの世紀には、何人も仲間に手を貸す義務を課されず、仲間から大きな助力を期待する権利もないので誰もが独立にして弱体である」(DAii, 4-3)。したがって、民主制社会の人間には、信頼に値するわずかの家族や友人とだけ交際し、それ以外の社会関係や公共の事柄への関心をしだいに失ってゆく傾向がみられるという。トクヴィルはこうした傾向をして「個人主義」individualisme――自分の利害を絶対視する「利己主義」とは明確に区別される――と名づけた。

「物質的安楽」への執着も「個人主義」も、民主制社会に固有の現象として「平等」価値から切り離すことはできない。両者はいずれも、民主制社会の最高法則たる「諸条件の平等」の副産物なのである。トクヴィルを悩ませたのは、こうした民主制社会の自然的傾向が、ともすれば新たな専制にむすびつきやすいという点であった。各人が他者との社会関係からひきこもり、蓄財のみを関心事とするようになれば、当然のことながら「自由」を維持することはできない。各人が「物資的安楽」の追求に没入すれば、公共の事柄に割かれるべき時間と労力が残るはずはないからである。とすれば、人びとは労多くして益少ない「自由」をかなぐり捨てて、自分たちの経済活動と秩序を保障してくれる中央集権型政府に喜んで身をゆだねることとなろう。トクヴィルによると、「平等」を核とする民主制社会は「努力」と「工夫」なしに「自由」を維持することはできない。他方で「平等」は「専制」へむかう「自然の傾向」を有している。

とはいえ、この新たな専制は、モンテスキューが定式化した旧来の専制とは大きく異なる。それは徹頭徹尾、民主制社会と「平等」の要求に応える「穏和な」専制である。民主制社会の人びとは、貴族制社会におけるように特定の人物や階層に服従することに耐えられない。また、自分と政治権力の間に何らかの中間団体（二次的権力）が存在することにも耐えられない。ゆえに彼らは、万人に対して画一的な支配をおよぼす一体的な中央権力を望むこととなる。この中央権力が世襲王制か、選挙による国民代表であるかはトクヴィルにとってさして重要ではない。問題は権力の質である。トクヴィルによると、この中央権力は多数者の意志、すなわち世論につねに気を配りつつ、巨大な官僚制機構をつうじて社会の末端まですみずみまで監視し、不断に私事に介入し、指導しようとする。中間団体の排除と官僚制というモンテスキュー以来の専制の二大特徴を継承する一方で、トクヴィルの描く専制は社会を「恐怖」によって支配する権力ではない。むしろ、来たるべき専制は、専門知識をもとに産業・教育・宗教・社会保障・軍事など多岐にわたる行政活動にのりだしてくることだろう。それは実に「世話好きな」権力といってよい。

専制がこの世界に生まれることがあるとすれば、それはどのような特徴の下に生じるかを想像してみよう。私の目に浮かぶのは、数えきれないほど多くの似通って平等の人びとが矮小で俗っぽい快楽を胸いっぱいに想い描き、これを得ようと休みなく動きまわる光景である。彼にとっては子供たちと特別の友人だけが人類のすべてである。残りの同胞市民はというと、彼はたしかにその側にいるが、彼らを見ることはない。人びとと接触してもその存在を感じない。自分自身のなかだけ、自分のためのみに存在し、家族はまだあるとしても、祖国はもはやないといってよい。

　この人びとの上にはひとつの巨大な後見的権力がそびえ、それだけが彼らの享楽を保障し、生活の面倒をみる任に当たる。その権力は絶対的で事細かく、几帳面で用意周到、そして穏やかである。〔中略〕権力は市民の幸福のために喜んで働くが、その唯一の代理人、単独の裁定者であろうとする。市民に安全を提供し、その必要を先取りして、これを確保し、娯楽を後援し、主要な業務を管理し、産業を指導し、相続を規制し、遺産を分割する。市民から考える煩わしさと生きる苦労をすっかり取り払うことができないはずがあるまい。（DAii, 4-6）

　こうした「行政的集権制」centralisation administrative に身をゆだねることは一見、心地よい。市民はもはや自分で何かを判断する必要がなく、中央権力にすべてを一任すればよいのだから。しかし、市民は判断放棄によって将来的には大きな代償を払うこととなろう。徐々に判断能力を失い、「個人主義」にひきこもり、ひたすら蓄財に狂奔する人間はすでに「人間以下」の「獣」と大差あるまい。それゆえ人間が人間として生きようとするならば、独立性と尊厳の証としての「自由」liberté を絶対に手放してはならないのである。ここでトクヴィルのいう「自由」は単なる政治参加の自由や私的自由にとどまるものではなく、そうした個別的にして複数形の自由（liberties）をつつみこみ、またその存立の条件ともなる精神の独立性としての「自由」にほかならない。そして、トクヴィルは「穏和な」専制化という民主制社会における「自然の傾向」に抗して、「自由」を守り抜くため、「自由の諸制度」——地方自治、陪審制裁判、結社活動、新聞など——の重要性を訴えかける。精緻な制度設計と、精神の独立を重んじる政治文化によってこそ、「自由」と「平等」の幸福な結婚は可能になるのである。

トクヴィルはこの新たな専制の具体例として何を念頭に置いていたのか。『アメリカのデモクラシー』や『旧体制と革命』(一八五六年)といった作品の端々で、新たな専制はあるときはローマ帝政、あるときは中国、またあるときはフィジオクラットの「合法的専制」に重ね合わせられる。だが、トクヴィルにとってもっとも生々しい具体例はボナパルティズム体制であったように思われる[18]。ナポレオン三世の権力掌握過程を同時代人としてつぶさに観察したトクヴィルは、その政治手法の起源をかつてのナポレオンの統治にみていた。『旧体制と革命』も本来はナポレオン論として企図された作品である。残念ながらナポレオン政権を直接あつかう部分が完成の日をみることはなかったものの、草稿や断片的な言及からナポレオンへの評価をうかがいしることはできる。

ナポレオンは十九世紀の知性を有しており、彼が働きかけねばならなかった国民はまるで生まれたばかりであるかのように、一切の法律、慣習、そして確固たる習俗を欠いた状態にあった。この事情がナポレオンに、彼以前にそれをあえて試みた誰よりも合理的かつ巧妙な型の専制をつくりあげることを許したのである。市民同士、あるいは市民と国家の種々の関係をひとつの精神のもとに規律するために必要なあらゆる法律を公布した後、ナポレオンは法律を執行する役割を担う諸々の従属的諸権力を一気に創出し、それら諸権力がまとまって、ひとつの巨大で単純な統治の機械となるようにした。そして、その機械の唯一の原動力はナポレオン自身にほかならなかった(19)。

要するにトクヴィルにとってのナポレオンは、十八世紀以来、絶対王政と革命によって推進されてきた中央集権化の完成者にちがいなかった。ナポレオン自身は「行政的集権」の創始者ではないにせよ、みずからの権力意志のために「自由」を圧殺し、「平等」を基礎とした集権化を極限まで推進したとされる。その意味でナポレオンは平等化の時代の新たな「専制」の原型として描かれるのである。ここでも専制論はたしかにナポレオンの刻印をおびていた(20)。

六　トクヴィル以後

トクヴィルによる専制論の刷新は十九世紀後半のヨーロッパで一定の反響を呼んだものの、十九世紀末から専制論は冬の時代をむかえることとなる。原因のひとつは、世紀初頭以来の民主化運動が一定の達成をみたことにあった。十九世紀ヨーロッパ政治史の基調は、代議制をつうじた政治参加の拡大をもとめる自由主義と保守派との対抗関係であったが、君主政体か共和政体かを問わず、世紀末までに代議制は各国において定着をみることとなった。それとともに、政治学の主たる関心もひとまず各国の政治制度の記述的研究へと移り、「専制」の問題はもはや解決済みとみなされるようになる。この過程は、トクヴィルの業績が一八九〇年頃から急速に忘却されていった現象と軌を一にしている。(21)

二十世紀に入っても専制概念の復権はかなわなかった。もちろん、戦間期におけるファシズムや共産主義の抬頭は自由主義者に「新たなる専制」(チャールズ・メリアム)への危機感を懐かせるに十分であった。しかし、そうした新興の政治体制は、イデオロギーの重視、市民の内面領域の規律化、カリスマ的指導者の存在、一党独裁体制、世論操作を介した運動への大衆動員といった点で従来の専制論の枠にはおさまりきらなかったことから、「全体主義」totalitarianismという新たな政体概念が考案されることとなった。第二次大戦後、「全体主義」の定義と本質をめぐる論争が活況を呈するなか、専制概念は完全に時代遅れになったかにみえた。さらに、「専制」はその来歴からもわかるように極度に価値的な偏差《バイアス》を負う概念であったため、戦後政治学の主流となった、アメリカ的な「政治科学」political scienceにも不適合であった。政治科学にとっては「全体主義」すらあまりに曖昧な概念であったため、より中立的な「権威主義体制」authoritarian regime概念にしだいにとってかわられてゆくこととなる。(22) 現代の政治学において、「専制」をそのまま客観的な分析概念としてもちいることは、まずない。

しかし、だからといって「専制」について語る意味までなくなってしまったわけではない。まず、二十世紀中葉に流行した「全体主義」論にとっても平等化や官僚制は重要な論点であり、この点に従来の専制論とのたしかな連続性をみてとることができる。さらに現代のデモクラシーをめぐる議論においても、かつての専制論の影は色濃い。冷戦終結によって共産主義体制の脅威は後退し、自由民主体制が欧米諸国や日本において定着をみた。だが、その現状が盤石とはほどとおいところにあることは明らかである。「歴史の終わり」の凱歌は皮肉にも、デモクラシーを自己懐疑へといざなうことになった。二十世紀半ばにはまだ維持されえていた「職業政治家による利益政治モデル」への信頼が払底したいま、あるべきデモクラシーのすがたをめぐる論争には果てしがない。デモクラシーじたいに、実は解体と悪しき統治への因子がひそんでいるのではないか、デモクラシーをめぐる議論にはそうした不安がつねにつきまとう。かくしてナチズムやスターリン体制に照準を合わせた古典的な「全体主義」論——その代表例はいうまでもなく、ハンナ・アレントの『全体主義の起源』（一九五一年）である——の現実味が薄れる一方、論者によって名称や内実は異なるにせよ、さまざまな「新しい専制」、あるいは「新しい全体主義」への警告がくりかえされるようになる。そうした議論のうちに、モンテスキューからトクヴィルにいたる専制論の系譜との連続性をみてとることはたやすい。実際に「新しい専制」論の多くがトクヴィルの専制論から着想を得ていることからも、事態は明らかである。

したがって「平等」を根本価値とするデモクラシーに生きることを望むかぎり、「平等」価値とむすびつく「専制」という問題は、今後も政治学的思惟のうちに何らかのかたちで残ってゆくことだろう。

それは、専制概念を使用するか否かという問題を越えた、デモクラシーの本質にかかわる問題といってもよい。つまり今後、自由民主体制下の人びとが苦悶しながらも「自由」と「平等」の両立をめざして進むのか、あるいは「自由」なき「平等」社会としての「専制」に身をゆだねるのか、という問題である。この点で示唆的なのは、『イソップ寓話集』の「狼と肥えた犬」という逸話である。

よく肥えた犬が狼に出会った。どこで育てられて、そんなに脂肪たっぷりの大きな犬になったのか、と穿鑿されて、

「気前のいい主人が食べさせてくれるのさ」と答えた。

「首の周りが白くなっているのは、どうしてだい」

「鉄の首輪で肉が擦れた。飼主が鍛冶屋に作らせて、俺にはめたんだ」

これを聞いて、狼は大笑いして言うには、

「俺ならそんな贅沢（tryphē）はまっぴらだ。鉄で首を擦られるような贅沢はね[23]」

ここで「狼」に「鉄の首輪」、いわば安楽の代償としての隷属を拒ませているものはまさしく、「自由」そのものへの愛着といってもよいだろう。トクヴィルもかつて同様のことを語っていた。「いつの時代においても、人びとの心を自由に強く惹きつけたものは自由への愛着、すなわち効用とは独立した自由

それじたいの魅力なのである」[24]。トクヴィルによれば、「自由」は効用や利益といった外部の基準で正当化することはできないのであり、究極的な支えは「自由」への愛着のうちにしかみいだしえない。これまでたどってきた「平等」と「専制」をめぐる錯綜した議論の歴史はそのまま、人間が寓話中の「狼」のように「自由」への愛着をどこまでもちうるか、という問いかけの歴史であるように思われる。

注

入門書という性格上、二次文献の引用は邦語文献を中心とし、最小限にとどめた。原典の引用にさいしては既存の邦訳を参照しつつ、適宜訳文を改めた。

（1）Hdt. 7. 104.

（2）ロールズ（川本隆史、米谷園江訳）「『正義論』フランス語版序文」（『みすず』三五巻四号、一九九三年）二頁。

（3）ここでは「専制」の概念史の網羅的な検討は望めないが、「専制」の概念史についてはH. Mandt, Tyrannis/Despotie. in: O. Brunner, W. Conze, R. Koselleck hg., Geschichtliche Grundbegriffe. Bd. 6. Stuttgart 1972-97, M. Richter, Despotism. in: Dictionary of the History of Ideas. New York 1968（M・リクター「専制政治」『法・契約・権力』〔平凡社、一九八七年〕所収）、石崎嘉彦「専制」（古賀敬太編『政治概念の歴史的展開　第三巻』〔晃洋書房、二〇〇九年〕所収）を参照した。

（4）たとえば、あるポリスが他国に強硬な対外政策を展開し、隷属下に置くとき、この強権的な対外支配をさしてdespotēs/despoteiaとよばれるがごとき場合である。

（5）『政治学』のテクストはRoss編のオクスフォード古典叢書版を使用し、出典はPで記した。邦訳には、神崎繁訳『アリストテレス全集17　政治学・家政論』（岩波書店、二〇一八年）がある。

（6）ペルシアなどの異民族帝国の王の正式呼号がのちに述べる「王」basileus であったのに対して、政治論のなかでしばしば despotēs と悪意をもって呼称されたのはこのためである。異民族の魂の本性を「奴隷」的として軽蔑する、前五世紀以降に顕著となる民族的偏見がここに作用していたことは疑いない。

（7）ただし、ピンダロスが僭主ヒエロンを basileus と呼ぶように（Ol. 1. 23, 114; Pyth. 3. 70）、tyrannos と basileus の区別は実際は曖昧である。

（8）なお、アリストテレスには、異民族の王朝を「王政」basileia とする箇所（P1285a）と「僭主政」とする箇所（1295a）があり、評価が微妙に揺れ動いている。両箇所において、異民族の王朝の支配が、一面では「主人的」despotikōs 支配という点で「僭主政」の特徴を有するが、他方で王位は世襲で、法律に則った統治がおこなわれるという点では「王政」的な支配の特徴をもつとされている。

（9）とくにアテナイ民主政における僭主憎悪は激烈だった。実際に弁論家の演説や悲劇作品のなかで、僭主は悪しき権力の象徴として戯画化されている。Hdt. 3. 80 はこうした民主派による僭主批判の定型といってよい。

（10）モンテスキューの原典は R. Derathé ed., Montesquieu, L'Esprit des lois. Paris 2011（野田良之ほか訳『法の精神』〔全三巻、岩波文庫、一九八九年〕）を使用し、出典は EL と編・章番号で記した。モンテスキューの専制論について詳しくは、川出良枝『貴族の徳、商業の精神――モンテスキューと専制批判の系譜』（東京大学出版会、一九九六年）、同「恐怖の権力――『法の精神』における「専制」」（『思想』七九五号、一九九〇年）を参照。

（11）こうした専制概念の特質は「東洋的専制」oriental despotism 概念に顕著であるが、この点については、エドワード・サイードの『オリエンタリズム』（一九七八年）以来、西洋中心主義的思考の典型としてくりかえし批判されてきた。

（12）以下のフィジオクラットおよびイデオローグ理解は、安藤裕介『商業・専制・世論――フランス啓蒙の「政治経済学」

と統治原理の転換』（創文社、二〇一四年）、同「一八世紀フランスにおける統治改革と中国情報――フィジオクラットからイデオローグまで」（『立教法学』九八号、二〇一八年）に負う。

（13）F. Quenay, Despotisme de la Chine. in A. Oncken ed., Oeuvres économiques et philosophiques de F. Quenay. Paris 1969, p. 660.

（14）F. Buchholz, Der neue Leviathan. Tübingen 1805, S. 152f.

（15）B. Constant, De l'esprit de conquête et de l'usurpation dans leur rapports avec la civilisation européenne. 1814（コンスタン〔堤林剣、堤林恵訳〕『近代人の自由と古代人の自由・征服の精神と簒奪』〔岩波文庫、二〇二〇年〕）.

（16）拙著『フランス革命という鏡――十九世紀ドイツ歴史主義の時代』（白水社、二〇一五年）二〇〇頁以下を参照。

（17）トクヴィルの原典は A. Jardin ed., Tocqueville, Oeuvres. t. 2, 1992（松本礼二訳『アメリカのデモクラシー』〔全四巻、岩波文庫、二〇〇五〜二〇〇八年〕）を使用し、出典は DA と巻数・部・章番号で記した。トクヴィルの専制論についての研究は多いが、基本的な理解は、松本礼二『トクヴィル研究――家族・宗教・国家とデモクラシー』（東京大学出版会、一九九一年）第一章から得られる。

（18）トクヴィルのナポレオン観については M. Richter, Tocqueville, Napoloen, and Bonapartism. in S. E. Eisenstadt ed., Reconsidering Tocqueville's Democracy in America. New Brunswick 1988 を、中国論については、渡辺浩「アレクシ・ド・トクヴィルと三つの革命」（三浦信孝、福井憲彦編『フランス革命と明治維新』〔白水社、二〇一八年〕所収）を参照。

（19）G. de Beaumont ed., A. de Tocqueville, Oeuvres complète. t. 9, pp. 17-18.

（20）以後、ナポレオンはその実態とは別に「専制」の代名詞として語られてゆくようになる。専制の成立過程を寓話によって描きだした、ジョージ・オーウェルの『動物農場』（一九四五年）の独裁者の名前が「ナポレオン」であるのは偶然ではない。

(21) トクヴィルの受容史に関する研究は多いが、松本礼二、前掲『トクヴィル研究』序章、松本礼二、三浦信孝、宇野重規編『トクヴィルとデモクラシーの現在』(東京大学出版会、二〇〇九年)第一篇・Ⅱから基本的な理解は得られる。

(22) 「全体主義」概念についてはさしあたり、K. D. Bracher, Totaritarianism. in V. Bogdanor ed. The Blackwell Encyclopedia of Political Science. 1991を、同概念の複雑性と曖昧さについては、川崎修「全体主義」(同『「政治的なるもの」の行方』(岩波書店、二〇一〇年)所収)を、「権威主義体制」については、J・リンス(睦月規子ほか訳『全体主義体制と権威主義体制』(法律文化社、一九九五年)を参照。

(23) B. E. Perry, Aesopica. vol. 1. Urbana 1952, p. 463 (中務哲郎訳『イソップ寓話集』(岩波文庫、一九九九年)、二五八〜二五九頁).

(24) F. Furet, F. Mélonio ed., Tocqueville, Oeuvres. t. 3, Paris 2004, p. 195.

第3章　国家と国民

畠山　弘文

はじめに

戦後日本の政治学教科書は、ある時期まで、「国家学」からの政治学の自立を課題として書かれてきた。その最大のねらいは、国家が独占する政治から市民やその他のアクターが参加して行う政治の確立であったろう。(1) しかしグローバル化や新自由主義、隣国共産党中国の徹底的環境破壊、またその『帝国』化のような問題が取り沙汰される今、時代は一サイクルまわって、改めて国家に正面から取り組むべき時代的・学問的段階にある。すなわち、「なぜ近代社会は国民国家モデルのもとに組織されているのか」(2)。本稿の与えられた課題は、国家とこれに対になった国民という統治形態（つまりは国民国家）について

基礎的な概念整理を行うことである。(3)

ただ概念的混乱といったようなものがとくに国家についてあるかというと、そうとは思えない。概念的対立より、国家研究の障害となるのは「たしかに主権国家の意義を考察するという課題は、時代遅れはもとより、反動的な響きがある」(4)というような雰囲気の方である。いぜん政治学的孤児に近い国家(と国民)の現実について、できれば歴史のなかに置き直してその意義や限界を確認すること、近代的な政治の原型にして力としての国家と国民はいかにして生まれるかを概観することがより建設的だろう。その過程でそう多くはないが一定の概念が観覧される。それが、国家や国民に対し読者各自の関心からアプローチするための知的装備の一助となれば、と考える。(5)

以下、最初の国家の起源から論じ、その後に近代国家の誕生、歴史、特徴をまとめる。次に国民については近代国家との関連で社会科学者がどうこれをみているかを一瞥し、最後に、国家と人類の関係を根本的に問い直す試みもまた、政治学の(隠れた?)課題だということを示して終わりとする(主要な用語にはカギ括弧をつけて強調した)。

一　第一の国家の誕生――初期国家までのヒト社会

国家は、人類にとっては新しい発明品だった。この点は、「近代」国家についてなら普通にいわれる事柄だが、人類史における最初の国家についてこそ、より真実である。

サルから分化して何百万年間、ヒトは国家をもたずに生活してきた。ヒトの基本的な生存様式は、国家という政治的集権組織なしの社会生活だった。一七世紀のイギリスでは国家のない社会があるということが論じられ国家に関する研究が活発化したというが、この例にならっていえば、国家のない社会とある社会（「無国家社会」と「国家社会」）の違いから説き起こすのが国家理解の最上の出発点の一つであるだろう。

無国家社会は通常、「新進化論人類学」（サーヴィスやサーリンズら）の標準的な議論にしたがえば、「バンド社会→部族社会→首長制社会」と発展する。[6] おのおのの特徴は紙幅の関係でまとめて表に示した。[7] この表の次の段階にあるのが初期国家だが、首長制社会と初期国家の間には深淵もしくは飛躍がある。なぜなら基本的に平等関係の維持された社会が、支配従属をともなう集権的な組織（国家）をもつ社会に変じるからである。そのため社会発展の進化図式はそのまま適用されず、なぜ国家が生まれたのか、改めて理論的説明が求められることになる。

無国家社会はバンドから首長制まで三つの段階に区別されているが、先史社会の圧倒的な時間をヒトはバンド社会で過ごした。「バンド社会」（band, horde）は人類誕生後、農耕・牧畜のはじまるほんの一万年ほど前まで、ヒトの唯一の生存様式だったのである。[8] とはいえバンド（群れの意味）では集団的結合は極端に弱く、夫婦関係も簡単に解消する。そういう形ではあるが、自由であることと平等であるこ

	バンド社会	部族社会	首長制社会
規模（定住の有無）	数十人（遊動生活）	数百人（定住）	数千人（定住）
基本的関係	血縁集団	血縁集団の集合体	階級化された地域集団
社会の構成原理	平等	平等（ビッグマンあり）	集権的世襲的（ただし官僚機構は多く不在）
争いの解決	非公式	非公式	首長による
食料生産	なし	なし・あり	あり（集約的）
階級分化	なし	なし	あり（血縁者による支配階級）

とが一致するような生存様式がそこにはみられた（柄谷行人[9]）。数百万年間ヒトが営んできたバンド社会が次の段階に移行するのは、ほぼ一万年前の「新石器革命[10]」（ゴードン・チャイルド）による。

新石器革命の核心は「食料生産革命」（農耕・牧畜）である。実は「定住[11]」そのものはその前に成立しており、その結果としての人口増を支えるべく食料生産が本格化していき、一村居住の「部族社会」（tribe）に移行する。さらに、後には、より階層化が進んだ状態としての「首長制社会」（chiefdom）になっていく。おおまかに部族社会は「前期農耕・牧畜社会」に対応し、首長制はその後期にあたると考えるのが便法である。そして、サルから分かれた人類はようやく五〇〇〇年ほど前になって、国家をもつようになる。この国家を「初期国家」（primitive state、古くは「原始国家」）という。

初期国家は人類がもった初めての集権的政治機構である。これが、基本的に血縁的平等原理がかなり薄まったとはいえ存在し、階層化が弱く、権力機構もなかったヒトの社会に生まれてくる。このことはさきほど触れたように大いなる飛躍であり、何か特殊な事情があったと考えられる。これを説明するもっとも有名な理論が異端の中国史家ウィットフォーゲルの「大規模灌漑説」であり、穀物耕作のための大規模灌漑の必要がそのための管理機関としての国家を生むとする[12]。例は中国黄河流域である。ところがこの共同体内在的な発展の説明では、基本的に平等な社会に社会的階層化や政治的支配従属の関係が生まれる契機をうまくとらえきれない。だから国家の発生は共同体外在的に説明されるのが一般的である。

外在的理由として一九世紀半ばからすでに主張されてきたのが「征服説」である。これはドイツのオッペンハイマーなどに代表される説[13]で、外部勢力の軍事的征服によって国家という支配機構が生まれるとする。他の共同体を丸ごと征服する力をもつ当時の勢力は騎馬遊牧民をおいて他にはない。したがって騎馬遊牧民が平地の農耕・牧畜社会を力で屈伏させ略奪・強奪するが、場合に応じて故地に戻らず自ら少数支配者になって、征服された人々を奴隷やこれに類似の扱いにする、という「二重国家」（ないし「征服国家」）が、国家の原型ということになる。

二　文明後の国家の歴史――帝国史からヨーロッパ国家史へ

引き続き国家社会後の国家の展開を整理しておこう。「四大文明」という言い方は世界的に流通するものではないようだが、以上のような初期国家までの経過が最初にかつ典型的に生じるのは、四大文明の筆頭メソポタミアにおいてである。そしてメソポタミアの初期国家は最終的に「帝国」（empire）に変わる。多くの古代的政治の安定は「文明」（civilization）と称され、統治形態としては帝国という語で理解される。したがって学習用の世界史は通例、「帝国の興亡史」として表現される。実際、世界の主要な文明では、帝国が基本的な統治形態だった[14]。

「比較文明学」は「文明圏」のような世界の地域的分割を前提にして、編年的な「帝国の興亡史」を鳥瞰している。アーノルド・トインビーは比較文明学の最初の提唱者だが、代表作『世界の歴史』は帝国の興廃を文明の「一生」（誕生と衰退）という人間のメタファーで考え、循環（サイクル）として理解した[15]。

しかし、ヨーロッパ史は例外である。ヨーロッパ史を「古代・中世・近代」のいわゆる歴史三分法でいうと、帝国はヨーロッパの古代に相当するが、ヨーロッパ古代は厳密にはヨーロッパ文明ではない（古代とはギリシア・ローマ文明のことである）。ヨーロッパ史は中世以降の文明でしかない。とするとヨーロッパ史には、名目的な帝国（神聖ローマ帝国）やうたい文句としての帝国（ハプスブルグ家近世スペイン・ミニ帝国、近代ナポレオン帝国、二〇世紀ドイツ第三帝国など）のようなものはあったにしても、ほぼ実質的に帝国のない歴史を特色とし、その中心となる統治形態が中世では封建制であり、近代では封建制の只中からまさに近代を生んでいく国家と呼ばれることになるものであったといえる。

さてこのヨーロッパ的な意味での狭義の「国家」（state）はヨーロッパ以外では生まれず、ヨーロッパでも最初から完成された形で存在したわけではない。国家はまた、自明の進むべき目標のようなものをもっていたわけでもない（つまり目的論的な進化ではなかった）。国家は、ヨーロッパの特殊な歴史的背景が生んだ偶然の現象、まさに歴史の産物だった。(16)

しかし周知のとおり、この国家こそが、辺境ヨーロッパの近代における興隆と世界支配の一つの基幹的装置であった。現在世界の政治的単位であるためには、このヨーロッパ生まれの国家としての資格がどの政府にも必要である、という意味でも、ヨーロッパ国家こそがあらゆる統治形態の現在までのところ標準的なスタイルである。国家の歴史をヨーロッパ中心的に整理することの意味はここにある。

ではヨーロッパ国家史はどういう展開をみせたか。大ざっぱにいえば、ヨーロッパ史はデヴィッド・ヘルドの下のような図で十分だろう。(17)「帝国（古代）→封建制（中世盛期）→等族国家（中世後期）→絶対王制（近世）→近代国家（近

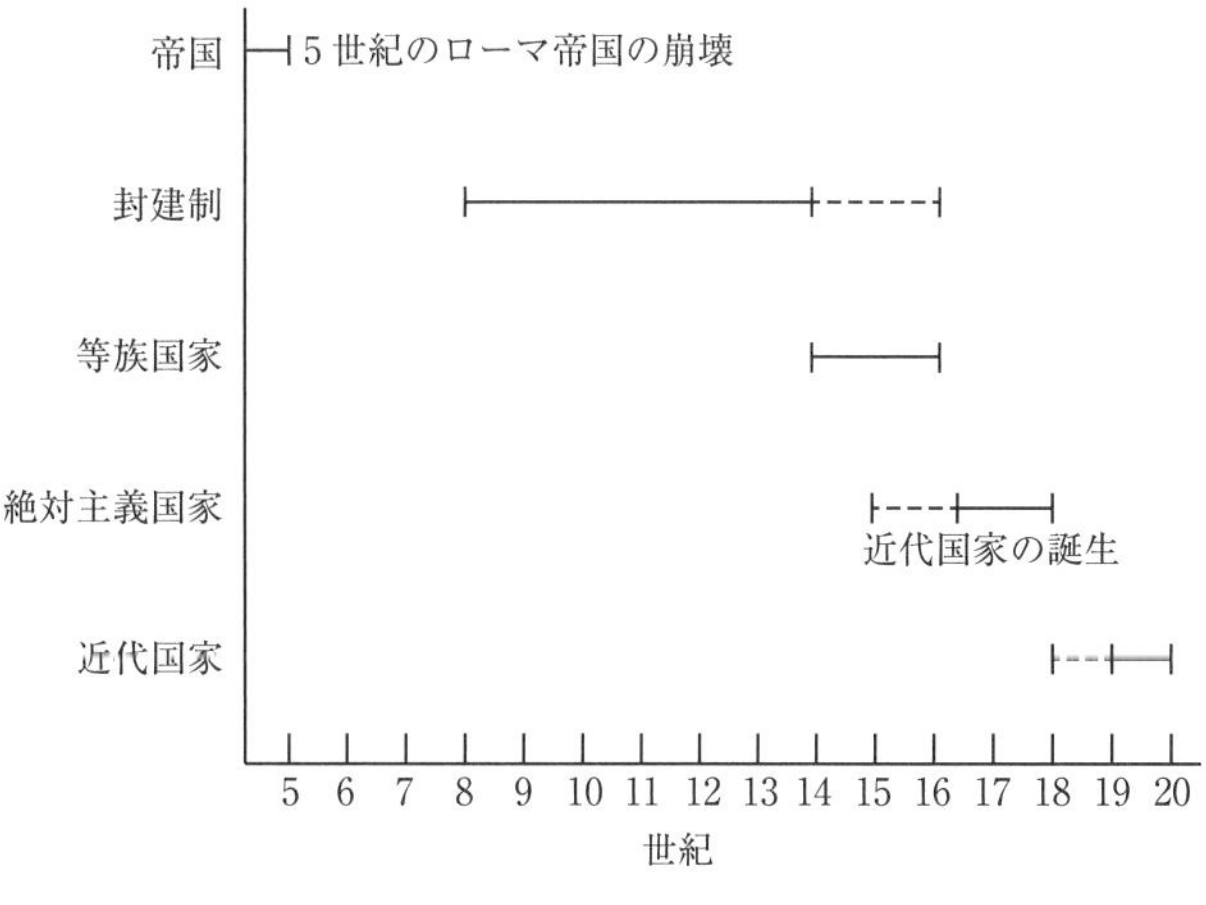

国家の類型	特徴
帝国	一つの経済域内に複数の政治単位を許さないような統治形態（ウォーラーステイン的定義）。現実には複数の政治的単位を統治する広域支配。国境はなく（境は辺境となる）、粗放的支配を行う。
封建制	封土（レーエン）を媒介とする私的な主従関係が公的支配関係を代替しているような統治形態。フランク帝国崩壊後の現実の権力的多元化に対応するべく生まれた体制。中世盛期。
等族国家（身分制国家）	特権をもつ三身分（等族）の代表が身分制議会を構成し、君主の力を抑制するヨーロッパに独特の国制をもつ統治形態。協賛という形ではあれ納税義務をめぐって権利義務の関係を構築する。中世後期。
絶対王政（絶対主義国家）	最初の主権的領域国家。官僚制と常備軍（往々傭兵）をもち、国王の集権的統治を実現した。実態は、社会の既存の構造を権威的に正当化するような体制で、決して王が絶対的権力をふるったわけではない。近世（16～18世紀）。
近代国家	このヘルドの図では19世紀以降の国家だから国民国家のこと。本文と言葉の使い方に齟齬があるので注意。社会に対してインフラ構造的浸透力をもち、従来の統治形態にはできなかった集約的で強大な統治能力を発揮する。近代（19世紀以降）。

代）」。内容を簡潔に表にしておけば上のようである[18]（ただしヘルドの説明とは異なる要約）。

ヨーロッパ国家史が社会理論上も枢要な位置を占めるのは、「国家」が、近代を生んだヨーロッパが近代においてもった統治形態だからである。普通に国家と言い習わしているものは、数ある統治形態のうちでも、一つのある特殊な地域と時代、あるいは文明の特徴であった。国家は非ヨーロッパ圏では生まれず、その不在は非ヨーロッパ圏が植民地になっていく最大の相対的弱点をなした。

ここでは国家という言葉が二重の意味で使われていることに注意してほしい。一つはいま述べてきたようなヨーロッパ近代国家という特殊な歴史的国家の意味である（「ステイトとしての国家」）。しかし封建国家や都市国家という場合のように近代ヨーロッパ以外・以前の国家に言及するときにも国家という語を使う。この場合は、統治形態（form of government）一般の簡略形である。古代の都市的統治形態では、いかにもまどろっこしい(19)。

では近代国家とは何か。通常は、ウェーバーの合理的官僚制論とミックスした（＝そうした官僚制をフルに備えた）国家がそれだとされよう。これが国家の標準的定義というばかりでなく、これにともなう「政治」の定義がアメリカ政治学の出発点の一つにもなった。ウェーバーは『職業としての政治』の冒頭で、国家、つまり実質上の近代国家とは、正当な物理的強制力を独占した政治組織だと定義している。すなわち、「ある一定の領域の内部で……正当な物理的暴力行使の独占を（実効的に）要求する人間共同体(20)」が（近代）国家である。単純にみえてこうした国家になるのは容易ではない。事実、この定義の実質を獲得するためにヨーロッパの国家は何百年かかかった。

改めてこの近代国家は合理的官僚制を擁する。この官僚制の定義が国家の定義に付加されて、近代国家の大枠が最終的に姿をあらわす。ウェーバー官僚制論は彼の『支配の社会学』や『支配の諸類型』に表現されており、合理合法的支配の理念型が官僚制である。特徴を列挙すれば、次のような指標によって把握される官僚制が近代国家を支える合理的官僚制である(21)。規則により体系化された権限の原則、階統制と審級制の原則、文書とスタッフに依拠する職務執行、行政幹部の公私の分離、専門的訓練を前傾とする職務活動、職務の専任化、特殊な技術学の習得（法律学、行政学など）。――他の概説書でこの点はもっと詳しく知ることができるから、あとは読者自身があたっていただき、駆け足で進みたい[22]。

三　第二の国家の誕生――近代国家の成立とその特徴

国家の誕生という課題が試験で出たら、初期国家の誕生ばかりでなく、近代国家の誕生についても論じなければ、合格点はおぼつかない。初期国家の誕生を「第一の国家の誕生」、近代国家の誕生を「第二の国家の誕生」と呼んでおこう。

さて、その上でいえば、いま触れたばかりの近代（合理的官僚制）国家の教科書的な説明だけでは、近代国家の理解を見誤る。ウェーバーの定義を厳密にあてはめれば、近代国家は現代国家となるからである。ウェーバーの理念型が正しく該当するのは、二〇世紀の「世界大戦」時代の国家であり、それまでの近代国家は完全な近代国家ではなかったということになる公算が高い。しかしそれでは、近代という時代を理解する最重要な一指標として国家を用いる以上、あまりに不便である。もっと近似的な近代国家なるものを歴史のなかで用意しておく必要がある。そこで二点、議論しておこう。

第一に、ヨーロッパの国家はどのあたりから近代国家といえるのか。前の図でいえば、封建制は中世である。そこに「封建国家」や「封建王政」があったかどうか、かつて日本の西洋史学で議論になったが、いずれにしてもそれは前近代国家である。「等族国家」は別名、「身分制国家」といい、同じく中世後期の国家であり近代国家ではない。問題は絶対王政をどうみるかである。

絶対王政（絶対主義国家）については二説ある。「階級均衡説」はマルクス主義歴史家たちがとる見方で、衰退する封建階級と勃興する市民階級の間の階級的均衡が近世に生まれた。しかし両者の力が相互に打ち消しあう結果、強大な国家（絶対王政）が一人浮上するかのような偽装空間が生じるとする。ここには、絶対王政が強力な国家であることとその自律的な行動をいったんは承認する認識がある。しかしそれはあくまで、表面的・一時的現象で、新旧階級の拮抗がそうみせていると理論構成するところに特徴がある。時間がたてば絶対王政はブルジョワ階級の「重役会議」として階級支配の手段に落ち着くだろう。

これに対して絶対王政を「最初の近代国家」とみる見方がある。ヘルドの図（九一頁）では絶対王政に続いて近代国家が位置づけられているが、基本的にヘルドもこの見方であって、絶対王政を近代国家の最初の形態と考える。マルクス主義社会科学・歴史学が力を失い、階級均衡説の主張者は今ではいないようにみえるから、消去法でいえば「最初の近代国家」説の方が優勢だということができる（辞書的説明にはいまだ階級均衡説が間々みられる）。

ではそういう理解をとるとして、第二に、絶対王政と近代国家をつないで両者を近代国家たらしめる要素は何か。絶対王政は近代初期（近世）の現象である。制限王制にもとづく立憲国家イギリスがはやくも一七世紀末には誕生している。のみならず、フランス革命以降の共和制国家を近代国家の指標とする一九世紀主義者(?)が根強い政治学の分野では、近代国家はまさに君主の首を刎ねた革命政権がつくりだした革命国家だという認識があって、その意味では主権在民(国民主権)が近代国家の必要条件・イメージとして根強い。このかぎり、主権在君(君主主権)の絶対王政は絶対に近代国家というべきではないという考え方は、マルクス主義歴史学者以外にも浸透しているといえる。

しかし「主権在民」といい「主権在君」といい、そこには「主権国家」であるという認識は共通している。そして支配する地理的範囲は、現実には、多くの主要な絶対王政では、その後継近代国家バージョンと同一であった。つまり「旧体制」フランスが示すように、中範囲の「領域国家」を絶対王政から継承して維持しようとしたのが近代国家だった。そういう点からいうと、絶対王政から近代国家をつらぬいて「領域的主権国家」であること、これが近代国家の一つの本質だといって差し支えない。

「封建制の危機」(一四〜一五世紀)の二世紀をへて、ヨーロッパ中世のキリスト教的普遍世界(実際は封建制のモザイクが、数が減っていったとはいえ、いぜん最後まで支配的な統治の単位であったが)は最終的に崩壊する。その結果、ヨーロッパ全域ではなく、しかし個々の都市国家レベルの小自治領域でもない、その間の、今日ネーションとしての同一性が担保される(はずの)中間的な地理的範囲の一帯に、「主権」(sovereignty)という名の権力的空間が生まれた。これらは主権(至上権)と呼ばれはしたが、あくまで擬似的なものだった。主権はつねにまわりの主権によって制約されており、外の力によって侵害される危険にさらされつづけたからである。中世普遍世界ヨーロッパが地理的に解体・分割された結果、たえず暴力的解決を正当な手段とするような「野蛮な世界」、我々が今日お上品にも「国際社会」と呼ぶような不安定・危険な権力的多元状況が生まれる。複数の原則対等な主権主体が暴力を媒介として織りなす世界の出現である。「外交」が生まれるのもルネサンスの時代であった。まわりが主権をもつなら主権をもつもの同士の関係は平時の外交、非常時の「戦争」によって解決する以外はない。ありうべき戦争を国際法上の正当な手段とすることで原則例外である平和を維持する、というカール・シュミット的決断が近代国家および近代ヨーロッパ国際関係の選択だった（以上は「帝国」と比べると、よくわかる）[23]。

以上、ヘルドのいう絶対王政と近代国家を合わせてここでは「近代国家」と考えておく。その際、言葉の問題があるので最後に整理しておく。絶対王政という語には内容的規定が含まれる。対して近代国家は時代的概念である。したがって時代的概念として両者を並列するときは「近世国家」と「近代国家」と表現し、内容的な国家性に留意して概念化する場合には、「君主国家」（モナーキー）と国民国家を区別することができる。そしてそこに貫徹する近代国家の特徴は「領域的主権国家」である。以上を定式化すればこうだろう。

「近代国家＝近世国家＋近代国家＝君主国家＋国民国家＝領域的主権国家」

いずれにしても、ウェーバーの規定を出発点に、歴史的経緯を踏まえて改めて表現すると、近代国家を次のように捉えることができる。①ヨーロッパ史的文脈では「ポスト中世国家」であり（つまり中世末期の混乱を解消するものとして生まれた。また、近世・近代を一貫するものでもある)、②地理的には中規模範囲の支配を行う領域国家であり(ヨーロッパ普遍世界でも、都市国家でも、ハンザ同盟のような「都市国家連合」でもなく)、③つねに集団的暴力とその準備を強いられる中範囲の至上権をしか有しない主権国家であり(対して全体的平和の実現を期すシステムが「帝国」である)、④その主権の根拠からいえば君主国家から国民国家まで継起的に包摂し、⑤主権の属する国際的アナーキーである国際関係からの日々の圧力を「外交」によってかわし、場合により力の行使で決着させる「戦争国家」(war state)である(=絶対的平和は想定外である)という、独特の統治形態だということである。

四 「動員国家」としての近代国家の完成

いずれにせよ、一六世紀を起点に生まれてくる(と大まかに覚えておいてよい)主権的近代国家は、戦争を理念の上で払拭できない外部体制(「国家システム」=国際関係)のなかで活動する。のみならず、現実にも戦争こそが各近代国家の生き残りを左右する最大の課題だったから、国家内部的にも、国家は戦争準備・遂行能力一点を焦点に織りなされた統治形態だったといえる。ただしこの点は、当時の政治指導者たちに明確に理解されていたとは思えない。連続的に発生する事件に直面して泥縄式の対応を強いられた各国指導層にとって、統治形態について何か体系的な将来プランがあったとはいえない。また彼らの考え得た最良の統治形態が「主権的」な国家だったとも到底思えない。

しかし後知恵的に回顧すれば、戦争をめぐる合理的な政治・軍事組織の構築とこれを動かす財政的（＝徴税）・人員的（＝官僚制）・技術的（経済発展）・教育的（「国家のために死ぬこと」[24]）な手段の用意と展開の全体を一言で表現すれば、それは、戦争があらゆる思考の原点にあるような国家のあり方だった。近代国家の、徐々に浮上する本質は、「戦争国家」だったのである。

このような国家の端的な例はプロイセン国家である。新興都市ベルリンはフリードリヒ大王の時代、市民の半数近くは軍人だった。そしてフランスからの宗教的亡命者（ユグノー）も人口のかなりの割合を占めた。国家の資源をいかなる意味でも豊かにするため思い切った手段をとりえたことが、辺境国家プロイセンがドイツ統一に成功した背景だった。

しかし戦争の関数として近代国家が近代国家的完全性に近づくとするなら、繰り返すように、近代国家の完成は実は二〇世紀の「総力戦」(total war) まではなかった。総力戦が生んだ国家を「総力戦国家」とか「総動員国家」という。近代国家の完成をこの総動員国家にみることは十分可能である。

総力戦論といえば山之内靖。彼の有名な議論にしたがえば、近代社会は総力戦によって質的に新しい段階を迎える。[25]すなわち「近代社会＝階級社会（一九世紀）、（二〇世紀前半の「第二次三十年戦争」としての）総力戦を間にはさんで、現代社会＝システム社会（二〇世紀）」という規定である。これに応じて「近代国家」と「現代国家」が成立し、近代国家の論理と現代国家の論理はそれぞれ別になる。――しかし反論というほどでもないが、根底的なレベルでは、戦争は一貫して長い近代を貫く原理だったし、二度の世界大戦後も「冷戦」という形で高度な「動員プラットフォーム」は維持されつづけたのだから、山之内的な現代国家も戦争動員の緊張を原動力としていた（つまり戦争国家だった）というべきである。

こうして我々は近代国家に現代国家を対置する総力戦論の考え方にも修正を加え、そこに共通する動員緊張・強化という一点を読み込んで、両者を近代国家＝「動員国家」（mobilization state）であると概括して捉えることができる。(26) これが一区切りつけるのは一九九〇年前後の冷戦終了時であり、その意味では「現代国家」は二〇世紀末に生まれる。一六世紀に始まり二〇世紀に終わる五〇〇年の近代国家はそのときいったん終了する。

五　「現代国家」のゆくえ？

ではこの意味での現代国家、つまり二〇世紀末に生まれたはずの新たな国家は動員国家の終焉であり、動員は終わっているのか。二つの可能性が想像されよう。

一つは、戦争のための国家的動員（国家による動員）は当然弱くなる。他方で一種の全社会的動員を前提にした国民個々の「参加」の思想や制度は先進社会に広く定着している。市場メカニズムに生活全般をゆだねる世界的傾向も強まる。とすると国家は、動員とその見返りとの「社会民主主義」的な相乗効果という戦後の関係（「戦後合意」、「福祉国家」）から脱却しつつも過去の動員の経験を生かし、取捨選択して動員をさらにかける部分（経済面）と撤退する部分（教育、社会保障、医療面）に分けて、動員をかける主体も対象も変化するところで、新たな、しかし決して縮小するわけではない役割を演じるかもしれない。そこでは①動員はある種の社会的デフォルト（規定値）となって背景に隠れているだけかもしれない。②国家は、今度は地球的経済競争（グローバル化）やより大きな課題である地球的生態系の問題（環境破壊）への対処に動員をかけてくるかもしれない。③市民や自発的集団（ＮＧＯ）も進んでそうした「善なる動員」に協賛し、社会全体および個々の市民レベルで、より苛烈な動員という現実にさらされるかもしれない。――その結果、現代国家はむしろ、もっと根底的な動員国家、動員国家以上の動員国家になるという可能性もないわけではない。

もう一つの可能性は、強く社会学的想像力の産物である。ドイツの社会学者ウルリッヒ・ベックの有名な「リスク社会論」によれば、前近代社会の「伝統的リスク」（一定の仕事や職業にともなう）には「個人責任」が対応していたが、近代社会のリスクは「産業的福祉国家的リスク」となり、労働者や市民が一定の確率でかかりうるもの（事故、失業、疾病）とされ、新たに「社会問題」と捉えなおされる。その結果、近代的リスクを「連帯責任」により処理する体制が生まれる。(27) この近代的リスク管理のあり方が、ある意味では、近代社会を生む。つまり連帯責任の共同体が「社会」なのである。

ところが次の現代的な「新しいリスク」の下では、原発事故や薬害、新型ウィルス、また日常的なりストラ、年金破綻、生活習慣病などが新たな形で「個人責任」を要求するようになる。「リスクの社会化」から「リスクの個人化」へと、リスク管理の仕方が変化する。「福祉国家の危機」によって出てくる新しい現代社会論も、たとえば格差社会、管理社会、監視社会、自己責任社会のように呼称は多様だが、同じ傾向を見据えている。それは①「新しい個人化」（個人の形式）の登場であり（フーコーなら「人間の終焉」と呼ぶだろう）、もう一つこれと対をなして②「社会的なるもの」の縮小（「社会の終焉」と刺激的に呼ぶこともできる）という、同じ車の両輪の動きである。ここでは社会の絆をなし、社会そのものと等値され得た「連帯」そのものが変質し、社会と個人が切れてしまうという、我々にはちょっと想像しにくいような事態すら到来しかねない。しかしこれは決して悪夢ではない。一時流行した「中国化」という議論[28]に現れる伝統的な「帝国の民」のあり方こそは、全社会的連帯の不在という長い帝国の歴史のなかで育まれたものであり、それが次の時代の地球人のあり方とならないとは限らない[29]。そこでは国家はどうなるか。いま触れたように、否応なく一種の帝国と化す可能性が指摘されなければならない。すでに括弧付きの〈帝国〉は現代アメリカの呼称でもある[30]。二千年遅れてヨーロッパ近代国家が、秦が始めたような帝国へと変身する長期の過程を歩み始めたとしたら？　国民国家と国民社会の終焉[31]？

六　国民国家における国民の起源――「国家N」としての近代国家

しかし「現代国家」（ポスト動員国家）についての以上二つの議論はあくまで予想である。予想は競馬と同じで、確からしさを争うだけにすぎない。読者自身がこれから考えていただきたい。それよりも、近代国家についてもう一つの面に重点を移し、別の角度から国家について検討しておきたい。焦点は国民である。

近代国家はたんに主権的な領土国家の統治機構であるというだけでなく、そこには治められる人々（people）がある。近代国家は動員国家だといったが、それは統治機構面に即した概念規定だけの問題ではなく、一般に近代国家を「国民国家」と呼ぶように、国家と国民が独特に結合しているところに近代ヨーロッパの特徴がある。[32] この場合、たんなる人民（people）ではなく国民（nation）であるということが大切である。国民への囲い込み（と排除）があって、かつこれとの（大なり小なりの）結合（のさまざまな形態）があって、はじめて近代国家は駆動する。統治への意欲だけでは国家は空回りする。アフリカの二〇世紀新興国家が失敗するのは、国家と結合すべき人的団体、国民が欠けていることが大きい（いわゆる「失敗国家」一般の傾向）。

（ヨーロッパ）国家の観念には二つがある。それを「統治機構としての国家」と「人的団体としての国家」と表現して、思想史家福田歓一（本学の学長だった）は次のように整理した。すなわち統治機構としての国家はステイトの伝統につらなる国家である。これを「国家Ｓ」とすると、国家Ｓは中世における王権の伸長がその起源で、地域の諸領主権をしのいでいく結果生まれていく。他方、人的団体としての国家はギリシアのポリスやローマのキヴィタス、レプブリカなど古典古代に起源するより伝統的な国家であり、「国家ｐｃ」と福田は名付ける。国家ｐｃのいう人的団体は、政治社会の成員の総体である。[33]国家Ｓは支配機構、権力機構を意味し、近代に明確になる統治形態の観念であるが、主権と結びついて、今日みるような国民国家の統治機構を準備した。しかし国家ｐｃはもっと古くから存在した別種の国家観念であったため、国家Ｓはこれを無視することができず、さまざまな形でこの人的団体（政治社会を取り込むことを求められた（たとえばジャン・ボーダンはその例だと福田はいう）。そしてこの「人的団体の近代版」（福田著一八頁）がネーションであり、ネーションが国家Ｓと重なるときにこれを福田は「国家Ｎ」と呼ぶ。国家Ｎは国家ｐｃより人口、面積ともに大きな範囲をカバーする。

「狭義の国民国家ないし国家Ｎを、国家Ｓを外枠とし、ネーションによって内容を充実した政治社会、ないしその構成様式と考える」（福田著一九頁）。福田は国民国家の本質を国家Ｎとし、その統治機構は絶対王政が国家Ｓという形で用意し、ネーションがこれを充当するのだとする。だからネーションは国家Ｎであり、かつその中身でもあるというのである（日本語でのネーションの訳語が国家や国民であるのはそのためで、二〇世紀はじめには民族も第三の訳語となった）。

七　想像の共同体としてのネーション？——その起源と形成

国家Ｎとしての近代国家すなわち国民国家における国民（ネーション）の起源については、学説は二つに分かれる[34]。「原初主義説」は近代以前説であり、ＬＳＥのアンソニー・Ｄ・スミスが代表である。国民という形ではないもののその核となる「エトニー」の誕生は遠い近代以前にさかのぼるとする見方で、ある意味この説は近代的国民の自然な感情に沿うものである。対して「近代起源説」（モダニスト）は、スミスの指導教授だったケンブリッジの社会学者アーネスト・ゲルナーなど社会科学の世界では多数派を形成する。近代国家の成立以前には国民という観念も実体も存在しなかったという点を強調する立場である。スミスの議論はＬＳＥで教わったゲルナーへの反論であった[35]。

どちらにも言い分はあるが、チャールズ・ティリーらの「ネーション・ビルディング」（国民形成）学派[36]のように、学問世界で優位にあるのは近代起源説であろう。いずれも大家のベネディクト・アンダーソン『想像の共同体』やエリック・ホブズボーム『伝統の発明』（原題）なども近代起源説を強化する側にある[37]。アンダーソン著では、フィールドであるインドネシアだけでなく広く、ネーションおよびナショナリズムが「出版資本主義」や行政官・知識人等の「巡礼」のような過程を踏まえて形を成してくる姿が描かれ、この想像の共同体という早期の構築主義的表現ともども、大ブームになった[38]。もっとも知られた社会科学の研究の一つといってよい。ホブズボーム著では、近代において伝統だとされる「国民的」諸指標、たとえばスコットランド高地文化や英国王室儀礼のようなものが実は一九世紀に新しく形成されてくるという印象的議論がされている。政治的中心によるさまざまな形での、長期的過程をともなう国民の形成という（近代起源説的）テーマは他の観念についても援用され（たとえば「カルチュラル・スタディーズ」などで）、いぜん流行の問題設定なのである。

いずれにしても国民国家は、国民が先に形成されてその上に統治機構が乗ったというものではない。歴史的には国家Sが先行し、その後にネーションが何らかの（恣意的ないし政治的、もしくは長い背景をもつ）核を中心に育まれる。だから国民国家はぶざまな名詞二語の接続（nation-state）として表現されるのであって、国民的基盤を与件に成立する「国民的国家」（national state）ではない。

こうして「国家建設」と「国民形成」は別々の過程となるわけだが、両者の関係を一望に収めようとするのは結構むずかしく、そのもっとも有名なモデルを提起したのは北欧の政治社会学者スタイン・ロッカンである。これを「ヨーロッパ概念地図」という。このモデルではヨーロッパ中世は二つの軸（中央—周辺構造）からなる。一つは国家形成にかかわる経済的資源の差の軸（中央貿易地帯）で、ヨーロッパを地中海からバルト海（ベニスからハンザ同盟）まで南北に走る中央地帯を中心に横に広がる「東西軸」である。この交易の中心地帯から東西に離れるにしたがって、国家形成は容易になる。つまり神聖ローマ帝国の周辺部になるわけだが、ヨーロッパ北部・西部の仏、英、スカンディナヴィア、そしてスペイン、次いでプロイセンの国家形成は早い。中央貿易地帯では逆に既成の（都市的）権力核が横溢して、国家の優越は困難だった。もう一つの軸は国民形成の文化的統一にかかわる「南北軸」（宗教的な軸）で、ローマ（法王庁）を起点にする。これとの距離によって宗教の様態が異なり、カトリックの総本山から遠いほどプロテスタンティズムを国教として受け入れやすくなる（イギリスやスウェーデン）。しかし中心部分では宗教改革によってカトリックとプロテスタントの併存状況が生まれ、宗教的競合が国民形成を長くはばんだ。スタインの図式は図表化されているが、紙幅の関係で掲載はできなかった[39]。

さてネーションだけでも入り口に達したように思えない上、ネーションを論じてナショナリズムに及ばないのはいかにも残念だが、その紙幅の余裕はさらにない。社会学者や歴史学者の研究が多いのでそういうものをまずあたることを勧めたい[40]。

最後に——ヒトにとって国家とは何か？

いまみたように一説では国民は想像された政治共同体であり、大規模な集合的生を継続的に支える政治的工夫として要請されたものだった。要請したのは国家だが、国家もまたある種の状況によって生まれた[41]。第一、第二の国家の誕生をみればわかるように、国家は明らかに「非常事態」のなかで登場したのである。そしてそれがもつ危機対応の高い能力が、国家社会の存続と普及を促した。かくて国家やこれと相関する国民が我々の日常生活のスムーズな運営に不可欠かのように観念される時代が生まれた。

しかし果たしてそこで想像力を停止してよいものなのか。国家は、従来、「自由主義社会理論」ではハーバート・スペンサー流の「必要悪」（necessary evil）として、また「マルクス主義社会理論」では「死滅説」（withering-away of the state）の対象として否定的に考察されてきた。これがアダム・スミス以来、欧米社会科学の独特な伝統だった[42]。その意味では国家についてその積極的意義を明らかにすることは大切である。しかし国家と人類との関係という点でいえば、考察がここで終わってはならない。果たして国家はサルとしてのヒトにとっていかなる「十字架」なのか。

この問題に接近する、自由主義的ではない（またマルクス主義的でもない）議論の系譜がある。政治人類学には延々と続くアナーキズムといってよい流れがある。この系譜のなかでとりわけ知っておいてほしいのは二人の人類学者である。

一人はフランスの人類学者ピエール・クラストル、主著は『国家に抗する社会』。彼は、国家が必然的に進化論的過程で生まれる人類発展の一里塚なのではないとし、むしろ国家の誕生を阻止するために（北・南アメリカ大陸の）未開社会の人類がつくりあげたさまざまな仕組みについて論じる。そこではヒトの社会は、命令・服従関係からなる国家装置の誕生を阻止するのである。にもかかわらず西欧文化には、「『政治学』が今日まで克服できずにいる認識論的障害……つまり権力なき社会というものが思考しえない[43]」という限界がある。

交通事故で夭折したクラストルにはどこかしらロマンチックな傾きがあるが、もう一人、現在も旺盛に活動中のプリンストンの政治学者ジェームズ・C・スコットははっきりとクラストルを実証的に継ぎ、「東南アジアのアナーキズム史観」をうたう。少数民族は文明化の幼い段階にいる未開の人々ではなく、文明を一度は味わったことのある人々であること、つまり国家統治のもたらす搾取や圧迫、その他に反発して文明を捨てた人々であることを「ゾミア」という、中国南部から東南アジア北側一帯にかけての広大な、世界最大の少数民族地帯について明らかにしようとする。(44) 新進化論的社会発展の図式で出てくる部族などそもそもそうした民族的実体はなく、一種の抵抗の政治的組織なのだと喝破しもする。圧倒的な分量といい、驚愕に値する政治学研究なのだが、やはり紙幅が残っていない。

政治学における国家研究の射程は広い——はずである。したがって国家研究の可能性のほとんどをここでは書きもらしたともいえるのだが、この章が国家を多面的に考察する助けになれば幸いである。

注

（1）たとえば往時の代表的な教科書、松下圭一『現代政治の基礎理論』東京大学出版会、一九六八年、序章。また日本の政治学史については大塚桂編著『シリーズ日本の政治［1］日本の政治学』法律文化社、二〇〇六年、第一部。さらに丸山真男『政治の世界』岩波文庫、二〇一四年、第一章。丸山真男「政治学」佐々木斐夫編『社会科学入門』みすず書房、一九四九年など参照。

（2）イヴ・デロワ、中野裕二監訳『国民国家　構築と正統化——政治的なものの歴史社会学のために』吉田書店、二〇一三年、六八頁。

（3）本稿は拙稿「辺境としての国家研究——「歴史のなかの国家」論」明治学院大学法学部政治学科編『初めての政治学——ポリティカル・リテラシーを育てる』風行社、二〇一一年の分担テーマを引き次ぐものである。

（4）鵜飼健司「主権国家の意義?:」杉田敦責任編集『政治の発見［7］守る』風行社、二〇一一年、四二頁。

(5) 国家へのアプローチには政治思想史学者があたるという分業傾向はいぜん続いている。たとえば最新の小野紀明・川崎修編集代表『岩波講座・政治哲学[4] 国家と社会』岩波書店、二〇一四年の顔ぶれがそうである。数年前に書いた拙稿でも別の研究をあげて同じ指摘をした。拙稿「簡略簡便な国家史――課題と視角の素描」『法学研究』(明治学院大学)第九〇号、参照。

(6) E・R・サーヴィス、蒲生正男訳『狩猟民』鹿島出版会、一九七二年。M・サーリンズ、青木保訳『部族民』鹿島出版会、一九七二年、その他。

(7) 中川洋一郎『ヨーロッパ《普遍》文明の世界制覇――十字架と戦争』学文社、二〇〇三年、五〇頁の表を簡略化した。

(8) ただし農耕開始から牧畜の始まりまで二〇〇〇年ほどのタイムラグがある。牧畜技術の難しさを改めて教えられるだろう。中川洋一郎『ヨーロッパ経済史[I] ムギ・ヒツジ・奴隷』学文社、二〇一一年、第三章。

(9) 柄谷行人『世界史の構造』岩波書店、二〇一〇年、第一部、参照。

(10) G・チャイルド、今来陸郎・武藤潔訳『歴史のあけぼの』岩波書店、一九五八年。

(11) 農業革命よりも定住革命を重視するのは西田正規『人類史のなかの定住革命』講談社学術文庫、二〇〇七年。

(12) カール・A・ウィットフォーゲル、湯浅赳男訳『オリエンタル・デスポティズム――官僚専制国家の生成と崩壊』新評論、一九九五年。ウィットフォーゲル自身の業績には亜周辺文明論や征服王朝論など多数ある。

(13) フランツ・オッペンハイマー、広島定吉訳『国家論』改造図書出版販売、一九七七年。

(14) 古代ギリシアのポリスは例外。ギリシアは要するに当時の文明の中心ではなかったからである。

(15) さしあたり山本新『人類の知的遺産[74] トインビー』講談社、一九七八年などを参照。

(16) 前にも紹介したが、ポスト中世段階ではヨーロッパに少なくとも三つの統治形態の選択がありえた。(北・中部)イタリアの都市国家、ドイツの都市国家連合(ハンザ同盟)、フランスの領域国家である。このうちフランス式が偶々生き残る。理由はしかしはっきりしていよう。継続的な戦争遂行のための資源を大量かつ多様にもちえたのはフランス式領域国家だった。

（17）David Held, "The Development of the Modern State", in S. Hall and B. Gieben, eds., *Formations of Modernity*, Polity Press, 1992, p. 78.

（18）近代国家内での政体分類（自由民主主義、全体主義、権威主義）はすでに最初の教科書で行われているのでここでは省略する。毛桂栄「政治体制論からみた中国政治」明治学院大学法学部政治学科編、前掲（注3）『初めての政治学』一一六頁の表、参照。

（19）社会という言葉も同様。社会らしい社会が成立したのは近代に入ってからである。戦争もそうだろう。いま紛争と呼ばれているものが、大半の前近代戦争の実態だった。

（20）マックス・ウェーバー、脇圭平訳『職業としての政治』岩波文庫、一九八〇年。

（21）以下の例示は、田口富久治『政治学の基礎知識』青木書店、一九九〇年、二〇三頁。

（22）一冊原典はとなると、最初はマックス・ウェーバー、世良晃志郎訳『支配の諸類型』創文社、一九七〇年、第三章二節をあげておきたい。

（23）ウェーバーは帝国は原理的に平和だと述べていたはずである。近代的意味での戦争は理論上、帝国には存在しないからである。あるのは宮廷の内紛や内乱（civil war）にすぎない。マックス・ウェーバー、木全徳雄訳『儒教と道教』創文社、一九七一年。

（24）エルンスト・カントロヴィッチ、甚野尚志訳『国家のために死ぬこと』みすず書房、二〇〇六年。

（25）山之内靖『システム社会の現代的位相』岩波書店、二〇一一年。

（26）拙著『近代・戦争・国家――動員史観序説』文真堂、二〇〇六年。

（27）ウルリッヒ・ベック、東廉・伊藤美登里訳『危険社会』法政大学出版局、一九九八年。また、ベック、木前利秋・中村健吾監訳『グローバル化の社会学』国文社、二〇〇五年、参照。

(28) 言葉には違和感があるかもしれないが、読まれれば、合点のいく議論がなされている。与那覇潤『中国化する日本──日中「文明の衝突」一千年史』文藝春秋、二〇一一年。また、池田信夫・与那覇潤『「日本史」の終わり──変わる世界、変われない日本人』PHP研究所、二〇一二年、参照。

(29) この可能性については三上剛史『社会の思考──リスクと監視と個人化』学文社、二〇一〇年、三上剛史『社会学的ディアボリズム──リスク社会の個人』学文社、二〇一三年。

(30) アントニオ・ネグリ、マイケル・ハート、浜邦彦・吉田俊実訳『〈帝国〉──グローバル化の世界秩序とマルチチュードの可能性』以文社、二〇〇三年。著者共著の他の本も参照。

(31) 最初の近代国家は秦だと規定したフランシス・フクヤマ、会田弘継訳『政治の起源』(上下)講談社、二〇一三年はその意味で傾聴に値する。帝国と近代国家の関係の再考はすでにアメリカでは始まっている。Victoria Tin-bor Hui, *War and State Formation in Ancient China and Early Modern Europe*, Cambridge University Press, 2005.

(32) ただし前掲、拙著(注26)の動員史観では動員国家が国家と国民の独特の結合を含むあり方を分析している。

(33) 福田歓一『国家・民族・権力』岩波書店、一九八八年。

(34) 酒井由美子「ネイションとナショナリズムにかんする理論的研究の現在──〈モダニスト〉的アプローチを中心として」『法学新報』(中央大学法学部)第九九巻、一九九三年、参照。ただしむしろスミスは折衷派で、近代以前との連続性においてナショナリズムをとらえる見方の最たる者は一定の言語学者(たとえば田中克彦)や人類学者(たとえばクリフォード・ギアーツ)だというまとめ方も可能である。

(35) アンソニー・D・スミス、巣山靖司・高城和義訳『ネイションとエスニシティ──歴史社会学的考察』名古屋大学出版会、一九九九年。アーネスト・ゲルナー、加藤節訳『民族とナショナリズム』岩波書店、二〇〇〇年。

(36) Charles Tilly, *The Formation of National States in Western Europe*, Princeton University Press, 1975.

(37) ベネディクト・アンダーソン、白石隆・白石さや訳『定本 想像の共同体』書籍工房早山、二〇〇七年。エリック・

ホブズボウム、テレンス・レンジャー編、前川啓治・梶原景昭訳『創られた伝統』紀伊国屋書店、一九九二年。E・J・ホブズボーム、浜林正夫他訳『ナショナリズムの歴史と現在』大月書店、二〇〇一年。

(38)白石隆「アンダーソン『定本 想像の共同体』」樺山紘一編著『新・現代歴史学の名著――普遍から多様へ』中公新書、二〇一〇年。訳者自身の解説。

(39)ヨーロッパ概念図式については、ペーター・フローラ編、竹岡敬温監訳『ヨーロッパ歴史統計　国家・経済・社会――1815-1975』(上)原書房、一九八五年、序論。篠原一『ヨーロッパの政治――歴史政治学試論』東京大学出版会、一九八六年、第二章第一節。白鳥浩『市民・選挙・政党・国家――シュタイン・ロッカンの政治理論』東海大学出版会、二〇〇二年、第三部など参照。

(40)大澤真幸・姜尚中編『ナショナリズム論・入門』有斐閣、二〇〇九年、大澤真幸編『ナショナリズム論の名著50』平凡社、二〇〇二年のようなところで文献の確認ができる。

(41)前掲拙著(注26)、二〇九頁ではこのような外部状況(戦争)、国家、国民の三者関係を「動員の三層構造」と呼んでモデル化した。

(42)同前、拙著、第二部第三章をご覧いただければわかりやすくなると思う。

(43)ピエール・クラストル、渡辺公三訳『国家に抗する社会――政治人類学研究』水声社、一九八九年、二六頁。ただし語の順番を入れ替えて引用。

(44)ジェームズ・C・スコット、佐藤仁監訳『ゾミア――脱国家の世界史』みすず書房、二〇一三年。

第4章　政治参加と政治文化

中谷　美穂

本章では、人々の政治参加ならびに集団で捉えた人々の意識や態度の現われである政治文化について、その概念ならびに実態を説明し、これらが社会に持つ意味を考えてみたい。

一　政治参加とは

1　定義

政治への参加と聞いて、何を思い浮かべるだろうか。投票に行くことだろうか。しかしながら政治学で定義されている政治参加は、投票への参加にとどまらない。例えばツイッターやフェイスブックで支持する候補者の投票依頼をすること、政治の問題に関する集会に参加すること、役所に意見を言いにいくこと、行政の計画に対しパブリックコメントをすることなども含まれる。

政治参加にはこうした幅広い参加の種類が含まれるわけであるが、どのような定義ができるだろうか。よく参照される定義としては、S・ヴァーバとN・ナイのものがある。(1) 彼らは、政治参加とは「政府の構成員の選定ないし彼らの行為に影響を及ぼすべく、多かれ少なかれ直接的に意図された、一般市民の合法的な諸活動である」(2)としている。より具体的には、

(1)一般市民の活動に限定される。すなわち、政府関係者、政党専従者、職業的ロビイストの活動は対象外となる。

(2)また儀式的、翼賛的な参加は対象外となる。すなわち動員による参加は対象外となる。

(3)さらに、政治参加といった場合、参加活動を対象にし、参加に対する態度(政治的有効性感覚、市民の規範意識等)は含めない。

(4)参加を政府との関係で見る。すなわち、家族、学校、自発的組織あるいは職場における参加は含めない。

(5)合法的な活動を対象とし、抗議行動、反乱、暗殺及びその他の暴力全般を対象外とする。(3)

この定義とは異なり、動員による参加を含める研究者もいる。政治参加は人々の自発性によるものであるという点を重視すると、動員による参加は政治参加の対象外となる。しかしながら、自発的な意思に基づく参加と動員による参加は概念的に区別可能であっても、現実の行為として区別することは難し

い。このことから動員も政治参加の範疇に含められることが多い。(4)

また、ボランティアやＮＰＯなどへの活動の参加は政治参加に含められるか否かといった論点もある。これについては、ボランティアやＮＰＯ活動などが含まれると考えられている社会参加と政治参加との関係性を考える必要がある。武川によれば、広義の社会参加（「あるコミュニティの一員として、そのコミュニティ内の諸活動と関わりを持つこと」）とは、政治参加（「人々を拘束することになる政治的意思決定」）と狭義の社会参加（「人々の相互の交わりを意味する社会的活動」）を含む概念である。(5)一般的には狭義の社会参加に含まれるボランティア、ＮＰＯ活動であるが、その活動の場は、公共サービスの供給過程から、公共サービスの形成・決定過程における活動に変容してきており、(6)ボランティアへの参加は、社会参加であると同時に政治参加にもなりうるといえる。(7)

２　政治参加の種類

それでは、上記の定義に含められる政治参加について、実際の行動をどのように分類できるだろうか。

篠原は、政府に直接影響を与える行動か否かで、「直接的な参加」と「間接的な参加」とに分類し、法律に基づく参加か否かで「制度的参加」と「非制度的参加」、参加の舞台の違いで「国レベル」と「地方レベル」に分けられるとする。(8)これらの組み合わせを考えると、政治参加は以下の八類型になる。

まず「直接的・制度的・国レベル」としては、憲法改正の国民投票ならびに最高裁判所裁判官の国民審査がある。また「直接的・制度的・地方レベル」には直接請求に基づく条例の制定・改廃請求の利用、議員・首長のリコール、議会の解散請求の利用、請願の利用等がある。次に「間接的・制度的・国レベル」ならびに「間接的・制度的・地方レベル」には、それぞれ国政選挙、地方選挙への参加が該当する。また「直接的・非制度的・国レベル」には市民運動やデモ、国が設ける参加の場等が、「直接的・非制度的・地方レベル」には市民運動やデモ、自治体が設ける市民参加の場（市民討議会、市民会議、討論型世論調査）等への参加がある。最後に「間接的・非制度的・国レベル」と「間接的・非制度的・地方レベル」には、圧力団体への参加や各種集会への参加が考えられる。

参加形態の分類は、上記以外にも簡便なものとして、「投票参加」と「投票以外の参加」を区別し、後者を「選挙に関わる参加」「統治活動にかかわる参加」に分類するものがある。[9]

3　政治参加の状況

実際に人々は、どのような形態に参加しているだろうか。二〇一〇年の参院選後に全国有権者を対象とした意識調査（JESⅣ）[10]によれば、過去五年間に経験した政治参加形態の割合は以下のとおりである（表1）。

まず、経験割合が最も高い項目は「選挙で投票」（九七・二％）であった。次いで多い割合が「自治会や町内会で活動」（三六・八％）である。また一割強の回答者に参加経験がある項目が、「請願書に署名」（一

表1　過去5年間に経験したことのある参加形態

参加形態	%
選挙で投票した	97.2
自治会や町内会で活動した	36.8
請願書に署名した	13.5
献金やカンパをした	12.6
選挙や政治に関する集会に出席した	10.3
必要があって地元の有力者と接触した（会う、手紙を書くなど）	8.3
必要があって政治家や官僚と接触した	5.6
選挙運動を手伝った（候補者の応援など）	5.5
議会や役所に請願や陳情に行った	3.0
市民運動や住民運動に参加した	2.7
インターネットを通して意見を表明した	1.5
マスコミに連絡、投書、出演などをして意見を表明した	.9
デモに参加した	.5
N	1707

三・五％）、「献金やカンパ」（一二・六％）、「選挙や政治に関する集会に出席」（一〇・三％）であった。ここまで触れた参加形態はどれも「間接的」な形態である。そして参加割合が一割未満の項目は「選挙運動の手伝い」以外、どれも「直接的」な形態であり、割合は「必要があって地元の有力者と接触」（八・三％）、「必要があって政治家や官僚と接触」（五・六％）、「議会や役所に請願・陳情」（三・〇％）、「市民運動や社会運動に参加」（二・七％）となっている。パブリックコメントは国の省庁や自治体で用いられるようになっているが「インターネットを通して意見表明」は一・五％であった。直接的な形態は間接的な形態よりもコストがかかり、かつ参加者の自発性や積極性を必要とするものが多いため経験者の割合が少なくなると考えられる。[11] 全体として、選挙で投票、自治会町内会での活動以外、

表２　過去５年間で経験した参加形態（男女別）

参加形態	男性	女性
選挙で投票した	97.9%	96.5%
自治会や町内会で活動した	37.1%	36.6%
請願書に署名した	14.3%	12.7%
献金やカンパをした	14.9%	10.4%
選挙や政治に関する集会に出席した	14.0%	7.0%
必要があって地元の有力者と接触した（会う、手紙を書くなど）	11.0%	5.8%
必要があって政治家や官僚と接触した	8.9%	2.5%
選挙運動を手伝った（候補者の応援など）	8.0%	3.3%
議会や役所に請願や陳情に行った	5.1%	1.0%
市民運動や住民運動に参加した	3.8%	1.7%
インターネットを通して意見を表明した	2.0%	1.0%
マスコミに連絡、投書、出演などをして意見を表明した	1.5%	.3%
デモに参加した	.9%	.2%
N	817	890

（網掛けは、5％水準での有意差を示す）

多くの人がこぞって政治参加をしているという状況ではないことがわかる。

次に、社会的属性（性別、年齢、教育程度）ごとに経験割合を比較してみると、以下の傾向がわかる。まず性別では、男性が五つの項目（「選挙で投票」「自治会・町内会活動」、「請願書に署名」「インターネットを通して意見表明」「デモ参加」）を除いた項目で有意に多く参加している（表２）。ただし、山田は、過去四回の意識調査を比べ、一九七六年、八三年、九三年については、政治参加に関するすべての項目で男性が女性より有意に多く参加していたのに対し、二〇〇五年の段階では、以下の項目（「献金やカンパ」「自治会・町内会活動」「請願書に署名」「デモ参加」）の有意差がなくなっており、性差が全体として縮小してきていることを示している。(12)

表3　過去5年間で経験した参加形態（年齢別）

参加形態	20代	30代	40代	50代	60代	70代以上
選挙で投票した	90.6%	95.6%	97.0%	98.4%	99.0%	97.5%
自治会や町内会で活動した	10.9%	24.4%	45.6%	40.9%	43.7%	36.1%
請願書に署名した	7.8%	11.6%	17.9%	18.1%	15.3%	7.4%
献金やカンパをした	6.3%	5.3%	14.4%	15.0%	19.3%	8.5%
選挙や政治に関する集会に出席した	3.9%	7.6%	8.0%	11.6%	15.3%	9.3%
必要があって地元の有力者と接触した（会う、手紙を書くなど）	3.9%	7.6%	7.6%	8.4%	11.1%	7.7%
必要があって政治家や官僚と接触した	2.3%	5.3%	4.9%	6.3%	7.9%	4.1%
選挙運動を手伝った（候補者の応援など）	3.9%	3.6%	4.2%	7.5%	7.4%	4.4%
議会や役所に請願や陳情に行った	0.0%	.4%	1.1%	2.5%	5.2%	4.9%
市民運動や住民運動に参加した	2.3%	.4%	1.9%	1.9%	3.7%	4.4%
インターネットを通して意見を表明した	3.1%	2.2%	2.7%	.9%	.7%	.8%
マスコミに連絡、投書、出演などをして意見を表明した	0.0%	.4%	0.0%	1.6%	1.2%	1.1%
デモに参加した	0.0%	.4%	1.9%	0.0%	.5%	.3%
N	128	225	263	320	405	366

（網掛けは、5%水準での有意差を示す）

また、年齢については、これが上がるほど経験割合が高まっている傾向が見て取れる（表3）。特に、二〇代、三〇代は他の世代に比べて参加割合が低く、四〇代から六〇代にかけて経験割合が高まる（一三項目中七項目）。そして七〇代で経験割合が減っていく。一九七六年から二〇〇七年までの調査データで経験割合を年代別に検討した平野によれば、この三〇年間を通じても、加齢効果が確認されている[13]。

教育程度の違いに関しては、表4のとおり、教育年数が長い人ほど参加の程度が多くなる形態とし

表4　過去5年間で経験した参加形態（教育年数別）

参加形態	新中学・旧小・旧高小	新高校・旧中学	高専・短大・専修学校	大学・大学院
選挙で投票した	95.4%	97.5%	96.3%	98.3%
自治会や町内会で活動した	21.8%	43.0%	34.9%	34.8%
請願書に署名した	5.1%	13.4%	14.2%	18.5%
献金やカンパをした	6.9%	13.4%	10.5%	16.6%
選挙や政治に関する集会に出席した	7.4%	11.9%	7.7%	11.0%
必要があって地元の有力者と接触した（会う、手紙を書くなど）	4.6%	8.9%	8.0%	9.7%
必要があって政治家や官僚と接触した	2.8%	4.5%	5.4%	9.9%
選挙運動を手伝った（候補者の応援など）	4.2%	5.8%	5.1%	6.1%
議会や役所に請願や陳情に行った	4.2%	2.9%	2.3%	3.3%
市民運動や住民運動に参加した	2.8%	2.5%	2.0%	3.3%
インターネットを通して意見を表明した	0.0%	.8%	1.7%	3.6%
マスコミに連絡、投書、出演などをして意見を表明した	0.0%	.7%	.6%	2.2%
デモに参加した	0.0%	.7%	.6%	.6%
N	216	756	352	362

（網掛けは、5%水準での有意差を示す）

て「請願書に署名」と「政治家や官僚と接触」、全体の経験割合は低いが「インターネットを通して意見表明」などがある。しかしながら教育年数が長い人ほど、どの形態でも多く参加する傾向があるとは言えない。七六年から二〇〇五年までの調査データを用いて検討した山田も、参加における顕著な学歴差は見出しがたいとしている[14]。

以上、参加の程度を確認したが、社会的属性によって政治参加の程度がどの程度異なるかについては、市民間の政治的平等の問題として長らく議論されてきた[15]。日本では、性別、年齢において参加の程度に違いが見られ、また教育程度については時期によって異なる効果が指摘されている[16]。ところで、属性的要素だけでは参加するか否かの十分な理由にはならない。なぜ男性の方が女性よりも参加しているのか、高齢者層の方が若い年代よりも参加しているのか、さらなる説明が必要である。

4　参加を促す要因

それでは、政治参加を促す要因として何が挙げられるだろうか。一般的に参加を促す個人に関する諸要因としては、政治関心、政治的有効性感覚、政治的義務感、ある政党を強く選好する度合の強さ、組織加入などが挙げられている[17]。投票参加については、既に拙著で触れているため[18]、ここでは投票以外の参加について紹介する。

投票以外の参加も含めたモデルについては、ヴァーバらのシヴィック・ボランタリズム・モデルが有名である[19]。彼らは「資源（時間、金、市民的技術）[20]」、「政治への心理的指向（政治への関心、政治的有効性感覚、政党帰属意識、特定の政策へのコミットメントなど）」、「リクルートメント（依頼されること）」が参加を促すとして、アメリカの有権者に対する意識調査データで実証した。すなわち、参加の資源を持っている人ほど、また政治への心理的傾向が強い人ほど、さらに活動依頼を受けている人ほど参加をするということである。このモデルを用いて、日本の投票以外の参加行動を検討したのが山田である。山田は、参加を促す要因として、「資源」「指向（参加活動を行う意思や政治関心）」「動員（知人や友人からの活動依頼）」

「党派性」を設定した[21]。その結果、「選挙に関わる政治参加」（選挙運動、投票依頼、後援会活動、政党活動支援、政党・政治家の集会）、「統治活動にかかわる政治参加」（議員に手紙・電話、役所に相談、請願書署名、デモ・集会、地域ボランティア・住民運動、自治会活動）ともに、全ての形態で促進要因としてかかわるものは「動員（知人や友人からの活動依頼）」と「指向（参加活動を行う意思）」であった。このことは、投票以外の参加経験には、他人から声をかけられること、また参加したいという意思が重要であることを示している。それでは、なぜある人は参加したいと考えるか、あるいは参加したくないと考えるのか。このことまではモデルで説明できていない。

このほか荒井は、心理学における強化学習モデルを用いて参加を促す要因を検討している[22]。人間は複雑な情報の代わりに、幅広い単純な手がかりなどを用いて行動を決定するということや学習によって自分の行動を決定するという行動原理を考えると、過去に政治的活動に参加した市民はその経験からの学習により参加を決定するとした[23]。具体的には、参加経験の全くない市民は動員により活動に参加するが、経験の評価が低ければその後継続的に参加することはなく、既に参加経験のある者は経験への参加をもとに次回の行動を決定していくことを示した[24]。

人が政治に対してどのようにして関心を払う刺激を選択するのか、「心理学の方法では入り込めない『ブラック・ボックス[25]』」とも言われている。しかしながら、政治参加が全体的に低調である現在、政治に参加したいと思う人々の意識の背後に何があるかこれを探る試みが必要であろう。

二　政治参加拡大に関する相対する見方

１　民主政治と参加

ところで、人々による政治参加の拡大に対しては、好意的に捉える見方と否定的に捉える見方の双方が存在する。その見方は、民主政のあり方としてどのようなスタイルが望ましいかに関係する。[20]

そもそも民主政（democracy）という言葉は、フランス語の「民主政 democratie」が英語に移植されたものと言われているが、それはギリシャ語のデモクラティア（demokratia）に由来し、語源はデモス（人民）とクラトス（支配）と言われる。[27] これによると民主政は、「人民による支配」の統治形態を意味することになる。しかし、「人民による支配」という言葉には様々な論者により異なる意味が与えられてきた。J・ライヴリーによれば、「人民の支配」を満たす条件についての主張を整理すると次のようになるという。[28]

1．全員が、立法、一般的政策の決定、法の適用、および政府の行政に関与すべきであるという意味で、全員が統治すること。

2．全員が重要な決定作成、すなわち一般的な法律、一般的政策の決定に個人的に関与すること。

3．治者が、被治者に対し責任を負うこと。言い換えれば、治者が被治者に対して自らの行動を正当に理由づける義務があり、かつ、被治者によって解任させられうること。

4．治者は、被治者の代表に責任を負うこと。

5．治者は、被治者によって選挙されること。

6．治者は、被治者の代表によって選出されること。

7．治者は、被治者のために行動すること。

1から7まで眺めると、「人民の支配」が意味する内容には次の二つの方向が見て取れる。すなわち、市民がより決定に参加することを意味するのか、あるいは代表者の選択であるのか、である。前者は民主政治にとって人々が最大限参加することが重要とする考え方を背景にしており、後者は民主政治が安定的、効率的に運営されるにはエリートに政治を委任する代表制が望ましいとする考え方を背景としている。それぞれ参加民主主義論とエリート民主主義論と呼ばれ、近代から現在に至るまで論争が続いている。

2　エリート民主主義論

現代のエリート民主主義論者として取り上げられるのは、J・シュンペーターである。[29] 彼は、『資本主義・社会主義・民主主義（第三版）』（一九五〇＝一九九五）の中で、古典的民主主義学説を「民主主義的方法とは、政治的決定に到達するための一つの制度的装置であって、人民の意志を具現するために集められるべき代表者を選出することによって人民自らが問題の決定をなし、それによって公益を実現せんとするものである」（邦訳三九九頁）とし、これに三つの反論を行うとともに新しい民主主義理論を提示した。

反論の一点目は、古典的民主主義学説が想定する公益や人民の意志というものはそもそも存在しえない、なぜなら「公益なるものの内容が個々人や集団の間で各々異ならざるを得ない」（邦訳四〇一頁）からである。また、たとえ経済的満足の極大のようなものがすべての人に受け入れられる公益とされたとしても、個々の問題について等しくそうであるとはいえないとする。

また二点目として、個々人の意志を基に行う政治的決定が、必ずしも「人民の真に欲しているもの」と一致しないかもしれず、戦争に突入すべきか否か等のような問題の決定に際しては、「人民のすべてに対して等しく気まずい思いをさせるような結果がもたらされやすい」のであり、このような場合は、むしろ「非民主主義的な主体によって上からおしつけられた決定の方がはるかに受け入れられやすい」ことになるかもしれないとする。(30)

また三点目として、「政治における人間性」を取り上げる。すなわち、自分自身に関連のない内外の政策問題について人々は現実感を失い、問題に対する責任感や意志を減退させ、無知と判断力の欠如を生じさせる。これにより人々は偏見や衝動に動かされやすくなり、また「胸に一物ある集団」（職業的政治家、経済的利害の代弁者など）が乗ずる機会が生じるようになる。(31)そして彼らが人民の意志を形成し得るようになってしまうとする。

このように古典的民主主義学説を退けた上で、「今一つの民主主義理論」として以下の定義を行う。すなわち「民主主義的方法とは、政治決定に到達するために、個々人が人民の投票を獲得するための競争的闘争を行うことにより決定力を得るような制度的装置である」(邦訳四三〇頁)。そしてこれが成功する条件は、第一に政治の人材(政党組織に属する人、議員、閣僚など)が十分に高い資質を持っていること、第二に有効な政治的決定の範囲が広すぎないこと、第三に訓練された官僚の存在、第四に民主主義的自制とした。この民主主義的自制とは、有権者が「自分たちの選んだ政治家との間の分業を尊重し、「一旦ある人を選んだ以上、政治活動はその人々の仕事であって自分たちの仕事ではなくなることを了解せねばならぬ」こととした。[32] これは代表者に何をなすべきかを教示するのを慎むことを意味する。

シュンペーターの議論は、現実的な民主主義の在り方を考える上で、その後の多くの論者に影響を与えた。[33] 岡崎は、複雑化する現代社会で市民が個々の問題について判断することは不可能であり、価値観が多様化した社会において、全ての時間を政治に費やすわけにはいかないことから、「市民の政治的負担を軽減することで、市民が政治以外の価値を追求することを可能にしてくれる」定義であるとして評価する。[34] 他方、民主主義の形骸化という問題点も提示する。それは民主主義を選挙に限定している点であり、また選挙についても投票獲得のための競争という候補者の視点でのみとらえている点である。[35]

こうしたシュンペーターの民主主義理論に対し、民主主義とはできる限り有権者が参加することである、とする立場から反対の声が上がった。特に参加民主主義論者からである。

３　参加民主主義論

一九六〇年代、先進諸国で学生紛争、環境保護を求める運動、女性権利拡大のための運動など人々の参加が噴出した際、政治参加に対する見方はエリート民主主義論が優勢であった。[36] すなわち、政治への広範な参加を危険視する見方が中心的であった。特に、すべての人々の最大限の参加という理念を中心に据える古典的理論家の民主主義理論は大幅に改定されるべきと考えられており、また政治システムの安定のためには過度な参加は望ましくないとされていた。

これに対して批判を行ったのが参加民主主義論者である。その代表的な論客であるC・ペイトマンは、『参加と民主主義理論』（一九七〇＝一九七七）の中で、そもそもシュンペーターが対象とした古典的民主主義学説というものの中身には幅広い差異があり、「一つの『古典的』民主主義理論などというのはナンセンス」（邦訳三七頁）とした。その上で自身が参加民主主義論者と考える三名（ルソー、J・S・ミル、コール）の理論から抽出される民主主義の参加理論を述べている。それは「個人とその制度は相互に孤立しては考えられないという基本的な主張を中心にして組み立てられて」おり、「国家レベルでの代議制度の存在だけでは民主主義にとって十分」なものではなく、「国家レベルでのすべての民衆による最大限の参加のためには民主主義のための社会化、ないしは『社会的訓練』が他の領域においても行われ、必要な個人的態度や心理的資質の発達が可能とならなければならない。こうした発達は、参加自体の過程をとおして実現する」とするものである。[37]それゆえ「参加民主主義理論における参加の主要な機能は教育的なものである」（邦訳七七頁）。またペイトマンは、エリート民主主義論者が危惧する参加がもたらす政治の不安定性についても問題ないとする。なぜなら人々は参加を通じて必要な資質を発達させていくわけであり、「個人は参加すればするほど、より有能に参加するようになる」（同上）からである。参加は統合的な効果を持っており、また集団的決定を容認することを助ける。[38]それゆえ「民主的政体が存在するには、参加型社会の存在が必要」とし、「すべての分野で参加による社会化が可能となるような社会の存在が必要」とした。[39]とりわけ人々は人生の大半を職場で過ごすことから、産業における権威構造の民主化、参加が重要となると説いた。[40]

その後、参加の拡大だけではなく参加の質が重要であるとした熟議民主主義論も出てきた。早川によれば、熟議民主主義とは次の四つの特性を持つという。[41]すなわち直接民主主義的な志向であり、また議論の結果として市民の意見が変化する可能性を重視するものであり、市民が熟議のプロセスに積極的に参加することが望ましく、熟議における発言では一定のルール（異なる見解を持つ人でも理解し納得できるような理由の提示）に従うことを必要とするものである。[42]細かい点については熟議民主主義論を主張する者の中でも議論があるが、これらの実践形態として、討論型世論調査、市民討議会、参加型予算等の試みがある。[43]

４　議論の趨勢

このように人々の政治参加の拡大については、エリート民主主義論と参加民主主義論の立場によって異なる評価が下されている。両者の議論の趨勢を見ると、多くの参加が噴出した一九六〇年代は、政治への人々の広範な参加は望ましくないとするエリート民主主義論が優勢であった。この背景として、ペイトマンは政治社会学の発展と全体主義国家の台頭があるとする。[44]すなわち、政治的態度と行動に関する経験的調査により、社会経済的地位が低い集団においては政治や政治活動への関心が欠如しており、非民主的・権威主義的態度もこうした社会経済的地位の低い集団に存在することが示されてきたこと、それゆえ「政治的態度に関する事実を考慮にいれれば、現在の不参加者による政治参加の増大は民主的制度の安定を覆しかねないのではないか[45]」と思われたことを挙げている。また「高度の大衆参加を伴っていたワイマール共和国のファシズムへの凋落と脅迫と強制に支えられた参加とはいえ大衆参加に基盤を置いた全体主義体制の戦後における確立は「参加」が民主主義の概念というよりは、むしろ全体主義のそれに結びつくようになる傾向の基礎となっている[46]」ことがあると指摘する。

このように人々の参加の拡大に懸念が示される一方で、人々の意識や態度、価値観に関する研究からは政治参加の高揚に対する異なった評価も行われるようになる。次節からは有権者を集団として捉え、その政治意識、態度、行動の有り様を考える。

三　市民の態度、価値観、行動

1　民主政治の安定性と政治参加

『現代政治学小辞典』によれば、政治文化は「政治システムの構成メンバーの間に一般的に見られる政治的価値観・感情・態度などの複合で、一般文化の政治的側面」と定義される[47]。

この政治文化と安定的な民主政治との関わりを実証的に検討したのが、G・アーモンドとS・ヴァーバの『現代市民の政治文化』（一九六三＝一九七四）である。一九六〇年代、多くの国が植民地支配から独立していったが、「どんな種類の態度が、安定して機能している民主的なシステムに結びついているか」（邦訳三二頁）を検討するべく、アメリカ、イギリス、イタリア、ドイツ、メキシコの五カ国の市民に対する意識調査データを用いて研究したものである。対象国のアメリカとイギリスは民主的な政府をかなり成功させた経験をもつ国の代表として、イタリアとメキシコは「移行的政治システムをもつあまり十分には発展していない社会の例」として（メキシコはその中でも少なくとも一つは「非大西洋社会」の民主主義を入れるため）、ドイツは権威主義と民主的制度の経験を有する国として選ばれた[48]。

彼らは分析を行う上で、ある国民の政治文化を「その国民の中で特殊に配分されている政治的対象に対する指向のパターン」（邦訳一二頁）と定義した。ここで「対象」とは、一般的な政治システム、イン

表5　政治文化の類型[49]

	一般的対象としてのシステム	インプット対象	アウトプット対象	積極的参加者としての自己
未分化型	0	0	0	0
臣民型	1	0	1	0
参加型	1	1	1	1

（出所：G・A・アーモンド、S・ヴァーバ『現代市民の政治文化』1974年、邦訳14頁）

プット過程（政党、利益集団、コミュニケーション媒体などによる政治過程）、アウトプット過程（官僚や裁判所などによる行政過程）、政治的行為主体としての自己の四つであり、「指向」とは、認知的指向（対象に対する知識と心情）、感情的指向（対象に対する感情）、評価的指向（対象に対する判断と意見）の三つから成る。そしてこの「対象」と「指向性」の組み合わせにより、政体に向かう諸個人の指向を整理し、政治文化の類型を提示している（表5）。

表5にある「未分化型」の政治文化とは、全ての政治的対象についての指向がゼロに近いものである。また「臣民型」の政治文化では、政治システムとそのアウトプットには関心は高いが、インプット過程と積極的参加者としての自己に向かう指向はゼロに近い。それに対し「参加型」の政治文化では、政治システムとともにインプット・アウトプットの両方に関心を持ち、自分を活動的自己として指向するものである。

調査の結果、民主主義が上手く機能していると彼らが考えたアメリカとイギリスで見られた態度は、「未分化型」「臣民型」「参加型」が交じり合う混合型の「市民型政治文化」であった[50]。すなわち、自己の有力感が高い個人でも実際の政治行動は伴っておらず、地域社会に参加すべきだという規範を有している個人の積極的な参加はほとんどない。ここから、民主政治が安定して機能するためには、人々は「能動的であってかつ受動的であり、政治にかかわりあうが深入りせず、影響力をもつと同時に恭順でなければならない。」（邦訳四七七頁）とした。つまり、政治システムの安定には、ある程度の参加の抑制が必要であると説いた。この議論は、人々の政治参加の拡大に警鐘を鳴らすエリート民主主義論者に参照されることとなった。

またアーモンドとヴァーバによる研究は、印象論で語られていた文化による政治への影響を国際比較が可能な経験的データに基づいた議論に発展させたものであるが、他方でアングロ・サクソン文化の「永続的な優越性を、自己の文化を基準として主張したものである」[51]との批判も受けることとなった。[52]

2　価値観と参加行動の変化

その後、先進国を中心として高揚した人々の参加行動を読み解く新しい視座が提示された。それはR・イングルハートによる脱物質主義的価値観の理論である。一九六〇年代から七〇年代にかけて生じた環境保護運動、女性の権利拡大に向けた運動などは、従来指摘されていた左右の軸によるものではなく、争点を中心とした運動であり、新しい社会運動とも呼ばれた。なぜこの時期にこうした運動が生じたのだろうか。

イングルハートは『静かなる革命』（一九七七＝一九七八）ならびに『カルチャーシフトと政治変動』

図1　イングルハートが提示する変化のプロセス

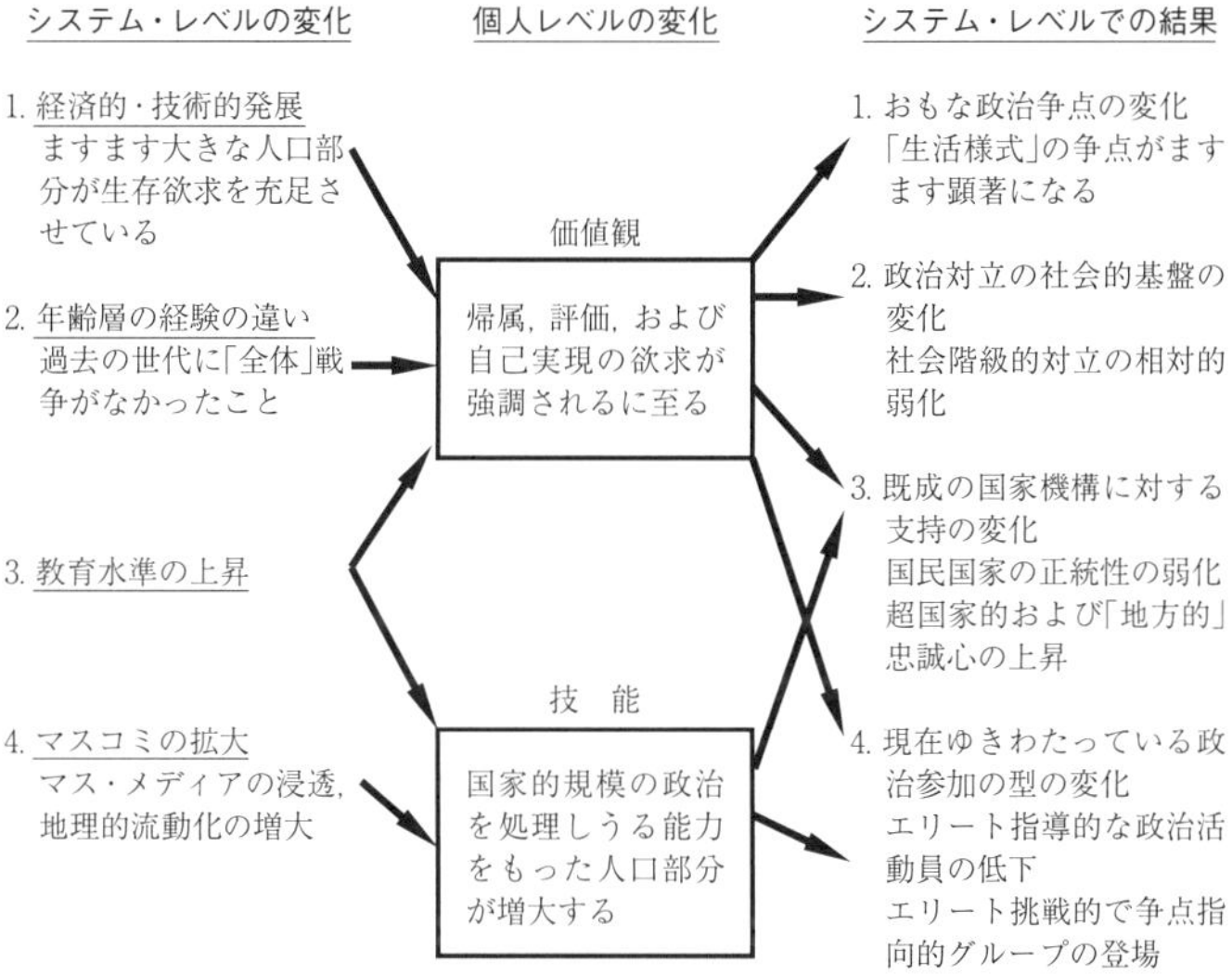

（出所：R・イングルハート『静かなる革命』1978年、邦訳5頁）

（一九九〇＝一九九三）において、経済的技術的な発展、全体戦争の経験の有無、教育水準の上昇というシステムレベルの変化が人々の価値観の変化をもたらし、また教育水準の上昇とマスコミの拡大が人々の政治処理能力を高め、これらがシステムレベルでの変化（ライフスタイルに関する争点に関心を持ちエリート指導的ではなく特定の政策決定への影響を目指すエリート挑戦的で争点志向型の運動）を生じさせるとした。すなわち、システムレベルの変化が個人レベルの変化（脱物質主義的価値観）をもたらし、さらに、その変化がシステムレベルでの変化をもたらすというフレームワークを提示した。

　そもそも価値変化が生じる背景として、イングルハートは「欠乏仮説」と「社会化仮説」を提示する。「欠乏仮説」とは、「個人の価値優先順位にはその人の社会経済的環境が反映する」ため、「相対的に不足しているものに人は主観的に大きな価値を置く」というものである。[53] これは、心理学者A・マズローの欲求段階仮説（人の欲求は階層をなし、下位の生理的欲求が満たされてこそ、より上位の欲求を求めるようになるとする）を念頭に置いた仮説である。生理的欲求を物質主義とし、それより上位の社会的および自己実現的欲求を脱物質主義とした。また「社会化仮説」とは、「人の基本的な価値観は、その成人前の期間に広くいきわたっていた状況をおおむね反映する」ため、「社会経済的環境と価値優先順位との関係はただちに一致するとは限らない」というものである。[54] これらの両方の仮説により、戦後、戦争を体験することなく、豊かな環境で育った若者は、より脱物質主義的な価値観を有するようになり、こうした世代が増えることで、システムレベルの変化が生じるとした。

価値観の測定にあたっては今後の国家の重要課題を尋ね、「物価上昇との戦い（生存欲求）」「秩序の維持（安全欲求）」「政府に対するもっとも多くの発言権（帰属・評価欲求）」「言論の自由（知的・美的欲求）」の選択肢から二つを選んでもらい、前二つを選択した回答者を「物質主義者」後ろ二つを選択した回答者を「脱物質主義者」、それ以外を「混合型」と類型化した。[55] この脱物質主義の指標は、欧州における価値観調査（Eurobarometer）ならびに、世界価値観調査（World Value Survey）に含められており、一九七〇年代から今日に至るまで測定されている。その結果、欧州諸国では脱物質主義者と物質主義者の割合は縮まり、脱物質主義者が増えていることが示されている。[56] しかしながら、イングルハートの理論に対しては様々な批判がなされている。日野によれば主な論点として、マズロー仮説との矛盾、例えば、マズローは私的・個人的なニーズ理論であるのに対しイングルハートの理論では公的・社会的な目標達成論になっている点、また価値観変動はイングルハートが示す一次元的なものではなく多次元的ではないかといった点、さらにはイングルハートの価値観指標が持続的な態度である基本的価値観を測定しているのではなく、その時々の争点態度を示しているのに過ぎないのではないかといった点などである。[57]

ところで、イングルハートの仮説では、争点指向的な参加活動をする主体は、より教育程度が高く、政治的技能を持つものであり、政治参加が拡大することで政治的な不安定をもたらすとはいえないこととなる。つまり参加民主主義論と親和性を持つ。さらに、人々の間で蓄積される社会関係資本（参加行動を含めた一連の態度群）が、地方政府のパフォーマンスを左右するとの研究が出された。次節で紹介するR・パットナムによるソーシャル・キャピタル論である。

３　市民性とパフォーマンス

パットナムは、『哲学する民主主義』（一九九三＝二〇〇一）において、イタリアの二〇州を対象に「強力で、応答的で、実効ある代議制度を創出する条件」を検討した。[58]

イタリアでは、一九七〇年に地方分権改革が行われ、二〇の州政府が同じ憲法的構造と権限を持つに至った。地方政府は都市問題、農業、住宅、病院・保健サービス、公共事業、職業教育、経済開発などの分野を担うこととなり、同一制度でスタートしたが、二〇年経ってみるとそのパフォーマンスが南北で大きく異なることが判明した。なぜこのような違いが生じたのか、その要因を長期に渡る議員、有権者、行政経験者等への意識調査データを用いて検討した研究である。

州政府のパフォーマンスが異なる要因として、パットナムは以下の二つの要因、すなわち地域の社会経済的な発展の程度（「社会経済的近代性」[59]）と、積極的な市民の参加と市民の連帯を表す市民共同体の程度（「市民度」[60]）を用いて検討する。特にパットナムは、市民共同体の程度が統治の質と関わっているのではないかと考えた。市民共同体の市民は、公的諸問題に積極的に参加し平等な権利と義務を持つ。互いの関係は垂直的な関係ではなく水平的である。また市民は互いに寛容であり信頼関係にある。自発的結社も盛んであり、そこで市民は協力の習慣や連帯、公共心を学ぶ。それとともに、自発的結社は利益の集積・表出に資するものとなる。こうした市民共同体の程度がパフォーマンスと関係していると考えた。

分析の結果、州政府のパフォーマンス[61]と関係していたのは、社会経済的近代性ではなくこの市民度であることが判明し、「数多くの市民的な自発的組織が存在し、新聞読者が多数おり、争点型投票者も多く、恩顧＝庇護主義的ネットワークが皆無に近い州ほど、有効な政府を育むようである」（邦訳一一九頁）とした。

それでは、なぜ市民度とパフォーマンスが関係してくるのか。その背後にある要因としてパットナムが提示したのがソーシャル・キャピタル（社会関係資本）である。パットナムによれば、ソーシャル・キャピタルとは「諸活動を活発にすることによって社会の効率性を改善できる、信頼、規範、ネットワークといった社会組織の特徴」（邦訳二〇六―二〇七頁）であり、人々の自発的な協力がこの社会関係資本によって促進されるとする。すなわち「一般化された規範と市民的積極参加のネットワークは裏切りへの誘因を減らし、不確実性を低減させ、将来の協力にモデルを提供することで社会的信頼と協力を促進する」（邦訳二二〇頁）。一般化された互酬性の規範[62]、水平的なネットワークが互いの信頼を高め、これらが協力行動へと導くのである。こうした背景によって「市民共同体の市民はより良い政府を期待し、（ある程度、市民自身の努力を通して）良い政府を手に入れる。彼らは、より効果的な公共サービスを要求し、また自分たちの共通目標を実現するために集合的に行動する用意もある。これに対して市民度が低い州の住民は、疎外されたシニカルな嘆願者の役に甘んじやすい」（邦訳二二八頁）こととなり、結果的に良い政府が導かれないこととなる。

パットナムの『哲学する民主主義』によってソーシャル・キャピタルという概念は大いに注目を浴びることとなり、政治学にとどまらず経済学、社会学、公衆衛生学など様々な学問領域に取り入れられていった[63]。ソーシャル・キャピタル論が社会科学に広く受け入れられた理由として、坂本は、パットナムが各州政府のパフォーマンスを「客観的かつ包括的に」測定したこと、ソーシャル・キャピタルと統治パフォーマンスとの因果関係を検討する際、パフォーマンスに影響を与える他の要因を統制し、「分析単位の同質性が比較的高いレベルで維持されていたこと」としている。[64] 他方で、概念の曖昧さ、分析レベルの混乱（個人レベルと社会レベルのソーシャル・キャピタルの混在）、ソーシャル・キャピタルがパフォーマンスを向上させる経路の曖昧さなど問題点も多く指摘された。[65]

こうした概念や研究に対する問題点はあるが、ソーシャル・キャピタルが政府のパフォーマンスに影響を与える、すなわち人々の参加が良い効果をもたらすという意味では、エリート民主主義論ではなく、参加民主主義論に親和性があるといえる。

おわりに

現在でも、エリート民主主義論と参加民主主義論、熟議民主主義論との対立は続いており、人々が政治にかかわることに対して異なる評価が下されている。[66] また、現実の社会においてその対立が表面化している現象もある。[67]

そもそも政治参加は政治過程においてどのような役割を持つのか。蒲島は以下の二つを提示する。[68] 一つ目は、「公共財や価値の配分に関する自己の選好を伝達し、政府の行動と市民の選好が矛盾をきたさないよう圧力をかけ、政府の決定をコントロールする」役割である。[69] また二つ目として、市民の教育機能である。参加を通じて人々は公的な市民に育っていく。こうした役割はエリート民主主義や参加民主主主義、熟議民主主義のどれにおいても重要な機能であろう。すなわち代表制が機能するためには公的な市民としての参加が必要であり、またそうした公的市民になるためには議論や参加の機会が必要となる。エリート民主主義を評価する者であったとしても選挙だけに市民が関われば十分であると考える者も少ないだろう。選挙と選挙の間の有権者と代表者とのやりとりも政治を機能させる上で大事である。

実際、自治体レベルでは、行政自らが市民の直接的な政治参加の場を設けるところが出てきている。例えば地域予算制度の導入や市民討議会、討論型世論調査の実施などである。[70]これらの機会を通じて人々は公的な市民に成長することが考えられる。またこれらの取り組みは行政府や議会への監視の目ともなりうるだろう。ただし、これらの参加がどのように機能しているかその検討も必要である。代表制の機能に厳しい目が向けられてきたこととは対照的に、人々の参加に対してはその問題点が十分には検討されてこなかった。参加の量や質そして平等性の問題はどうなっているか、また参加の効果はいかなるものであるか。人々の参加を単純に望ましいとして捉えるのではなく、その機能が実態としてどうなっているのか。代表制の機能とともに有権者の参加もまた、現状分析の探求が求められる。

注

（1）Verba, Sidney and Norman H. Nie, *Participation in America: Social Equality and Political Democracy*, New York: Harper & Row, 1972, 2-3.

(2) ここでの定義はその後のヴァーバ、ナイ、キムの研究でも引き継がれており、邦訳は以下の文献を参照した(S・ヴァーバ、N・H・ナイ、J・キム『政治参加と平等』(三宅一郎監訳、東京大学出版会、一九八一年、五六頁参照)。

(3) 同上、五六―五八頁参照。

(4) Huntington, Samuel P., and Joan M. Nelson, *No Easy Choice: Political Participation in Developing Countries*. Cambridge: Harvard University Press, 1976, 7-10. 三船毅『現代日本における政治参加意識の構造と変動』慶應義塾大学出版会、二〇〇八年、四六頁。

(5) 武川正吾「社会政策における参加」『社会福祉における市民参加』東京大学出版会、一九九六年、八―九頁。

(6) 三船、前掲書、二九五頁。

(7) 三船は、愛知県内で実施した市民意識調査を用いて、ボランティア・NPO活動の役割認知には「社会参加・貢献」「私生活拡充」だけでなく、「政治的影響(国や地方自治体の政策への影響力、地域問題の解決)」があることを見出している(三船、前掲書、第七章)。

(8) 篠原一『市民参加』岩波書店、一九七七年、三五―三七頁。

(9) 山田真裕「投票外参加の論理――資源、指向、動員、党派性、参加経験」『選挙研究』19、二〇〇四年、八五―九九頁。

(10) JESⅣデータは、平成一九~二三年度文部科学省科学研究費特別推進研究「変動期における投票行動の全国的・時系列的調査研究」に基づく「JESⅣ研究プロジェクト」(参加者・平野浩:学習院大学教授、小林良彰:慶應義塾大学教授、池田謙一:東京大学教授、山田真裕:関西学院大学教授)が行った研究成果である。データの使用を許可してくださったことに感謝する。

(11) 蒲島郁夫『政治参加』東京大学出版会、一九八八年、第一章、八一―八三頁。

(12) 山田真裕「日本人の政治参加と市民社会――一九七六年から二〇〇五年」『法と政治』五八巻(三・四)、二〇〇八年、一〇二八頁。
（13）平野浩「日本における政治文化と市民参加——選挙調査データに見るその変遷」『政策科学』19（3）、二〇一二年、一四三—一六一頁。
（14）山田、前掲論文、二〇〇八年、一〇一四—一〇四二頁。
（15）日本を含めた七カ国の比較研究として、ヴァーバら『政治参加と平等』前掲書。日本の投票参加を対象としたものに、蒲島、前掲書。
（16）性別の違いは投票外参加においてより多く見られ、また年齢の違いは投票参加においてより大きな差が示されている（蒲島、前掲書、第四章）。教育程度に関しては、一般に教育程度の高い市民は心理的資源（政治関心や組織加入など）を多く有するため、より政治に参加するといわれている。しかしながら日本ではこうした傾向とは異なり、低学歴ほど政治参加（投票参加）の程度が高いことが示されてきた（蒲島、前掲書、第四、五章）。ところが境家によれば、これは一九七〇年から八〇年代の五五年体制の成熟期と呼ばれる時代の傾向であり、二〇〇〇年代ではむしろ諸外国と同様に教育程度と投票参加に正の相関が見られることを示している（境家史郎「戦後日本人の政治参加」『年報政治学』二〇一三年Ｉ号、二三六—二五五頁）。
（17）Ｌ・Ｗ・ミルブレイス『政治参加の心理と行動』（内山秀夫訳）早稲田大学出版部、一九七六年、第Ⅲ章。
（18）投票参加を促す要因について、中谷美穂「投票参加の現状と課題」『初めての政治学』風行社、二〇一一年、第八章を参照。
（19）Verba, Sidney, Kay Lehman Schlozman, Henry E. Brady, *Voice and Equality: Civic Voluntarism In American Politics*, Cambridge: Harvard University Press, 1995.
（20）ヴァーバらは、市民的技術を、政治生活において時間やお金を効果的に使うことができるコミュニケーション能力や組織的な能力としている。すなわち、上手に話したり書いたりすることができる市民、あるいは会合を組織したり参加したりすることが楽にできる市民ほど政治により効果的に参加できると考える（前掲書、三〇四頁）。これを測定する項目として、仕事や組織、教会など非政治的な領域における以下のような経験（意思決定に関わる会議への参加、会議の計画、手紙を書くこと、スピーチやプレゼンテーションの経験）で測定している（前掲書、五五九—五六二頁）。

(21) 山田、前掲論文、二〇〇四年。

(22) 荒井紀一郎『参加のメカニズム』木鐸社、二〇一四年。

(23) 同上、第五章。

(24) 同上。

(25) ミルブレイス、前掲書、四頁。

(26) 蒲島、前掲書。

(27) D・ヘルド『民主政の諸類型』（中谷義和訳）御茶の水書房、一九九八年、三—四頁。

(28) J・ライヴリー『デモクラシーとは何か』（櫻井陽二・外池力訳）芦書房、一九八九年、五〇頁。

(29) シュンペーターを単にエリート主義的と位置付けることについて、早川は疑問を呈している（早川誠『代表制という思想』風行社、二〇一四年）。早川は、シュンペーターのこの著書は、「資本主義がみずからの発展の過程として解体し、社会主義的な社会形態が出現する」（同書、一五八頁）という見通しの下で執筆されたものであり、民主主義を政治家の間の競争とみなす制度的な工夫を行い、社会主義でも採用されうるものとした点が重要であるとする。具体的には「中央集権的な統制経済と中央集権的な政治体制の組み合わせによって自由のない社会が出現する可能性」（同書、一五九—一六〇頁）を危惧し、この対抗策として投票獲得のための競争というアイデアが考えられた点を評価している。またシュンペーターの民主主義論は「政治家の競争に力点を置く民主主義」であったが、これは「政治家が人民よりも優秀であると主張しているわけでも、政治家に任せておけば民主主義は適切に運営されると主張しているわけでもない」(同書、一六四頁)。「エリートの支配が理想的だからではなく、人民の一体性を当然視することができない」ために導入された定義であり、「無反省な専制支配」(同書、一六五頁)を生み出しかねない人民の意志と距離を取ろうとする試みとして評価している。

(30) J・シュンペーター『新装版　資本主義・社会主義・民主主義』(中山伊知郎・東畑精一訳)東洋経済新報社、一九九五年、四二〇頁。

(31) 同上、四二〇頁。

(32) 同上、四七〇頁。

(33) シュンペーター理論の拡張、発展の経緯については、蒲島、前掲書、第二章ほか、ヘルド、前掲書、第二部参照。

(34) 岡﨑晴輝・木村俊道編『はじめて学ぶ政治学』ミネルヴァ書房、二〇〇八年、Ⅱ―三、九四頁。

(35) 同上、九四―九五頁。

(36) C・ペイトマン『参加と民主主義理論』(寄本勝美訳)早稲田大学出版部、一九七七年、二頁。

(37) 同上、七七頁。

(38) 同上、七七頁。

(39) 同上、七七頁。

(40) 同上、七八頁。

(41) 早川、前掲書、七九―八一頁。

(42) 田村はより簡素に、熟議民主主義を「人々が対話や相互作用の中で、見解、判断、選好を変化させていくことを重視する民主主義の考え方」としている(田村哲樹『熟議の理由　民主主義の政治理論』勁草書房、二〇〇八年、ii頁参照)。

(43) これらの参加形態については、篠原一編『討議デモクラシーの挑戦――ミニ・パブリックスが拓く新しい政治』岩波書店、二〇一二年参照。
(44) ペイトマン、前掲書、二—三頁。
(45) 同上、五頁。
(46) 同上、四頁。
(47) 阿部斉・高柳先男・内田満編『現代政治学小辞典』有斐閣、一九九九年。無論、詳細な定義は研究者によって異なる。
(48) G・A・アーモンド、S・ヴァーバ『現代市民の政治文化』(石川一雄ほか訳)勁草書房、一九七四年、三一—四〇頁。
(49) 同上、一四頁、第2図。
(50) ただし二国間には差があり、アメリカは能動的な参加型に、イギリスは恭順的な臣民型に傾いている。そしてドイツ、イタリア、メキシコは市民文化から逸脱しているとする(詳細は、同上、第一五章)。
(51) アーモンドとヴァーバに対する批判をまとめた、R・イングルハート『カルチャーシフトと政治変動』(村山皓ほか訳)東洋経済新報社、一九九三年、一九頁。
(52) アーモンドとヴァーバに対するその他の批判点として、山田は、民主政治の安定がある種の政治文化を育てるという逆の因果関係も想定できるが検証対象となっていない点、市民文化と民主制の安定にはエリートの統治行動が関わってくるが、エリートの政治文化や行動は検討されていない点、国家間の文化的差異を検討する際、前段階として職業、階級、収入など社会経済的要因や政治的資源の保有について十分なコントロールが必要であるがそれらがなされていない点などをまとめている(山田真裕「政治文化論」『アクセス比較政治学』日本経済評論社、二〇〇六年、第二章)。
(53) イングルハート、前掲書、七八頁。
(54) 同上、七八頁。
(55) 当初四項目で測定されていた脱物質主義の指標は、その後一二の調査項目へと拡大された。

(56) 日野愛郎「ニュー・ポリティクス理論の展開と現代的意義」『政治変容のパースペクティブ』ミネルヴァ書房、二〇〇五年。世界価値観調査のサイトでは、各国別に調査項目の時系列、属性別、クロス集計など、簡易な分析が可能となっている(http://www.worldvaluessurvey.org/wvs.jsp)。

(57) 日野、同上、三四―三六頁。九〇年代に入り、新保守主義や極右政党などが現われるようになった。こうしたものも含めた新しい価値観の尺度が提示されている(日野愛郎「ニュー・ポリティックスの台頭と価値観の変容」『レヴァイアサン』三一号、二〇〇二年、一二一―一四七頁。

(58) R・D・パットナム『哲学する民主主義――伝統と改革の市民的構造』(河田潤一訳)NTT出版、二〇〇一年、七頁。

(59) 社会経済的近代性は州ごとの国民所得、州内総生産、農業・工業労働人口比等を用いて測定されている(同上、第四章)。

(60) 市民度は以下の四つの指標を用いて測定された。すなわち自発的結社の程度として「スポーツ・文化団体の数」、地域社会に対する市民の関心の目安として「新聞購読率」、公共政策の重要な争点に対する意見表明の場である「国民投票への参加度」、私益主義、派閥主義、パトロン―クライエント関係的政治の指標(市民共同体の欠落を示す指標)としての「優先投票の程度」である(同上、第四章)。

(61) 州政府パフォーマンスの測定については「単なる酔狂や印象論」(パットナム、前掲書、七五頁)にならないよう注意を払い、各州政府を「政策過程」「政策表明」「政策執行」の三側面から一二の指標を用いて評価している(詳細は同上、第三章)。

(62) 一般化された互酬性とは、現時点では均衡を欠くとしても今与えた便益が将来には返礼されるという相互期待を伴う交換の持続的関係で、均衡のとれた互酬性(同じ価値のものを、同時に交換する)とは異なり、信頼、協力行為を生み出しやすい(パットナム、前掲書、第六章)。

(63) パットナム自身もその後、アメリカのソーシャル・キャピタルの減少とその要因について分析した『孤独なボウリング――米国コミュニティの崩壊と再生』（柴内康文訳、柏書房、二〇〇〇年）を発表している。

（64）坂本治也『ソーシャル・キャピタルと活動する市民』有斐閣、二〇一〇年、七〇頁。

（65）同上、第二章。

（66）例えば、シュンペーター的な民主主義の定義を評価するものとしてI・シャピロ『民主主義理論の現在』（中道寿一訳、慶應義塾大学出版会、二〇一〇年）。熟議民主主義を提唱するものとしてJ・S・フィシュキン『人々の声が響き合うとき――熟議空間と民主主義』（曽根泰教監修、早川書房、二〇〇九年）。

（67）地方自治レベルで、地域社会のことは自分達が決めたいとして直接請求を用いて住民投票を求める市民に対し、議会が代表者に決定権限があるとして住民投票条例案を否決する例が挙げられる。

（68）蒲島、前掲書、五―六頁。

（69）蒲島、前掲書、五頁。そのほか、同様の役割を述べているものとして、G・ストーカー『政治をあきらめない』（山口二郎訳）岩波書店、二〇一三年、第九章。

（70）地域予算制度については、中谷美穂「住民参加・行政参加改革に関する日韓比較」『法学研究』九五号、二〇一三年、七七―一二七頁。そのほか参加型予算制度を含め、市民討議会、討論型世論調査については、篠原一編『討議デモクラシーの挑戦――ミニ・パブリックスが拓く新しい政治』岩波書店、二〇一二年参照。

第5章　選挙制度と政治代表

久保　浩樹

はじめに

この章では、前半で「選挙制度（electoral systems）」、後半で「政治代表（political representation）」を扱う。選挙によって代表を選び出す政治システムは、現代の先進国の主流をなす国内統治の政治システムであり、「代議制民主主義（representative democracy）」とも称される。「選挙」と「代表制」はともに近代になって誕生し、二〇世紀の特に後半になって広く普及した制度であり、先進民主主義諸国のほとんどが採用している制度である。かつてはイギリスとアメリカの小選挙区と（その組み合わせでもあり、帰結でもある）二大政党制が主流であり、また一時期においては一部の論者から規範とされていた時代から、イギリスにおいては多党化が進むと同時にＥＵ離脱によって政党政治が混乱を極め、アメリカにおいては二〇一六年のトランプ大統領の当選によって（それ以前よりずっと前から進行していたが）二大政党間のイデオロギー対立と国内の分断がますます進行するようになった。このような現象はイギリスやアメリカだけではなく、世界の先進諸国でポピュリスト政党と呼ばれる政党が勢力を拡張し、既存の政党や政治システムに挑戦をしかけている。

このようなことがなぜ起こっているのかを問題意識としつつも、これらの問題すべてをここでは扱うことができない。民主主義や代議制の歴史的経緯や、近年の先進国のポピュリスト政党の問題などはここでは最小限にとどめるか割愛し、問題を「選挙制度」と「政治代表」に絞って考察したい。そこにはいくつか理由があるが、選挙こそ民主主義のシステムにおいて有権者と政府を主に政党・政治家を媒介としてリンクさせるもっとも重要な手段である。のちに定義するように、選挙制度はその仕組みそのものである。この仕組みを理解することによって、それぞれの国がどのような民主主義の理念に基づいて設計されているのかを理解することができる。またさらに言えば、選挙制度はどのような代表者を議会に送り出すかという政治代表の問題とも関わっており、「選挙制度」を「原因（独立変数）」として捉えるならば、「政治代表」はその「帰結（従属変数）」として捉えることができる。それぞれの理念のもとに設計された選挙制度がいかなる代表を送り出し、いかなる政党・政治家を議会や政府に送り出すのかという因果メカニズムをここでは解明したい。

以下、第一節では、「選挙制度」を取り扱う。選挙制度の比較の概念を提示した上で、多数派の効率的な決定を重視する多数決型民主主義の理念に基づく小選挙区制、少数派の包括を重視するコンセンサス型民主主義の理念に基づく比例代表制、両者を折衷した混合選挙制の順に紹介する。第二節では、第一節での「選挙制度」の帰結としての「政治代表」を取り扱う。ここでは選挙制度が政党システムや政党組織に与える影響、記述的代表や実質的代表などにどのような影響を与えているのかを分析する。最後に、今後の代議制民主主義と選挙制度と政治代表のあり方を展望して、締めくくりとしたい。

一　選挙制度

1　選挙制度の概念

選挙は民主主義の核心をなす制度である(1)。民主主義と非民主主義を分かつものは何かといえば、選挙に他ならない。自由な政党や団体や結社が許された社会の中で政党が互いに競争する中で議会や、議院内閣制では首相、大統領制では大統領が選出されるのが民主主義である。選挙は、政党・政治家にとって、その職を得るか失うかの生命線を握っており、政党・政治家の行動を規定する決定的な要因である。政党・政治家は議会において法案や予算を採決し、制度を作り出す存在であるが、それと同時に制度に拘束される存在である。政党・政治家が拘束される最たるルールこそ選挙制度である。選挙制度は、再選を目指す政治家、党勢拡大を目指す政党にとって、決定的な制度であり、議会における政党間の勢力の比率や競争のパターン、政党と政治家の関係を規律づけるのみならず、政府および与党と野党の関係、政権政党内の政策決定過程、政権党がコントロールする官僚の行動、政府が打ち出す公共政策の中身にまで影響していると考えられる。そのような意味において、選挙制度は民主主義社会にとって決定的に重要な制度なのである。

まず選挙制度の定義から見てみよう。『政治学事典』によれば、選挙制度（electoral system）とは「民主制の下では、国の最高の意思決定機関（主に国会）の議員は選挙で選ばれる。その国会の議員を選ぶ具体的な手続きを選挙制度という。選挙には様々な方法が可能で、実際に世界では多様な制度が採用されている。そして選挙の方法によって、選挙結果、選挙運動の効果、民主主義の質が変わってくる。(2)」としている。

またその他の研究者の定義によれば、「選挙制度とは、国民の代表者たる政治家をどのようにして選び出すかを定めるルールである。具体的には、投票の方法、投票の集計方法、集計表に基づく当選者決定方法などについての取り決めを指す。(3)」

また選挙を規制する制度は多岐にわたっており、選挙制度（electoral system）と選挙規制（electoral regulations）を区別する見解もある。選挙制度を「代議制議会に対して行われた選挙でいかに票が投じられ、そしてそれらの票がいかにしてその議会での議席に換算されるかという構造に関する一連のルール」[4]と定義するのに対し、その他の様々な選挙の実施に関する規制を選挙規制と呼んで区別している[5]。

選挙に関するルールは様々であるが、これらの一連の定義を見て選挙制度とは、有権者の投じた票（votes）を議会の議員の議席（seats）に変換する仕組みが、根幹にある定義だと言える。ここでは、主として、票と議席の関係を規定する選挙制度に目を向けたい。

実際、選挙制度以外の一般的な選挙に関わるルールは多様である。日本の選挙に関わる主要な法律である公職選挙法[6]、政治資金規正法[7]、政党助成法[8]などに一度目を通してもらえば、そこには、選挙権や被選挙権に加えて、期日前投票や在外投票、選挙運動や選挙管理の仕方について綿密に定められている。日本で有名な選挙規制として戸別訪問の禁止や選挙ポスターに関する規制などが挙げられるが、これも公職選挙法で細かく定められている規則の一つである。これらの細かい規制も重要であるが、多国間比較の観点から選挙制度を考える場合、個々の要素にとらわれていては、共通の要素や対立する要素が見えにくくなる可能性が高い。そこでここでは、主として、票と議席の関係を規定する選挙制度に着目する。

２　選挙制度の分類と比較

票を議席に変換する選挙制度を多国間比較の観点から理解するためには、各国の共通の要素に目を向ける必要がある。それらには、（ⅰ）選挙区定数、（ⅱ）投じる票の数、（ⅲ）投票用紙の形式、（ⅳ）政党内の候補者の選択、（ⅴ）議席配分のレベル、（ⅵ）比例性への制約などといった要素が考えられる[9]。

票を議席に変換する議席決定方式は、大きく分けて、多数代表制と比例代表制に分かれており、多数代表制とは、選挙区ごとに投票を行い、定数番目までを勝者とする制度であり、各選挙区ごとに一人の勝者を出す小選挙区制はその代表的なものである。反対に、政党ごとに得た得票数ごとに議席を割り振るのが比例代表制であり、現在最も多くの国々で多数代表制か、比例代表制が採用されている。(10)

これを分類する要素を一つずつ見てみよう。第一に選挙区定数とは、選挙区ごとに何人の勝者を出すか、という点に関する制度であり、大きく分けて、小選挙区制に代表される多数代表制と、二人以上の勝者を出す比例代表制に分けられる。(11) 多数代表制も相対多数代表制と絶対多数代表制がある。相対的な選挙区での第一位を勝者とするのが小選挙区制であるが、定数一で選挙を二回行い、五〇%以上の絶対多数をしめた者を勝者とするフランスの二回投票制もあれば、オーストラリアのように選択順位制という有権者の選好の順位を反映させる仕組みを取っている国もある。(12) 小選挙区制の国々はいうまでもなく定数は一であるが、比例代表制の国々の選挙区定数は本当に様々で、チリは定数が二、スペインでは定数が三から一五、ポーランドでは八から二〇、スウェーデンでは二から三九となっており、オランダやイスラエルでは一国全体で比例代表の選挙区となっており、イスラエルでは選挙区定数が一二〇、オランダは選挙区定数が世界最大で一五〇となっている。

第二に投じる票の数であるが、多くの場合、有権者が投じる票は一票であるが、混合選挙制、小選挙区比例代表並立制や併用制の場合、有権者は二票を投じることが可能になり、分割投票（小選挙区と比例代表で異なる政党に投票すること）が可能になる。

第三の投票用紙の形式と第四の政党内の候補者の選択であるが、これは有権者と政治家、政治家と政党の関係を考える上で重要である。[13] 投票用紙は、有権者の選択を拘束する。具体的に日本の例を挙げて考えてみた場合、日本の小選挙区比例代表並立制の比例代表の投票用紙は政党にしか投票できない。また逆に小選挙区の投票用紙は候補者個人にしか投票できない。前者は政党に基づく投票選択を促進させ、後者は候補者個人に基づく投票選択を促進すると考えられる。要するに「政党（組織）か、候補者（個人）か」という投票選択基準（「政党投票」「個人投票」とも呼ばれる）に決定的な影響を与えているのが投票用紙の形式なのである。日本の衆議院議員総選挙においては（重複立候補制における同一順位や復活当選はあるものの）比例代表では政党を中心に投票選択がなされているといえる。それに対して、参議院議員選挙の比例代表では事情が異なる。参議院議員選挙の比例代表では、有権者は政党または個人に投票することができ、名簿に書かれた個人に直接投票し、その票数の順位で当選者が決まっていく。これは有権者の候補者個人に対する個人投票を促進すると考えられる。以上をまとめると、主に比例代表制において、有権者が政党の決めた順位通りに政党にのみ投票することしかできない形式を拘束名簿式（closed list）と呼んで政党投票を促進し、有権者が政党の名簿の候補者に直接投票でき、候補者への票数が順位に影響する仕組みを非拘束名簿式（open list）と呼び個人投票を促進し、区別することができる。大まかに言って、日本の衆議院の比例区は前者であり、参議院の比例区は後者である。その中間形態として、日本ではあまり馴染みがないが、選好投票式（flexible list）と呼ばれる、ベルギーやオランダで採用されている方式がある。政党が候補者のリストを準備し、有権者はそのリストをそのまま受け入れるか、あるいは優先順位をつけることができる仕組みであり、その効果は拘束名簿式と非拘束名簿式の中間にあると言える(14)。

第五の議席配分のレベルであるが、通常のイギリスやアメリカなどの小選挙区制においては、議席配分のレベルは一層制であり、二層にわたることはない。しかしながら、日本のような小選挙区比例代表制においては、議席配分のレベルは、衆議院においては比例代表区と小選挙区において、参議院においても全国の比例代表区と地方区において、二層の議席配分レベルが存在する。多くの混合選挙制の国々はこのように複数にわたる議席配分のレベルを持っている。

最後に、比例性への制約についてであるが、全ての選挙制度は何らかの形で大政党を有利にし、小政党を不利にするとされる。しかしながら、比例代表制は得票数と議席率の乖離が小さく、多数代表制、とりわけ小選挙区制は得票数と議席数の乖離が大きいとされる(15)。

以上の要素をまとめると、表1のようになる。様々な選挙制度が存在するが、多数代表制、比例代表制、混合選挙制の三種類に分けることができる。以下、順々にそれぞれの選挙制度について説明していきたい。

表１　選挙制度をめぐる多国間比較のための類型とそれらを採用している国々(16)

大区分	小区分	採用している国の例
多数代表制	小選挙区制	イギリス、アメリカ
	選択投票制	オーストラリア
	二回投票制	フランス
比例代表制	拘束名簿式	スペイン、イスラエル
	選好投票式	ベルギー、オランダ
	非拘束名簿式	ブラジル、フィンランド
単記移譲式		アイルランド
混合選挙制	並立制	日本、韓国、台湾
	併用制	ドイツ、ニュージーランド

３　小選挙区制

小選挙区制は一見すると単純な制度である。一人一票で一つの選挙区から相対一位の一人の勝者を出すシステムである。先ほどの分類基準でいけば、（i）選挙区定数は一、（ii）投じる票の数は一、（iii）投票用紙の形式は候補者形式、（iv）政党内の候補者の選択の余地は（本選挙の投票を通じては）なく、（v）議席配分のレベルは全国一枠、（vi）比例性への制約が高い、システムであると言える。

イギリスやアメリカの国政選挙ではこの仕組みが用いられているのと同時に、日本でも衆議院の小選挙区比例代表並立制の小選挙区部分や、参議院の地方区の一人区などでこの仕組みが使われている。また、あまり気づきにくいかもしれないが、各国の大統領を直接選ぶ大統領制の下での大統領選挙や、都道府県の知事選挙や市区町村の首長選挙も、一人一票で、相対一位の一人の勝者を出すという点において小選挙区制である。

これほどシンプルな制度である小選挙区制であるが、どこに歴史的起源があるのかは、それほど詳しくはわかっていない。イギリスやアメリカなど、比較的に民主化が先行した国々とその影響下にある国々で小選挙区制が採用されているのは事実であるが、イギリスやアメリカでなぜ小選挙区制が誕生し、定着していったのかは、今後の有意義な研究課題の一つである。この課題について、アメリカにおける小選挙区制の誕生を研究したある研究によれば、一八四〇年代、当時の民主化と政党政治の発達が進行しつつあるアメリカにおいて、当時の二大政党であったウィッグ党と民主党の党派争いの中から、それぞれの党が有利な選挙戦略を進めるために編み出されたのが小選挙区制だとされる。(17)その時その時の政党政治や政治アクターに有利なように選挙制度を作り出すという視点は、選挙制度変化に関する近年の研究動向とも一致している。(18)

そのような小選挙区制であるが、理念型としては「多数決型民主主義」と呼ばれる仕組みに分類される。比較政治学者レイプハルトは、「多数決型民主主義」と「コンセンサス型民主主義」という類型の下で、三六カ国の民主主義を比較しようと試みている。[19]「人民の意志」を尊重するのが、民主主義であるが、それをどう解釈するかによって、民主主義は二通りに二分されるとする。第一の解釈は「人民の多数派の意志」を「人民の意志」とみなすものである。多数決の勝者の政策をどんどん促進し、政策の効率性が重視される代わりに少数派の意見が省みられない恐れがあるとされる。第二の解釈は「できるだけ多くの人民の意志」を「人民の意志」とみなすものである。政策を反映させる範囲を多数決の勝者に区切るのではなく、その範囲をできるだけ拡大し多数派も少数派も包摂した政策決定と実現を目指すのがコンセンサス型民主主義である。小選挙区制は、前者の「多数派の意志」を尊重し、効率的に政策形成を進めていくシステムであると言える。

このような小選挙区制であるが、無論、欠点もある。先述したように、人民の「多数派の意志」を尊重し、効率的かつスピーディーに政策決定を行なっていくことに小選挙区制の特徴があるが、少数派の意向が尊重されにくいという欠点がある。具体的にこのことを見てみると、いわゆる死票と呼ばれる、敗者に投じられた票が多いのが小選挙区制の欠点である。非比例制指標（ギャラハー指数）と呼ばれる、得票率と議席率の乖離も高いとされている。[20]

また、小選挙区制の問題の一つとして、ゲリマンダー（ゲリマンダリング）の問題が指摘されることもある。ゲリマンダーとは自己の党派に有利な選挙区の区割りを進めることである。アメリカの場合、司法と、選挙の実施と執行に関しては基本的な権限を持つ州政府も絡んで、複雑な争いが繰り広げられてきた(21)。アメリカの場合、党派や人種の問題も絡んで、平等に区割りをすることが問題となることが多いが、日本の場合でも一票の格差を是正するために、度々衆議院の小選挙区や参議院の地方区の区割りが是正されてきた。区割りの問題は、各選挙区からいかなる代表を送り出すかという問題とも絡んでくるので、小選挙区制にとって切り離せない重要な問題である。

4　比例代表制

比例代表制は、複数の議席について、政党を単位として、各党の得票率に比例した議席を配分するという方式である。先ほどの分類基準でいけば、(i)選挙区定数は複数(二以上)、(ii)投じる票の数は一、(iii)投票用紙の形式は候補者方式、選好投票方式、候補者方式などさまざま(iv)政党内の候補者の選択の余地は投票用紙の形式に応じてさまざま、(v)議席配分のレベルは全国一枠、(vi)比例性への制約が低い、システムであると言える。

ただし、実際の議席換算については、各国でそれぞれに特徴を持ったさまざまな方法が用いられており、微妙に異なった方法が用いられている。例えば、日本の現在の衆議院議員総選挙で用いられている小選挙区比例代表並立制の比例代表部分や参議院選挙の全国比例区では、有名なドント式が使われている。各党の獲得議席を一、二、三、四……と割り算していき、高い順番に議席を割り振る仕組みである。その他にも、議席換算方式として、サンラグ式、ヘア式、ドループ式、インペリアリ式などが挙げられる。[22]

　このような比例代表制であるが、歴史的に見た場合、二〇世紀初頭、具体的には第一次世界大戦後の大陸ヨーロッパで広まったとされている。当時のヨーロッパの政党政治にとって、かつては議会で主流であり支配的な勢力であった保守主義政党や自由主義政党は、新たに台頭した労働者階級とその支持に基づく社会主義政党の対応に苦慮していた。増大し続ける社会主義政党に対して、自らの議会選挙での大幅な敗北を避け、議会で一定の議席数を維持するために中小政党でも議会で一定勢力を維持可能な比例代表制を選択したとされる。この制度が主として大陸ヨーロッパに定着し、他の国々にも広まったとされる。[23]なお、小選挙区制や混合選挙制から比例代表制への移行の例は数多くあるが、その逆はないとされる。

　そのような比例代表制であるが、先ほど述べた「多数決型民主主義」と「コンセンサス型民主主義」という類型の下では、「コンセンサス型民主主義」に分類される。「多数決型民主主義」のように多数派の意向に基づいて効率的に政策決定を進めるのではなく、また「人民の意志」を「多数派の意志」としてみなすのではなく、「できるだけ多くの人民の意志」を「人民の意志」としてみなし、全会一致などによるコンセンサスの重視に基づいて政策を実行していくやり方である。政策を反映させる範囲を多数決の勝者に区切るのではなく、その範囲をできるだけ拡大し多数派も少数派も包摂した政策決定と実現を目指すのがコンセンサス型民主主義である。少数派を排除せず幅広い合意を目指しながら政策形成と実現を目指すコンセンサス型デモクラシーは、包括性と代表性が利点であるが、政策過程に停滞を招きかねないことがマイナス面であるとされている。[24]

比例代表制を決定づける要素として、選挙区定数と阻止条項がある。選挙区定数は先述した通り、一選挙区あたり何人の勝者を出すかという問題であり、阻止条項とは選挙区ないし全国区で一定以上の得票数を得ないと、議席を得られないという制度である。選挙区定数は、中小政党の参入がどの程度可能かを決定づける上で重要である。一般に、選挙区定数が高い方が、中小政党が参入しやすく政党システムが多党化し、選挙区定数が低い方が、中小政党が参入しづらく政党システムが少数の大政党に整理されるとされる。[25] 後者の阻止条項については、過度の小党乱立を防ぐために、一定の得票率を獲得しないと議席を比例配分しないという基準値を設定するルールである。ドイツの五パーセント阻止条項は有名であり、極端な少数政党の国政進出を阻む効果を持ってきたとされている。トルコは一〇パーセントと極めて高い阻止条項を持ち、新規政党や弱小政党の参入が困難であるシステムを採用しているのに対して、オランダは〇・六七パーセントと極めて低い阻止条項を持っているので、新規政党や弱小政党でも既存の政党システムに参入することが容易であるといえる。[26]

もう一つ比例代表制を考える上で、重要な問題は、政党の提出した候補者名簿の順位を誰が決めるか、という問題である。このことは有権者の投票用紙の問題とも深く関わっている。すでに述べたように、有権者が政党の決めた順位通りに政党にのみ投票することしかできない形式を拘束名簿式（closed list）

と呼び、現在スペイン、イスラエル、南アフリカなどで採用されている。この制度の下では、政党投票を促進し、政党執行部の候補者の順位づけへの影響は極めて大きい。これに対して有権者が政党の名簿の候補者に直接投票でき、個人投票を促進し、候補者への票数が順位に影響する仕組みを非拘束名簿式(open list)と呼び、区別することができる。ブラジルやチリ、フィンランドで採用されている仕組みである。その中間形態として、日本ではあまり馴染みがないが、選好投票式(flexible list)と呼ばれる、ベルギーやオランダ、オーストリアで採用されている方式がある。政党が候補者のリストを準備し、有権者はそのリストをそのまま受け入れるか、あるいは優先順位をつけることができる仕組みであり、その効果は拘束名簿式と非拘束名簿式の中間にあると言える。この仕組みは、後に詳述するが、政党の組織構造、さらには政党政治の政策的帰結を決定づける上で非常に重要な役割を果たしている。

5　混合選挙制

混合選挙制は、小選挙区比例代表並立制と小選挙区比例代表併用制に分かれるが、小選挙区比例代表並立制は、日本でも衆議院で採用されているという点からしても理解することが重要な制度である。先述した分類にのっとれば、(i)選挙区定数は、一の小選挙区と複数の比例代表の組み合わせ、(ii)投じる票の数は一般的に二、(iii)投票用紙の形式は、一般的に小選挙区と比例代表区の二票、(iv)政党内の候補者の選択は小選挙区と比例代表の候補者選出の政党執行部の影響力に依存し、(v)議席配分のレベルは全国比例区と小選挙区の二、[27](vi)比例性への制約は小選挙区制と比例代表制の中間と言える。
混合選挙制は、小選挙区制と比例代表制を組み合わせた制度である。[28]小選挙区比例代表並立制は、比例代表制を組み合わせたシステムである。制度改革後の日本、韓国、台湾などが採用しているのが、この仕組みである。それに対し、小選挙区比例代表併用制は、議席配分を比例代表制で決め、勝者を小選挙区の勝者から順に選び、残った部分について比例代表の議席を割り振るというもので、極めて比例代表制に近い制度である。実際、英語では、mixed member proportional representation（ＭＭＰ）と呼ばれる。ドイツや政治改革後のニュージーランドで採用されている仕組みである。第二次世界大戦後、多くの国は小選挙区制か比例代表制を採用し、混合選挙制を採用する国は（旧西）ドイツを除けばまれであった。その（旧西）ドイツでは、戦後の初期において、政治家や政党の相互の戦略的行動や政治的妥協の結果として小選挙区比例代表併用制が生まれてきたとされる。[29]
日本においては、二〇世紀の大半において使用されていた中選挙区制から、一九九四年に小選挙区比例代表制に移行した。[30]中選挙区制とは、別名単記非移譲式投票制とも呼ばれるもので、一人が一票を候補者に投票し、票を獲得した順に複数名を選ぶ選挙方式である。日本では一九二五年の普通選挙法に応じて中選挙区制が導入され、一九二八年の第一六回衆議院議員総選挙から、一九九三年の第四〇回衆議院議員総選挙まで、[31]おおよそ定数三から五までの選挙区定数で選挙が争われた。[32]

中選挙区制の最大の特徴は、選挙区内の激しい同士討ちにある。選挙区定数が三から五で、議会で過半数を獲得したい場合、各選挙区に同一政党の中で適正な数の複数の候補者を立てて当選させなければ、議会で過半数を維持できない。このことは与党と野党の競争のみならず、同一の与党の政党内での競争を候補者に強いるため、政党間競争を促進するよりも政党内部の派閥や個々の候補者の争いを生み出す[33]。それどころか、個々の候補者は当選・再選を果たすために、有権者に便宜を図り、個別利益を用いて利益誘導を行い、政党を媒介とせず直接有権者と利害を通じて結びつきを強めようとする。このことは政治腐敗の温床となり、実際に一九八〇年代末から一九九〇年代初頭にかけてリクルート事件や佐川急便事件といった政治腐敗で政権党であった自民党は強い非難を浴び、政治改革を求める声が上がった。

中選挙区制から小選挙区比例代表並立制が導入された要因は、一九九〇年代の政治改革を求める強い世論と、政界再編の過程の政党や政治家の妥協の産物の複合である[34]。実際、選挙制度改革は、政党再編という名の下で行われた政党の離合集散ののちに行われた。政党システムの変化ののちに選挙制度改革が行われ、新しい選挙制度が導入されるというのは、その他の混合選挙制を導入した国（例えばニュージーランドの小選挙区比例代表併用制導入など）にも見られる現象である。自民党が新生党や新党さきがけとの分裂を経て、結果的に中選挙区制最後の選挙制度となった一九九三年の総選挙で自民党は第一党の座を得るも細川護煕を中心とする非自民連立政権が誕生し、その下で選挙制度改革が行われた。その過程は、一度は衆議院で造反が出てようやく可決され、参議院でも造反が出て否決され、両院協議会が開かれて、衆参両院議長の斡旋による与野党の党首会談を経て、ようやく小選挙区比例代表並立制と政党交付金の導入を中心とする政治改革四法が成立した。このように、政治改革を求める圧倒的な世論があったものの、その成立過程の内実は政党や政党を横断した政治家の造反や政党間の駆け引きなどを含んだものであった[35]。

混合選挙制、小選挙区比例代表並立制は、「多数決型民主主義」と「コンセンサス型民主主義」の類型で考えた場合、その中間形態と理解することができる。両者の欠点を補い、長所を組み合わせることが制度設計の意図として考えられている。

それ以上に日本の選挙制度改革を考える上で重要なことは、「政党―個人投票」の軸において、「個人投票」から「政党投票」を促進するようになったことである。一九九四年に成立した新たな小選挙区比例代表並立制の下では、より政党中心の選挙制度となり、政党執行部の権限が強化された。このことは個人投票誘因と政党内部組織にも大きな影響を与えた。まず小選挙区の部分については、議院内閣制との組み合わせであり、しかも予備選挙など党執行部の判断によらない候補者決定の方法がほとんど採用されていない。このため、有権者は政党投票の誘因が作用しやすく、議員は当執行部に従順になりやすくなる。また、比例区についても、基本的には政党が決めた順位の下に当選者が確定する拘束名簿式の比例代表制であり[36]、政党投票と党内集権化をもたらす可能性が高い選挙制度である。すなわち、日本の選挙制度は、個人投票誘因の強い制度から、政党投票誘因の強い制度へと変化したものといえる。

二　政治代表

1　政治代表の概念

現代の民主主義は、代議制民主主義をその特徴としている。有権者が政党や政治家を代表として選んで議会に送り出し、その審議と政策過程によって政治が動かされている。しかしながら、「民主主義」については議論や文献が数多いものの、「代表制」「代議制」については議論や文献が少ない[37]。ここでは、選挙制度の観点から「代表制」「代議制」を考察したい。

『政治学事典』によれば、代表（representation）とは、「政治が多くの人々を統治する限りにおいて、代表が必要である。すべての人々が直接に自らを代表にする直接民主主義が例外といえば例外である。どのような形態でどのような選好を代表するかが重要な問題である。形態とは代表を選挙する方法、個人（有権者）が代表を選ぶ基準が選好である。選挙の方法には現職の代表が後継者を指名する方法、多くの人々による討論と投票による方法、また、アイウエオ順のような輪番制などがある。選好については、代表に相応しいと考える魅力とかカリスマとか人柄、代表が保持すべきと考えられる力量や手腕、さらに代表が擁護する信念、利益、あるいは制度と有権者のそれとの近さなどが考慮される。二〇〇〇年には代表選挙の方法として民主主義が採用されている国家が現存する独立国家の三分の二を占めるようになった。[38]」としている。

また代議制度（representative system）の項目では、「さまざまな制約から、一部の代表（代理）だけがすべての有権者のために集まって、公共の問題について話し合い、決定を下す制度で、議会制度ともいう。ただし、デモクラシーにおけるものとそうでないものとでは、その持つ意味は違う。[39]」「代表制という概念は近代社会におけるもので、デモクラシーにおける代議制度にとって重要である。代表たる議員は、全体社会からみて一部に過ぎない選出母体の利益ではなく国民全体の利益を代表しなければならないので、選出母体の意思に拘束されずに自らの判断にしたがって自由に行動できる。代議制度のもう一つの意義は、情報や判断力を十分に持っていない有権者のために、識見を備えた議員が合理的な決定を行うということである。今日のマス・デモクラシーにおいて代議制度のこうした側面が見直されなければならないし、これを具現化する選挙制度が考えられなければならない。[40]」

また、代表民主主義（representative democracy）の項目では、「民主主義で普通採用されているのが代表民主主義である。なんらかの方法で代表を選び、その代表が集まり、審議、決定して物事を進める方法である。代表民主主義は代表選挙が適切になされる限りにおいて捨てがたい魅力をもつ。実際大きな人口をもつ社会ではそれが唯一の方法だと最近まで信じられてきた。さらに代表民主主義は個人個人が政治家としての力量や資質を問われることなく、むしろ力量や資質を基準にして代表を選び、そのパフォーマンスを監視することを通じてなされる。[41]」と記してある。

いずれにせよ、大勢の中から何らかの方法で代表を選び出す、特に民主主義体制下の代表制では、選挙に基づいて選ばれた議員から構成される議会が代表となって統治を行う仕組みであるという点で、定義は共通している。

しかしながら、代表する、代表される、とはそもそも一体何を指すのであろうか？　代表とはそもそもどのように定義づけられるのだろうか？　この点に関しての議論は近年に至るまで極めて少なかった。この問題を考える上で手掛かりを与えてくれるのが、ハンナ・ピトキンの『代表の概念』である。[42] ここでは、ハンナ・ピトキンは四つの代表を提示している。形式的代表論（Formalistic Representation）、象徴的代表論（Symbolic Representation）、記述的代表論[43]（Descriptive Representation）、実質的代表論[44]（Substantive Representation）の四つである。

形式的代表論とは、トマス・ホッブズの社会契約論に示されたように、有権者が代表に権威付与（Authorization）を行い、政治的権限を委任するというものである。ここでは、有権者の代表に対する制度上の権限の委譲に関心が集中するため、代表者の責任が問われないという問題点がある。ほとんどの代表概念がこの権威付与理論に依存していたとされる。ハンナ・ピトキンは、これを形式主義的な見方（Formalistic View）と述べて懐疑的な考え方を示す。[45] そこで重要なのが、権威付与と対になる説明責任（Accountability）の考え方である。有権者が代表に対して、その行動や政策的帰結について責任を問う、通常、選挙による投票で落選させるなどして責任を取らせるというものである。形式的代表論における権威付与に対して、選挙で一定の歯止めをかける役割を果たすものであると言える[46]。

形式的代表論が、制度上の権威付与に関心が集中し、有権者と代表の乖離を招きかねない恐れがあるのに対して、記述的代表論は、有権者の構成と代表の構成が一致することを目指す。まるで議会が有権者を「写し出す」かのように、有権者の縮図が議会となるように、有権者が代表を議会に送り出すことに価値を見出す考え方である。この考え方であれば、社会の多様な利害やマイノリティや女性など十分に議会に代表されていない人々の意見や利害を議会に送り出すことができる。象徴的代表論は、より、非合理的な感情や信仰といったものが重視された代表観である[47]。

実質的代表論は、より有権者が代表の行為内容に踏み込んだ評価をする考え方である。形式的代表論では、有権者が代表を議会に送り出したのち、（先に述べたように選挙の落選による事後的制裁は可能であるが、）その行動や行為内容を評価してコントロールすることは難しい。実質的代表論では、有権者が政治家の行動や政府の政策に至るまで、民意が反映されているかを検証する見方である。

以上、四つの代表観を見てきたが、以下、選挙制度が、政党政治、記述的代表、実質的代表に与える影響についてみていきたい。

2　選挙制度と政党システム、政党組織

すでに選挙制度の節でも触れたが、選挙制度と政党、政党システムは密接に関わり合っている[48]。有権

者は政治家を選出して委任を行うが、個々の政治家では処理できない集合行為問題を解決するために政治家が合理的に作り出した組織が政党であるとされているが[49]、現代の代議制民主主義は政党政治を中心に展開されている[50]。

ここでは、前節の内容を振り返りつつ、（１）選挙制度と政党システムの関連性、（２）選挙制度と政党組織の関連性について考えてみたい。両者とも、形式的代表論の有権者と代表の間の権限付与と説明責任と密接に関係しているが、前者は選挙制度の選挙区定数と、後者は選挙制度の投票用紙と強く関連している。

前者の選挙制度の選挙区定数と政党システムは、政党システムにおける政党の「数」という問題を通じて関連している。定数が一の小選挙区の場合、いわゆるデュヴェルジェの法則が働き、二大政党制が形成されるとしている。ここでは、小選挙区という選挙制度がもたらす直接的な中小政党への淘汰の効果（機械的効果）と、有権者の勝ち馬に乗って勝者の政党に投票したいという心理的効果（または戦略的効果）の二つによって、第三政党以下が排除されていき、二大政党制が形成されるとされる[51]。さらにこれは選挙区定数（Ｍ）に一を足した数だけ選挙区で政党が生き残れるというＭ＋１ルールとして拡張され、選挙区定数が大きくなればなるほど、政党の数が多くなることがわかっている[52]。選挙区定数が減少し、政党の数が減るほど「多数決型民主主義」に近づき、選挙区定数が増大し、政党の数が増えるほど「コンセンサス型民主主義に」近づくとされる[53]。

後者の選挙制度の投票用紙と政党組織は、政党システムにおける政党の「中身」「質」と強く関連している。具体的には、投票用紙の形式は、政党と政治家の関係を決定づけている。すでにみたように、特に比例代表制で、政党方式（拘束名簿式）、選好投票方式、候補者方式（非拘束名簿式）では、政党組織や政党執行部と政治家の関係は変わってくる。(54) 政党方式の方が、比例代表の名簿に掲載する当選順序を決定する権限が政党執行部に集中するので、政党執行部の権限は強くなり、個々の政治家は政党に従属的になり、結果として、強固な政党組織が出来上がる。それに反して、政党が比例代表の当選順序を直接決定できず、有権者が候補者リストに介入できる仕組み、すなわち選好投票方式や候補者方式は、政党と政治家の関係を緩やかなものにする。候補者は自らの自力で得た個人得票で当選するため、政党執行部の意志から比較的自由でいられる当選基盤を持っているからである。実際、政党規律の多国間比較の研究によれば、拘束名簿式の比例代表は政党規律が高く、非拘束名簿式の比例代表は政党規律が弱いという分析結果が出ている。(55) 要するに強い政党組織に基づく政党中心の政党政治か、緩い政党組織に基づく個々の政治家中心の政党政治か、という対立軸がここで形成されているわけである。政治代表の観点から考えるならば、政党を中心に委任と説明責任を考えるか、個々の政治家にそれを強く担わせるか、という違いになってくる。

3　記述的代表、女性やマイノリティの代表

先の選挙制度と政党政治の関連では、選挙制度と政党システム、主に有権者の委任と説明責任、票と議席の変換を通じた代表性が議論になってきた。しかしながら、先に述べた通り、それだけでは政治代表の考え方としては不十分である。記述的代表と称される、議会が有権者の「縮図」になっているかどうか、有権者の「像」を正確に議会が「写し出し」ているかも重要である。ここでは、世の中に半分いるはずの女性であるにもかかわらず、女性の政治家が少なく、政界進出がなかなか進まない原因について選挙制度の観点から考えてみたい(56)。

多くの統計的研究によれば、比例代表制と女性政治家の割合は密接な関連があるとされる。実際、日本（小選挙区比例代表並立制）やアメリカ（小選挙区制）などでは、年々女性政治家の割合が増え続けているとはいえ、未だにその割合が少ない。それに対して、大陸ヨーロッパ諸国の多く（比例代表制が多い）では、女性の首相も誕生し、議会における女性の割合も多い(57)。実際、日本では全国区の比例代表の割合が高い参議院の方が、選挙区定数も低く地方区に分断された比例区しかない衆議院よりも、女性議員の割合が高い。比例代表制と女性政治家の割合には密接な関連性があると考えて良さそうである。

女性の政界進出と比例代表制の関連性に関するロジックであるが、最も単純なロジックとしては、比例代表制の特に拘束名簿式の場合、政党執行部が候補者名簿に女性を入れやすいため、名簿に入った女性は当選するというものである。もっとも、比例代表制で効果があるのは、拘束名簿式だけで、選好投票方式や非拘束名簿式など個人投票誘因が大きい選挙制度の下では、女性の政治家の割合の増加は見込めないとする見解もある。[58] いずれにせよ、制度の効果はあっても直接的ではなく間接的・限定的か、その他の要因との相互作用の下で働くと考えるのが妥当であろう。その他にも、女性の政界進出を促進する要因として、政治文化的要因、政治経済的要因なども考えられる。

4 実質的代表、一致性と応答性

実質的代表とは、単に制度上、有権者が代表に委任を行うだけではなく、その送り出した代表や代表からなる政府が、有権者の期待や意志にそうように行動しているかどうかを判断するものである。それには一致性（congruence）と応答性（responsiveness）と呼ばれる二つの概念がある。一致性とは市民と政府の間のイデオロギー的（政策的）一致性とも呼ばれ、市民（主として有権者のイデオロギーの代表値であるメディアン）と政府の政策の方向性が一致しているかどうか、ズレやギャップが少ないかどうかが判断材料となる。市民（のメディアン）と政府の全体の方向性が一致していた場合、それは一致性が高く好ましい状態と言える。応答性であるが、世論や選挙結果の変化に対して、政府がそれに反応して変化するかどうかがここでの焦点である。例えば、世論が財政支出拡大を望む方向に変化した場合、政府がそれに応えて財政支出を拡大するかどうかが鍵となる。世論の向かう方向が右であれば右、左であれば左、というように政府が反応するのが応答性の高い状況である。これまで見てくれば分かる通り、一致性は静的な概念であり、応答性は動的な概念である。

これに選挙制度がどう関わってくるかは、現在も論争が続いている。ある見解によれば、比例代表制・コンセンサス型民主主義で政策的一致性が高く、小選挙区制・多数決型民主主義で政策的応答性が高い、という分析結果があるが[59]、これが広範な合意を得て十分な分析結果に裏付けられているとは言い難い面もある。事実、比例代表制における市民と政府の間の政策的一致性に関しては、初期においては支持する声もあったが、理論からでも方法論からでもデータからでも論争が続いており決着はついていない[60]。

他方、政策的応答性に関しては、多国間比較の研究は少ない。数少ない多国間比較の研究によれば、選挙結果ではなく、十分な世論の変化があれば、政党はそれに反応して政策的位置を修正しているとしている[61]。むしろ政策的応答性で盛んな研究は一国をベースにした政策ごとの政策的応答性の研究である[62]。また、集計データを用いることで、世論の政府の政策的応答性を検証しようとした興味深い試みがある。戦後アメリカでは一貫して、世論の変化に対して、政府は応答的であったとする見解が提出されている[63]。

おわりに

以上、簡略ではあるが、選挙制度と政治代表の概念について説明を試みた。選挙制度も代表制もともに現代の民主主義を考える上で避けて通れない重要概念であり、いくつかの点に関しては未だに論争が続いており、決着がついていない部分、未知の部分も残された研究領域である。本稿では、選挙制度を、小選挙区制、比例代表制、混合選挙制と大枠で分類して多国間比較可能な枠組みで選挙制度の仕組みを分析し、政治代表をピトキンの概念に従って、形式的代表、記述的代表、象徴的代表、実質的代表に分類し、選挙制度が政治代表に与える効果を分析した。記述的代表に与える効果にしても実質的代表に与える効果にしても、まだ未解明の部分が多いが、逆に言えばそれだけ取り組む価値のある課題だと言える。注で挙げた文献は外国語文献や専門性の高い文献も多いが、興味ある読者や学生がいれば是非手にとって取り組んでもらうことを願いつつ、筆を擱くことにしたい。

注

（1）選挙制度の基礎文献としては以下のものが挙げられる。日本語で読める手頃なものとしては、岩崎美紀子『選挙と議会の比較政治学』（岩波書店、二〇一六年）、大林啓吾、白水隆編『世界の選挙制度』（三省堂、二〇一八年）、河崎健編『日本とヨーロッパの選挙と政治』（上智大学出版、二〇一八年）、川人貞史『選挙制度と政党システム』（木鐸社、二〇〇四年）、川人貞史、吉野孝、平野浩、加藤淳子『現代の政党と選挙　新版』（有斐閣、二〇一一年）、砂原庸介『民主主義の条件』（東洋経済新報社、二〇一五年）、建林正彦、曽我謙悟、待鳥聡史『比較政治制度論』（有斐閣、二〇〇八年）などがある。

英語文献で選挙制度の理論的側面まで本格的に学びたい場合には、Gary W. Cox. 1997. Making Votes Count: Strategic Coordination in the World's Electoral Systems. Cambridge University Press; Michael Gallagher and Paul Mitchell. Eds. 2005. The Politics of Electoral Systems. Oxford University Press; Erik Herron, Robert

Pekkanen, and Matthew Shugart. Eds. 2018. The Oxford Handbook of Electoral Systems. Oxford University Press; Arend Lijphart. 1994. Electoral Systems and Party Systems: A Study of Twenty-Seven Democracies, 1945-1990. Oxford University Press; Matthew Shugart and Martin P. Wattenberg. Eds. 2001. Mixed-Member Electoral Systems: The Best of Both Worlds? Oxford University Press. などを勧める。

　またインターネット上には選挙制度に関する知識や情報をまとめた優れたウェブサイトも存在する。ACE Project https://aceproject.org/（最終アクセス、二〇二〇年一二月一〇日）や International IDEA https://www.idea.int/（最終アクセス、二〇二〇年一二月一〇日）なども世界の選挙制度の特徴を概観する上で有効である。

（2）猪口孝、岡沢憲芙、スティーブン・R・リード、大澤真幸、山本吉宣編『政治学事典』（弘文堂、二〇〇〇年）、六四六頁。

（3）建林正彦、曽我謙悟、待鳥聡史『比較政治制度論』（有斐閣、二〇〇八年）、六六頁。

（4）Michael Gallagher and Paul Mitchell. Eds. 2005. The Politics of Electoral Systems. Oxford University Press, p. 3.

（5）Ibid., p. 3.

（6）https://elaws.e-gov.go.jp/document?lawid=325AC1000000100（最終アクセス、二〇二〇年一二月一〇日）

（7）https://elaws.e-gov.go.jp/document?lawid=323AC1000000194（最終アクセス、二〇二〇年一二月一〇日）

（8）https://elaws.e-gov.go.jp/document?lawid=406AC0000000005（最終アクセス、二〇二〇年一二月一〇日）

（9）Michael Gallagher and Paul Mitchell. Eds. 2005. The Politics of Electoral Systems. Oxford University Press, pp. 5-15; Erik Herron, Robert Pekkanen, and Matthew Shugart. Eds. 2018. The Oxford Handbook of Electoral Systems. Oxford University Press, pp. 24-34.

（10）https://www.idea.int/data-tools/question-view/130357（最終アクセス、二〇二〇年一二月一〇日）

（11）一つの選挙区に複数の勝者を出す仕組みとしては、他に、かつての日本の中選挙区制・大選挙区制（単記非移譲式投票制）、完全連記制、制限連記制などがあるが、これらを国政レベルで採用している国は現在ごく少数であり、ここでは説明から割愛した。中選挙区制（単記非移譲式投票制）については、のちに触れたい。

（12）オーストラリアの絶対多数制はフランスの二回投票制とは異なり、選択順位投票制と呼ばれる仕組みをとっている。この仕組みはやや複雑であるが、以下のように理解することができる。一回目の投票に際して各有権者にあらかじめ第二位以下の選択肢を明記させ、有権者に好ましいと思う候補者の順番を数字で番号をつけて投票用紙を提出してもらう。一回目の投票で絶対多数である五〇パーセントを得られた候補者が当選者となるが、絶対多数である五〇パーセントを獲得した候補者がいない場合、最下位の候補者の票を取り崩して、その候補者の中から二番目に好ましいと思った候補者に票を流していく。その作業を絶対多数である五〇パーセントの票を獲得する候補者が出るまで繰り返す。それによって過半数候補者を確定させるのである。

（13）投票用紙と政党―個人投票と関係を論じた古典的論文として、John M. Carey, Matthew S. Shugart. 1995. "Incentives to Cultivate a Personal Vote: A Rank Ordering of Electoral Formulas" Electoral Studies 14 (4), pp. 417-439. が挙げられる。

（14）建林正彦、曽我謙悟、待鳥聡史『比較政治制度論』（有斐閣、二〇〇八年）、七〇―七一頁。

（15）小選挙区制が非比例的であり、比例代表制が比較的に比例的であることは間違いないが、戦後日本の中選挙区制がどこに位置付けられるかについては論争がある。戦後日本の中選挙区制が、「超」比例的であるとの分析については、川人貞史『選挙制度と政党システム』（木鐸社、二〇〇四年）、一九七―二一二頁。

（16）Michael Gallagher and Paul Mitchell. Eds. 2005. The Politics of Electoral Systems. Oxford University Press, p. 5; Erik Herron, Robert Pekkanen, and Matthew Shugart. Eds. 2018. The Oxford Handbook of Electoral Systems. Oxford University Press, p. 25. を基に筆者が作成した。

また、アイルランドで主として採用されている単記移譲式については、複数人を選出するという点で比例代表制に近い制度である(PR-STVとも呼ばれる。)が、ここでは詳細な説明は割愛する。興味を持った読者は、https://transferable-vote.net/（最終アクセス、二〇二〇年一二月一〇日）を参照されたい。

(17) Erik J. Engstrom. 2016. Partisan Gerrymandering and the Construction of American Democracy. University of Michigan Press, pp. 43-55.

(18) Joseph M. Colomer. 2018. "Party System Effects on Party Systems," in Erik Herron, Robert Pekkanen, and Matthew Shugart. eds. The Oxford Handbook of Electoral Systems. Oxford University Press, pp. 69-84.; Alan Renwick. 2018. "Electoral System Change," in Erik Herron, Robert Pekkanen, and Matthew Shugart. eds. The Oxford Handbook of Electoral Systems. Oxford University Press, pp. 113-132.

(19) アーレンド・レイプハルト（粕谷祐子、菊池啓一訳）『民主主義対民主主義　多数決型とコンセンサス型の三六カ国比較研究〔原著第二版〕』（勁草書房、二〇一四年）。

(20) 非比例性指標の概念や、各国のその数値の一覧に関しては、以下を参照のこと。https://www.tcd.ie/Political_Science/people/michael_gallagher/ElSystems/index.php（最終アクセス、二〇二〇年一二月一〇日）他にも有効政党数など選挙制度と政党システムの分析に有用なデータの一覧が掲載されている。

(21) Anthony J. McGann, Charles Anthony Smith, Michael Latner, and Alex Keena. 2016. Gerrymandering in America: The House of Representatives, the Supreme Court, and the Future of Popular Sovereignty. Cambridge University Press; Charles Bullock. 2010. Redistricting: The Most Political Activity in America. Rowman & Littlefield Publishers.

(22) 比例代表制の議席換算方式は、大きく分けて、最高平均方式（highest average method）と最大剰余方式（largest remainder method）がある。最高平均方式に、インペリアリ式、ドント式、修正サンラグ式、サンラグ式、デンマーク式などがある。　最大剰余方式に、インペリアリ基数の最大剰余方式、ドループ基数の最大剰余方式、へア基数の最大剰余方式などがある。しかしここでは日本で用いられている「ドント式」を理解することが重要である。各方式の違いを理解したい場合は、Michael Gallagher and Paul Mitchell. Eds. 2005. The Politics of Electoral Systems. Oxford University Press, pp. 584-590. に詳しいのでそちらを参照してほしい。

比例代表制は一般的に小政党に有利な制度であるが、しかしながら、比例代表制内部でも、大政党を抑制する効果には差があるとされる。インペリアリ式、ドント式、ドループ式、サンラグ式、デンマーク式の順番で、大政党に有利とされる。

（23）比例代表制の起源については文献が数多くあり、論争も活発である。最も主流なのが、「ロッカン＝ボイシュ仮説」と呼ばれるもので、社会主義勢力の伸張と脅威に対抗するために保守主義勢力や自由主義勢力が勢力維持のために比例代表制を導入したというものである。Stein Rokkan. 1970. Citizens, Elections, Parties: Approaches to the Comparative Study of the Processes of Development. Universitetsforlaget; Cares Boix. 1999. “Setting the Rules of the Game: The Choice of Electoral Systems in Advanced Democracies.” American Political Science Review, 93(3), pp. 609-624; Cares Boix. 2010. “Electoral Markets, Party Strategies, and Proportional Representation.” American Political Science Review, 104（2), pp. 404-413; Marcus Kreuzer. 2010. “Historical Knowledge and Quantitative Analysis: The Case of the Origins of Proportional Representation.” American Political Science Review, 104（2), pp. 369-392.

現在でもこの見方が主流であるが、決してこの見方で決着がつき、論争が終了しているわけではない。この他にも、政治経済的な要因を重視する見方、参政権拡大を重視する見方、政党規律の強化を重視する見方など、様々な見解が登場している。Thomas R. Cusack, Torben Iversen and David Soskice. 2007. “Economic Interests and the Origins of Electoral Systems.” American Political Science Review, 101（3), pp. 373-391; Thomas R. Cusack, Torben Iversen and David Soskice. 2010. “Coevolution of Capitalism and Political Representation: The

Choice of Electoral Systems." American Political Science Review, 104 (2), pp. 373-391; Ernesto Calvo. 2009. "The Competitive Road to Proportional Representation." World Politics, 61 (2), pp. 254-295; Gary W. Cox, Jon H. Fiva, and Daniel M. Smith. 2019. "Parties. Legislators, and the Origins of Proportional Representation." Comparative Political Studies, 52 (1), pp. 102–133.

(24) アーレンド・レイプハルト（粕谷祐子、菊池啓一訳）『民主主義対民主主義　多数決型とコンセンサス型の三六カ国比較研究［原著第二版］』（勁草書房、二〇一四年）を参照。同様の分類は、G. Bingham Powell Jr. 2000. Elections as Instruments of Democracy: Majoritarian and Proportional Visions. Yale University Press. も行なっている。

(25) Octavio Amorim Neto and Gary W. Cox. 1997. "Electoral Institutions, Cleavage Structures, and the Number of Parties." American Journal of Political Science 41 (1), pp. 149–174; Gary W. Cox. 1997. Making Votes Count. Cambridge. Cambridge University Press; William Roberts Clark and Matt Golder. 2006. "Rehabilitating Duverger's Theory: Testing the Mechanical and Strategic Modifying Effects of Electoral Laws." Comparative Political Studies 39 (6), pp. 679-708; Rein Taagepera and Matthew Søberg Shugart. 1989. Seats and Votes. Yale University Press.

(26) Arend Lijphart. 1994. Electoral Systems and Party Systems: A Study of Twenty-Seven Democracies, 1945-1990; David Farrell. 2011. Electoral Systems: A Comparative Introduction. 2nd ed. Palgrave Macmillan.

(27) ハンガリーのように議席配分のレベルが選挙区、地方区、全国区も合わせて三になっている国もある。

(28) Matthew Shugart and Martin P. Wattenberg. Eds. 2001. Mixed-Member Electoral Systems: The Best of Both Worlds? Oxford University Press.

(29) Kathleen Bawn. 1993. "The Logic of Institutional Preferences: German Electoral Law as a Social Choice Outcome."

American Journal of Political Science, 37 (4), pp. 965-989; Susan E. Scarrow. 2001. "Germany: The Mixed-Member System as a Political Compromise." In Matthew Soberg Shugart and Martin Wattenberg, eds., Mixed-Member Electoral Systems: The Best of Both Worlds? Oxford: Oxford University Press, pp. 55–69.

（30）衆議院において中選挙区制は廃止されたが、参議院の地方区の一部、地方議会議員選挙などでは未だに中選挙区制（単記非移譲式投票制）が用いられている。

（31）厳密に言えば、戦後初めての一九四六年の第二二回衆議院議員総選挙は、一人が複数表を持ち複数の候補者に投票して複数名が選挙区から当選する制限連記制が用いられていたが、この制度はこの選挙一回きりである。

（32）厳密に言えば、定数が一や二、六など、選挙区の区割りや一票の格差の是正で選挙区定数が異なる選挙区も生まれた。

（33）特に戦後の中選挙区下の自民党内部の競争については、川人貞史『選挙制度と政党システム』（木鐸社、二〇〇四年）の第四章、砂原庸介『民主主義の条件』（東洋経済新報社、二〇一五年）の第一章、建林正彦『議員行動の政治経済学』（有斐閣、二〇〇四年）に詳しい。

（34）Steven R. Reed and Michael F. Thies. 2001. "The Causes of Electoral Reform in Japan." In Matthew Soberg Shugart and Martin Wattenberg, eds., Mixed-Member Electoral Systems: The Best of Both Worlds? Oxford: Oxford University Press, 152–172; Joseph M. Colomer. 2018. "Party System Effects on Party Systems," in Erik Herron, Robert Pekkanen, and Matthew Shugart. eds. The Oxford Handbook of Electoral Systems. Oxford University Press, pp. 69-84; Alan Renwick. 2018. "Electoral System Change," in Erik Herron, Robert Pekkanen, and Matthew Shugart. eds. The Oxford Handbook of Electoral Systems. Oxford University Press, pp. 113-132.

（35）もっとも、選挙制度が政党や政治家の駆け引きから生じてくることは、小選挙区制や比例代表制ですでに見てきた通りであり、それらの制度の成立過程を規定した要因と同様である。

(36) 衆議院選挙の比例区においては、同一順位による名簿の順位や、惜敗率による復活当選などの制度もあり小選挙区の票数が比例区の当落を決めるという現象もあるが、最終的には政党が名簿の順位を決める権限を握っているという点において、政党方式、拘束名簿式の比例代表制である。

(37) 代表制に関する文献は少ないが、基本的な文献として、早川誠『代表制という思想』(風行社、二〇一四年)、齋藤純一、田村哲樹編『アクセス　デモクラシー論』(日本経済評論社、二〇一二年)、待鳥聡史『代議制民主主義』(中央公論新社、二〇一五年)などが挙げられる。

また、古典的な必読文献として、ハンナ・ピトキン(早川誠訳)『代表の概念』(名古屋大学出版会、二〇一七年)が挙げられる。今日の政治代表に関する議論の出発点である。

英語による本格的な概説書、ハンドブックとしては、Ian Shapiro, Susan Stokes, Elisabeth Wood, and Alexander Kirshner. eds. 2009. Political Representation. Cambridge University Press; Robert Rohrschneider and Jacques Thomassen. eds. 2020. The Oxford Handbook of Political Representation in Liberal Democracies. Oxford University Press; Maurizio Cotta and Federico Russo. eds. 2020. Research Handbook on Political Representation. Edward Elgar Publishing. などが挙げられる。

(38) 猪口孝、岡沢憲芙、スティーブン・R・リード、大澤真幸、山本吉宣編『政治学事典』(弘文堂、二〇〇〇年)、六九四頁。

(39) 猪口孝編、前掲書、六七八頁。

(40) 猪口孝編、前掲書、六七八頁。

(41) 猪口孝編、前掲書、六九四―六九五頁。

(42) ハンナ・ピトキン(早川誠訳)『代表の概念』(名古屋大学出版会、二〇一七年)

(43) 描写的代表論とも訳される。ここでは、多くの場合に使用される用法に従った。

（44）実体的代表論、活動的代表論とも訳される。ここでは、多くの場合に使用される用法に従った。

（45）早川誠『代表制という思想』（風行社、二〇一四年）、一〇八—一一二頁。ピトキン、前掲書の第二章と第三章を参照。

（46）Bernard Manin, Adam Prezworski, and Susan C. Stokes. 1999. "Elections and Representation." In Adam Prezworski, Bernard Manin and Susan C. Stokes. eds. Democracy, Accountability, and Representation. Cambridge University Press pp. 29-54.

（47）早川誠『代表制という思想』（風行社、二〇一四年）、一一三—一一九頁。ピトキン、前掲書の第四章と第五章を参照。

（48）選挙制度と政党、政党システムの関係性については、本書の一章を構成している渡部純「政党と圧力団体」も参照されたい。

（49）John H. H. Aldrich. 2011. Why Parties? A Second Look. University of Chicago Press.

（50）待鳥聡史『代議制民主主義』（中央公論新社、二〇一五年）

（51）Maurice Duverger. 1954. Political Parties. Wiley.

（52）Gary W. Cox. 1997. Making Votes Count. Cambridge University Press; William Roberts Clark and Matt Golder. 2006. "Rehabilitating Duverger's Theory: Testing the Mechanical and Strategic Modifying Effects of Electoral Laws." Comparative Political Studies 39（6）: 679–708; Rein Taagepera and Matthew Søberg Shugart. 1989. Seats and Votes. Yale University Press.

（53）ここでは、議論を単純化したが、政党間のイデオロギー的距離や、政党連合（ブロック）、選挙時の政党連合などを考慮に入れると、結果が変わってくるとする見解もある。詳しい説明は本章の内容を超えるので割愛する。

（54）Shugart, M. S., 2005. "Comparative Electoral Systems Research: the Maturation of a Field and New Challenges

Ahead. In Michael Gallagher and Paul Mitchell. eds. 2005. The Politics of Electoral Systems. Oxford University Press, pp. 25–55.

（55）John. M. Carey. 2008. Legislative Voting and Accountability. Cambridge University Press.

（56）マイノリティの記述的代表については、重要な問題であるが、紙数の関係からここでは取り上げない。この分野に関しては、David Lublin and Shaun Bowler. 2018. "Electoral Systems and Ethnic Minority Representation," in Erik Herron, Robert Pekkanen, and Matthew Shugart. eds. The Oxford Handbook of Electoral Systems. Oxford University Press, pp. 159-174; Didier Ruedin. 2020. "Regional and Ethnic Minorities." In Robert Rohrschneider and Jacques Thomassen. eds. The Oxford Handbook of Political Representation in Liberal Democracies. Oxford University Press, pp. 211-227. に詳しい。

（57）http://archive.ipu.org/wmn-e/classif.htm（最終アクセス、二〇二〇年一一月一〇日）

（58）Matthew S. Shugart. 1994. "Minorities Represented and Unrepresented." In Wilma Rule and Joseph F. Zimmerman. eds. Electoral Systems in Comparative Perspective: Their Impact on Women and Minorities. Westview Press, pp. 31–41; Gregory D. Schmidt. 2009. "The Election of Women in List PR Systems: Testing the Conventional Wisdom." Electoral Studies. 28（2）, pp. 190–203; Melody Ellis Valdini. 2013. Electoral Institutions and the Manifestation of Bias: The Effect of the Personal Vote on the Representation of Women. Politics & Gender, 9（1）, pp. 76-92.

（59）G. Bingham Powell Jr. 2000. Elections as Instruments of Democracy: Majoritarian and Proportional Visions. Yale University Press.

（60）Matt Golder and Jacek Stramski. 2010. "Ideological Congruence and Electoral Institutions." American Journal of Political Science 54（1）, pp. 90–106. この論文では、比例代表制における市民と議会の間の政策的一致の優位は裏

付けられたとしても、市民と政府の間の政策的一致は裏付けられていないとしている。

　それに対して、G. Bingham Powell Jr. 2013. "Representation in Context: Election Laws and Ideological Congruence between Citizens and Governments." Perspectives on Politics 11（1）, pp. 9-21. では、政党のイデオロギー的分極化という文脈的要素を加味すれば、比例代表制下の市民と政府の政策的一致性は示されるとしている。
（61）James Adams, Michael Clark, Lawrence Ezrow and Garrett Glasgow. 2004. "Understanding Change and Stability in Party Ideologies: Do Parties Respond to Public Opinion or to Past Election Results?" British Journal of Political Science 34（4）, pp. 589-610.
（62）Jerey R. Lax and Justin H. Phillips. 2009. "Gay Rights in the States: Public Opinion and Policy Responsiveness." American Political Science Review 103（3）, pp. 367-386.
（63）Robert S. Erikson, Michael B. Mackuen, and James A. Stimson. 2002. The Macro Polity. Cambridge University Press.
　また日本のマクロ政体を分析した著作として、大村華子『日本のマクロ政体』（木鐸社、二〇一二年）が挙げられる。

第6章　政党と圧力団体

渡部　純

一　政治の中の団体

人が社会的関係の中で何かを実現したいと考えるとき、その思いや意図を人々に呼びかけて、賛同者を集めようとするだろう。それは、政治の世界でも同じである。政治の世界における重要な団体に、政党と圧力団体がある。本章では、この二つの団体について検討する。

二　政党とは何か

1　今日の政党

現在の日本で「政党」とは何を指すか。政党助成法が政党交付金の対象として規定するところが、一つの基準となるだろう。それによれば、

①国会議員五名以上を有するか、

②国会議員を有し、かつ

（i）前回の衆議院議員総選挙の小選挙区選挙もしくは比例代表選挙か、

（ii）前回もしくは前々回の参議院議員通常選挙の選挙区選挙もしくは比例代表選挙で、得票率二％以上を獲得した政治団体で、

法人格を有するものである。

二〇一三年度において、この条件を満たしたのは、自由民主党、民主党、日本維新の会、公明党、日本共産党、みんなの党、生活の党、社会民主党、国民新党、みどりの風、新党改革である。図表1では、日本国憲法体制下の衆議院議員選挙で、三％以上の議席を獲得した政党を示した。このうち、代表的な政党を次に概観しておこう。[1][2]

（1）自由民主党

自由民主党（自民党）は、一九五五年に、当時の自由党と日本民主党との「保守合同」によって結党された。初代総裁は、鳩山一郎（鳩山由紀夫・邦夫兄弟の祖父）である。自民党は、五五年から九三年まで連続して政権を担当した。この間、短期内閣も少なくなかったが、岸信介（安倍晋三の祖父。在職五七―六〇年）、池田勇人（六〇―六四年）、佐藤栄作（六四―七二年）、田中角栄（七二―七四年）、中曽根康弘（八二―八七年）などが有名な首相である。

宮沢喜一内閣での九三年の選挙では、自民党が分裂し、自民党は第一党の地位を保ったものの、議席占有率は四三・六％にとどまったため、自民党から分かれた小沢一郎が中心になって形成された第二党以下の八会派連立の細川護熙内閣によって、政権の座を奪われてしまう。しかし、この非自民連立政権から社会党と新党さきがけが離脱すると、九四年に、自民党はその社会党、さきがけと連立を組み、社会党の村山富市委員長を首相とした政権で与党に復帰する。そして、九六年に村山を継いで橋本龍太郎が首相になり、自民党政権が復活した。社会党から名称を変えた社民党とさきがけは、その後閣外協力に転じ、やがて連立から離れていく。それに代わって、九九年からは、公明党が自民党の重要な連立パートナーとなる。

二〇〇〇年代に入ると小泉純一郎が〇一年から〇六年までの長期内閣を実現するが、それを継いだ安倍晋三（第一次）、福田康夫は、それぞれ一年ほどしか内閣を保つことができず、続く麻生太郎は、〇

図表１　衆院選での議席占有率

衆議院選挙（実施年）	第１党	第２党	第３党	第４党	第５党	第６党
第 24 回（49）	民主自由党（56.7）	民主党（14.8）	日本社会党（10.3）	共産（7.5）	国民協同（3.0）	
第 25 回（52）	自由党（51.5）	改進党（18.2）	右派社会党（12.2）	左派社会党（11.6）		
第 26 回（53）	自由党（吉田派）（42.7）	改進党（16.3）	左派社会党（15.5）	右派社会党（14.2）	自由党（鳩山派）（7.5）	
第 27 回（55）	日本民主党（30.6）	自由党（24.0）	左派社会党（19.1）	右派社会党（14.3）		
第 28 回（58）	自民（61.5）	社会（35.5）				
第 29 回（60）	自民（63.4）	社会（31.0）	民社（3.6）			
第 30 回（63）	自民（60.6）	社会（30.8）	民社（4.9）			
第 31 回（67）	自民（57.0）	社会（28.8）	民社（6.2）	公明（5.1）		
第 32 回（69）	自民（59.3）	社会（18.5）	公明（9.7）	民社（6.4）		
第 33 回（72）	自民（55.2）	社会（24.0）	共産（7.7）	公明（5.9）	民社（3.9）	
第 34 回（76）	自民（48.7）	社会（24.1）	公明（10.8）	民社（5.7）	共産（3.3）	新自由クラブ（3.3）
第 35 回（79）	自民（48.5）	社会（20.9）	公明（11.2）	共産（7.6）	民社（6.8）	
第 36 回（80）	自民（55.6）	社会（20.9）	公明（6.5）	民社（5.7）	共産（5.9）	
第 37 回（83）	自民（48.9）	社会（21.9）	公明（11.4）	民社（7.4）	共産（5.1）	
第 38 回（86）	自民（58.6）	社会（16.6）	公明（10.9）	共産（5.1）	民社（5.1）	
第 39 回（90）	自民（53.7）	社会（26.6）	公明（8.9）	共産（3.1）		
第 40 回（93）	自民（43.6）	社会（13.7）	新生（10.8）	公明（10.0）	日本新党（6.8）	
第 41 回（96）	自民（47.8）	新進（31.2）	民主（10.4）	共産（5.2）	社民（3.0）	
第 42 回（00）	自民（48.5）	民主（26.5）	公明（6.5）	自由党（4.6）	共産（4.2）	社民（4.0）
第 43 回（03）	自民（49.4）	民主（36.9）	公明（7.1）			
第 44 回（05）	自民（61.7）	民主（23.5）	公明（6.5）			
第 45 回（09）	民主（64.2）	自民（24.8）	公明（4.4）			
第 46 回（12）	自民（61.3）	民主（11.9）	維新の会（11.3）	公明（6.5）	みんなの党（3.8）	
第 47 回（14）	自民（61.3）	民主（15.4）	維新の党（8.6）	公明（7.4）		

与党はアミカケで示した。

九年の選挙で民主党に敗れ、自民党は結党以来初めて第二党に転落した。しかし、一二年には安倍晋三が民主党から政権を奪い返した。

（２）民主党

現在の民主党の結党は一九九八年であるが、その淵源は九三年、宮沢内閣での政治改革法案審議過程にまでさかのぼる。このとき、自民党の中で、宮沢の消極的な姿勢に不満をもった小沢一郎や羽田孜を中心とする勢力が、野党から提出された宮沢首相への不信任案に同調し、自民党から離党した。彼らが結党した新生党の中に岡田克也がいた。他方、不信任には反対したものの、やはり自民党の中で改革を主張していた武村正義らの若手議員も自民党から離れる。武村とともに新党さきがけを結党したのが鳩山由紀夫である。この選挙でブームを巻き起こす細川護熙の日本新党から初当選した顔ぶれには、枝野幸男・前原誠司・野田佳彦が並んでいる。また、菅直人は、市民運動家から社会民主連合の国会議員となっていたが、細川非自民連立政権に加わったことから、九四年の社民連解散後に、さきがけに入党した。

小沢と羽田は、九四年に野党に転ずると、細川・羽田連立政権を支えた勢力の結集をはかり、新生党、公明党の一部、民社党、日本新党、自由改革連合などを合わせて、新進党を結党する。結成時の所属国会議員は、二一四名という大勢力であった。それに対して、さきがけの鳩山由紀夫は村山内閣の連立与党にいたが、自民党と新進党との間で埋没しかねないという危機感から、社民党とさきがけを中心にする新政党を構想し、菅直人らと民主党を結党する。さきがけから一五名、社民党からは約半数の三五人が参加した（このときに作られた民主党を、九八年以後の民主党と区別して旧民主党ということもある）。新進党は、九五年の参院選で躍進したものの、九六年の衆院選で惨敗し、その後小沢に対する党内の反発が強まって九七年末に分裂する。これによって生まれたいくつかの党派が九八年に民主党に合流して、現在の民主党が生まれた。小沢率いる自由党も、二〇〇三年に民主党に加わる（しかし、小沢は二〇一二年に除籍され、新党「国民の生活が第一」を結党する。これは、その後日本未来の党に合流して「生活の党」となり、二〇一四年の総選挙後には、「生活の党と山本太郎となかまたち」となっている）。このような経緯で、民主党の中核部分は、九三年の非自民連立政権で政治の舞台に登場した人々によって占められるようになったのである。

民主党は結党後、「行政改革」「地方分権」「政権交代」を掲げて、自民党との二大政党制の実現を目指すとした。九八年の参議院選挙で一〇議席増、二〇〇〇年の衆議院選挙では、改選前の九五議席から一二七議席に躍進する。小沢の自由党が合併した後の〇三年衆院選では、日本で初めてマニフェストを導入して小泉純一郎に挑み、改選前を四〇議席上回る一七七議席を獲得する。小泉が郵政民営化を争点とした〇五年の衆院選では、二三・五％の議席しか獲得できなかったが、〇九年の衆院選で、ついに、六四・二％の議席を獲得、鳩山由紀夫による民主党政権が発足した。

日本国憲法体制下では初の選挙による政権交代を実現して期待を集めた民主党政権であったが、一二年の選挙で野党に転落し、二〇一四年の選挙でも党勢は回復していない。

（３）公明党

公明党は、一九六一年結成の公明政治連盟を前身として、六四年に創立された。六七年以後の全一七回の衆議院選挙のうち、一一回で議会第三党の地位を占めている。公明党は、宗教法人創価学会を母胎とする。近代憲法は政教分離を基本原則としているため、公明党は、この原則にどう対応しているか問われる場面が多い(3)。

七〇年代中盤には、社会党・民社党と連携して中道左派路線をとり、自民党と対決姿勢をとることが多かった。創価学会の信者には都市部の比較的低所得者層が多かったこと、また、創価学会初代会長の牧口常三郎らが第二次大戦中に治安維持法違反で検挙され牧口が獄死したという歴史があることから、公明党では福祉の充実と戦争反対という志向が強く、その点では社会党などと連携しやすかったのである。また、自民党支持基盤の宗教団体には、創価学会への反発が強かったという事情もある。

しかし、九二年には、自民党のＰＫＯ法案に賛成し、自衛隊の海外派遣を認める立場に転じた。このときの自民党と公明党との接近の背景には、当時自民党の幹事長だった小沢一郎と公明党書記長だった市川雄一との親密な関係がある。小沢が自民党を離れると公明党も非自民連立政権に参加、小沢が新進党を結党すると、公明党も分党して、一部はそれに合流する（九七年に新進党が解党すると、公明党に再組織された）。

自民党政権の復活後は野党にとどまるが、九九年に小渕恵三首相（小渕優子の父）の要請によって自民党と連立を組むに至った。

（4）社会民主党（日本社会党）

社会民主党は、二〇一四年の衆議院選挙でも現状維持の二議席を獲得しただけの小政党であるが、九三年までは、五五年体制の一翼を担う議会第二党であった。

社会党は、一九四五年、戦前からの労働運動、農民運動の指導者を中心に、共産党を除く社会主義勢力が結集して結党された。しかし、一口に社会主義勢力とはいっても、資本主義・議会制を前提にする右派の社会民主主義的な勢力と、労農派マルクス主義に基づく革命志向の左派の勢力との対立が強く、主導権争いが絶えなかった。四七年の総選挙では、第一党となり、当時の民主党と国民共同党との連立による片山哲内閣が誕生するが、党内対立などのため、政権は、四八年に瓦解する。党も、五一年に右派社会党と左派社会党とに分裂する。五五年一〇月に至ってようやく左右の社会党は統一する。保守合同は、この統一社会党の誕生に対抗するためになされたものだった。

社会党の党是は、護憲と再軍備反対であった。五〇年の朝鮮戦争の勃発を契機になされた再軍備以来、社会党は自衛隊違憲論を唱えつづけるが、日米安全保障条約の下、自衛隊が強化・拡充されていく「現実」をもって、社会党を非現実的と批判する声は大きかった。また、ドイツ社民党が五九年のゴーデスベルク綱領によって階級政党から国民政党化し、六九年には政権を担うまでになったことと比較すると、日本社会党は、左派の優位が強いために、労働者階級のための政党というマルクス主義的な自己規定から離脱できなかったことが、勢力拡大の桎梏となったと考えられよう(4)。

（５）日本共産党

日本共産党の結党は一九二二年で、現在国会に議席を有する政党の中では最も長い歴史がある。ただし、共産党は、当初、コミンテルンの日本支部としてその指示に従って日本での革命を目指し、天皇制の廃止や大地主からの土地の没収などを主張していたため非合法化され、政府による厳しい弾圧を受けていた。合法的な政党として再建されたのは、四五年の日本降伏後のことである。

アメリカを中心にする連合国に占領されると、獄中にあった共産党幹部たちは釈放され、学生運動や労働運動を組織して活動を拡大していった。当時共産党は、占領下での平和革命論をとっていたが、それが五〇年ソ連のスターリンが指導するコミンフォルムによって批判されたため、党内で大きな混乱が生じる。ＧＨＱのマッカーサーも、共産主義陣営が日本を侵略する恐れがあるとして、共産党の国会議員らの公職追放・政治活動の禁止を指令する。共産党の側でも五一年から国内での非合法な武装闘争方針をとるに至るが、五五年にはこの路線を放棄し、その後、ソ連や中国の干渉は受けないという自主独立路線を主張していくようになる。合法路線への転換後は党勢が拡大し、七二年の衆議院選挙では議会第三党の議席を獲得している。

また、六〇年代から七〇年代にかけては、各地の自治体の首長選挙で、社会党とともに共産党が支持・推薦する候補が当選する例が見られた。東京都知事の美濃部亮吉（在職六七―七九年）、大阪府知事の黒田了一（七一―七九年）、京都府知事の蜷川虎三（五〇―七八年）などである。それらは革新自治体と呼ばれる。

なお、共産党は、企業・団体からの献金も、政府からの政党助成金も受け取っていない。党員からの党費と「しんぶん赤旗」の購読料収入などに基づく政治資金を、党が各議員に配分している。共産党がそれだけ強固な党組織をもっていることを意味する。

2　政党と議会制の発展

現代日本政治においてわれわれが目にする政党について、代表的なところを、以上で概観してみた。しかし、それを見て、なぜ人々は党派をつくってこのように争わなければならないのだろうかと疑問に感じる人もいるかもしれない。政治には古来、様々な派閥（faction）がつきものである。このような派閥争いのない世界こそ望ましい世界だと考える人もいるのではないだろうか。

しかし、政党とは、しばしば凄惨な抗争にまで至る党派的な対立を、制度として議会制の中に組み込むことで、安定した政治体制を実現しようとしたものである。この制度は、イギリス議会制の発展の中に生まれた。

近世のヨーロッパでは、国民の代表（当初は、諸身分の代表）である議会と国王（あるいは、国王に任じられた執政権者）との間で緊張と対立が生まれがちであった。これについて、イギリスでは、議会の多数派の代表に国王が執政権をゆだね、その執政権者（首相）は、議会の多数派からの支持を得られなくなったら辞任する、つまり執政権は議会の信任にのみ基づいて成立するという慣行が成立した。これを議院内閣制という。

この結果、権力を狙う者は、国王への忠誠競争でもなく、議会内での派閥抗争でもなく、選挙での他党との競争における勝利を志向するようになる。彼は、選挙の機会において、自らとその党派の正当性を議会外に向けて訴えることが求められる。

議院内閣制は、有権者から見ると、選挙区で候補者を選ぶ手続が、同時に国の首相を選ぶ手続にもなるという二重性をもっている点に大きな特徴がある。派閥対立に明け暮れていた政治党派が、首相を生み支える議会内の持続的単位としての政党に変わり、それが選挙とリーダー選出をつなぎ合わせる媒体となったことで、近代議会制は始動する。イギリスでは、一七世紀のトーリーとホィッグに由来する保守党と自由党が一九二〇年代まで、それ以後は保守党と労働党が、二大政党として国政を担っている。(5)

バーカーは、「政党は二重の性格ないしは性質をもっている。つまり、政党は、一方の端を社会に、他方の端を国家にかけている橋である。別の表現を用いると、社会における思考や討論の流れを政治機構の水車にまで導入し、それを回転させる導管、水門である」と書いている。(6) 政党が社会の中での基盤を拡大し、社会の要求を政治機構の中に導入し統合していくことが、議会制の発展を意味することとなった。

3　政党組織の発展

イギリスにおいては、選挙によって選ばれる下院（庶民院）議員の選挙権は、当初、地主階級に限定されていた。選挙権は、六回の選挙法改正によって一〇〇年以上かけて、順次拡大されている。

一八三二年の第一回の選挙法改正では、都市の中産階級の多くに選挙権が拡大された。一八六七年に第二回の改正が行なわれ、都市選挙区でほとんどの戸主に選挙権が与えられ、労働者階級も選挙権を獲得する。一八八四年の第三回改正で、それが農村にも拡大された。財産による制限が完全に廃止されるのは、一九一八年の第四回改正の時で、二一歳以上の男性と三〇歳以上の女性に選挙権が与えられた。男女二一歳以上の平等が実現されるのは、一九二八年の第五回改正によってであり、それが、一九六九年の第六回の改正で、男女一八歳以上に引き下げられている。

政党組織はこのような選挙権の拡大に対応して歴史的に発展してきたものである。それは、次の四つの類型に整理できる[(7)]。

(1)　名望家政党

一九世紀初めには、政党は、議会の外に強固な組織をもつことはなかった。聖職者、大学教授、弁護士、医師、薬剤師、富農、工場主といった地方の名望家が、選挙区ごとにヴォランティアでクラブを形成し、候補者を決定していたものである。議会内でも、議員たちは、選挙綱領の作成、リーダーの選択、議会政党の運営に関してのみ結束するだけで、それ以外は、財産と教養ある人間としての判断にゆだねられており、政党の組織規律は比較的ゆるやかであった。

（２）近代組織政党

一九世紀の後半になると、地方名望家のクラブに代わる公式的な党組織が形成されるようになる。都市化・工業化の進行と選挙権の拡大により、多数の選挙民の支持を獲得する必要が高まったためである。選挙区ごとに政党組織や党大会などの機構が整備された。党組織の運営も、名望家たちのヴォランティアに代わって、有給の党職員があたるようになる。(8)

（３）大衆政党

一九世紀末から二〇世紀の初めにかけて、社会主義者たちによって新しい組織構造をもった政党が作られる。これを大衆政党と呼ぶ。これは、選挙権の拡大によって新たに有権者となった労働者層を、統合・組織化したものである。上述の名望家政党と近代組織政党の二つは、この大衆政党に対しては、幹部政党と呼ばれる。(9)

党員は、個人で支部に加入し、党費を納入する。この党費によって党の活動資金がまかなわれることになる。支部は、労働者大衆を政治教育し、彼らの中から新たな政治的リーダーを育てることも目的としていた。一般の選挙民は誰でも支部に加わることができ、また、その指導部は、党員の中から投票によって選ばれることになっていた。

幹部政党とは異なり、大衆政党は強固な組織を作りあげることで成り立つものであるから、組織は党則によって厳格に規定され、党員から選出された党指導部の主導性が強くなり、集権的な政党構造となる。そのため、しばしば、党組織内部の指導部と議員との間に対立や食い違いが見られることになる。ミヘルスは、大衆政党では党組織が官僚制化し、権力が組織のトップに集中する傾向があると指摘し、これを「寡頭制の鉄則」と呼んでいる。[10]

このような大衆政党は、同じ利害関係にある大衆の組織化を狙ったものである。社会主義者たちが組織化しようとしたのは労働者大衆であり、この大衆政党の典型例としては、ドイツの社会民主党を考えることができる。第二次大戦後の日本では、共産党がこの例にあたる。また、このような組織化は、特定の宗教を信仰する大衆を対象とする宗教政党にも応用できる。日本の公明党も、この類型と考えることができよう。

(4) 包括政党

上に述べた大衆政党は、階級や宗教などを共通にする大衆の組織化を志向した政党であるが、一九六〇年代になると、ヨーロッパでは、イデオロギーを軸にした政党の結集が弱まる傾向が現れてくる。社会主義政党や宗教政党が、そのイデオロギー的主張を縮小し、選挙民全体を包括的に取り込むように方針転換するようになったのである。キルヒハイマーは、これを包括政党という。[11]

包括政党は既存政党に取り込まれていない有権者の支持を求め、また、できるだけ多くの集団や団体に接近するので、その政策提案の内容は、他党との差が見えにくくなっていく。特に政権政党では、それら多様な集団間の利害調整を果たすことが、政党としての重要な役割となる。日本では、五五年体制のとりわけ後期以降の自民党は、この包括政党であったと考えられるし、民主党も、包括政党を志向していると見ることができよう。

三　政党システム

1　ウェストミンスターモデル

政党の誕生・発展は、どのような政治を生んだのであろうか。政党政治は、複数の政党が織りなす政治過程である。「政党間競争関係および協力などの相互作用の全体構造を政党システム（政党制）とよぶ[12]」。議会制の母国イギリスは、二大政党による政党システムを作り上げ、それが、その後、民主主義的な政治システムの模範と見なされるようになった。

二党制は、二つの政党が議会での多数派を争い、多数を占めることになった政党のリーダーが首相として内閣を組織するというものである。このシステムの下では、首相は議会の多数派に支えられて政権を運営することができるから、それだけ強力で安定したリーダーシップが発揮できると期待される。

野党の側は、与党の政策に対する対案を提示していつでも政権を担当できることをアピールしながら、与党批判を行なう。野党内では、内閣の構成に対応した担当者を置き、政策立案にあたるとともに、政権交代への備えを示す（野党におけるこの組織を「影の内閣」という）。

そのような野党の存在によって、有権者の前には、二つの明確な選択肢が示されることになる。有権者は現状に満足していれば与党に一票を投じればいいし、現政権の施策に不満があれば、野党に一票を投じることで、与党への拒否を示すことができる。

このようなイギリスを理想とする二党制による民主主義体制を、ウェストミンスターモデルと呼ぶ。

2　ウェストミンスターモデルの見直し

（1）西欧諸国の例

しかし、このウェストミンスターモデルはどの国でもうまく機能するというものでもなかった。議院内閣制を導入した国家で、議会勢力が二つに分かれたとき、少数派が多数派の決定に従うことを拒否して、議会が機能しなくなるという例は、珍しいものではない。しかも、民主主義の先進国と見なされる西欧諸国を概観すれば、第二次大戦後に限定しても、二党制が優勢であるとは、とうていいえないのである。主要国でも次のような例を挙げることができる。[13]

①ドイツ

ドイツは、大統領も置いているが、政治的な実権は与えられておらず、実質的には議院内閣制をとっている。第二次大戦後、ドイツの首相は、キリスト教民主同盟（ＣＤＵ）か社会民主党（ＳＰＤ）の二つの政党が独占してきた。そこからすると、ドイツは二党制の国のように思われるが、ＣＤＵもＳＰＤも、議会の過半数を単独で占めることは容易ではなく、戦後の両党の政権は、いずれも連立政権である。

②フランス

近代市民革命の母国フランスも、二党制による民主主義体制をとっているわけではない。フランスでは、第二次大戦後の第四共和政時代は、左派の社会党、中道右派の人民共和運動、急進党の三党を中心にする連立政権が多く、しかもそれらは、非常に不安定であった。大統領制が導入された一九五八年以後の第五共和制でも、議会では、一〇前後の政党が乱立する状況が続いている。

③イギリス

当のイギリスにおいても、近年では、第三党である自由民主党（自由党の後身）の果たす役割が大きくなっている。また、地域議会レヴェルでは、国レヴェルとは異なる選挙方法がとられるようになったこともあり、地域ごとに様々な政党状況が現出している。

(2) サルトーリの問題提起

このように、ウェストミンスターモデルを理想的な民主主義体制として想定することが現実的ではないことは、特に七〇年代以降、重視されるようになった。七六年に、サルトーリは、世界各国の政党システムを七つに類型化し、ウェストミンスターモデルが成り立っているのは、ごく少数の国々であることを示した。(14) 七類型は次の通り。

①一党制

②ヘゲモニー政党制

まず、サルトーリは、政党間関係を、競合的なものと非競合的なものとに分ける。非競合的なシステムとされるのが、一党制とヘゲモニー政党制である。政党が一党しかない独裁的な体制や、形式的に複数の政党が存在していても、その間に競合的な関係が許されていないヘゲモニー政党制は、民主的な政党システムとは認められない。

③一党優位政党制

他方、一つの政党による政権の独占が続いていても、他の政党との間に正当な競合関係がある場合は、独裁制とは区別されなければならないと、サルトーリは主張する。彼は、政党間に自由な競争があるにもかかわらず、何らかの偶然的な要因によって長期にわたって同じ政党が絶対多数の議席を独占することがありうるとし、これを一党優位政党制と呼び、五五年体制の日本をその代表例としている。

④二党制

サルトーリは、二党制は最も有名なものではあるが、実際には具体例が非常に少なく、典型的なものは、イギリス、アメリカ、ニュージーランドの三ヶ国程度であると指摘する。

⑤穏健な多党制

多党制の中でも、政党数が比較的少なく、その間のイデオロギー距離が小さい場合は、穏健な多党制と呼ばれ、安定的なシステムであるとされる。多数派による単独政権でなくても、イデオロギー距離が接近している政党間で連立を組めば、安定した政権が実現されると彼はいう。これにあてはまるものとしては、当時の西ドイツやベルギーが挙げられている。

⑥分極的多党制

五党以上の多党制で、政党間のイデオロギー距離が大きい場合は、穏健な多党制とは区別され、分極的多党制と呼ばれる。これは、左では共産党、右では極右政党が、一定以上の規模をもって存在しているケースで、一九二〇年代のドイツ・ワイマール共和国や、フランス第四共和政、七〇年代のイタリアが挙げられている。この場合は、穏健な多党制とは異なって、連立政権が作られても、左右両極の政党からの攻撃によって瓦解しやすく、安定した政権は実現しにくいとされる。

⑦原子化政党制

リーダーごとに政党が断片化してしまって、他に抜きんでている政党が存在しない状況が原子化政党制と呼ばれる。ここでは、政党は、選挙のたびにラベルが張り替えられる、名士たちのルーズな連合体でしかない。サルトーリは、マレーシアをこの類型に挙げている。

３　政党システム類型化の視点

以上のように、世界各国で、様々な政党システムが成り立っているとすると、そのような違いはなぜ生じるのかが問われることになる。いくつかの説明を検討しておこう。

（1）選挙制度の影響

もともと、政党システムの態様については、選挙制度が影響しているのではないかという指摘は有力だった。選挙制度は、選挙区制、投票方式、代表制の三つの側面から分類される。[15] ①まず、選挙区については、一つの選挙区から選出される議員の数（定数）が一の小選挙区制と、二以上の大選挙区制とに分かれる（日本では、九四年の選挙制度改革までは、衆議院は原則として定数が二から六で、比較的小規模の大選挙区制であったため、これを特に中選挙区制と呼ぶ）。②投票方式については、一名の名前を書く単記式と、二名以上の名前を書く連記式とがある（小選挙区制の場合は当然単記式になるが、日本では中選挙区制でも単記式がとられていた）。③代表制には、得票数が多い候補者が当選する多数代表制と、大選挙区全体の定数を各党の得票率に比例するように配分する比例代表制とがある（小選挙区制の場合は当然、多数代表制になる）。

デュヴェルジェは、小選挙区制では上位二つの政党に票が集中しやすく、それ故に二党制になりやすいとし、反対に、比例代表制では多党制になりやすいと述べた。[16] これは、デュヴェルジェの法則と呼ばれている。実際、イギリスやアメリカの選挙制度は、長年小選挙区制を原則としており、両国が二党制の代表国であるのは、そのような選挙制度のあり方が影響しているのではないかと示唆される。一九九〇年代の日本での政治制度改革論議の中でも、政権交代が可能になるような政党システムとは二党制で

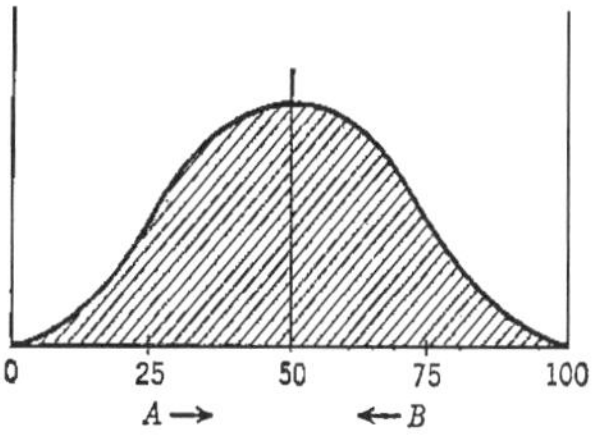

図表2

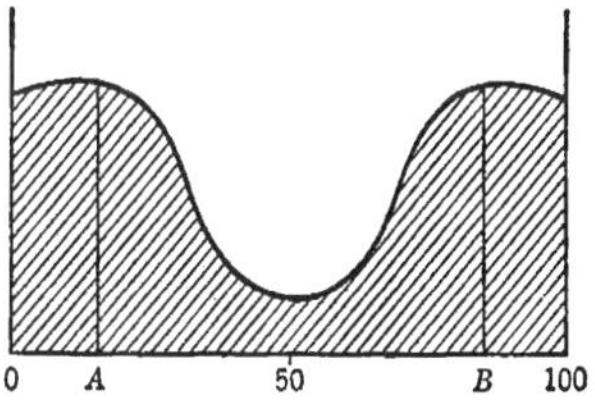

図表3

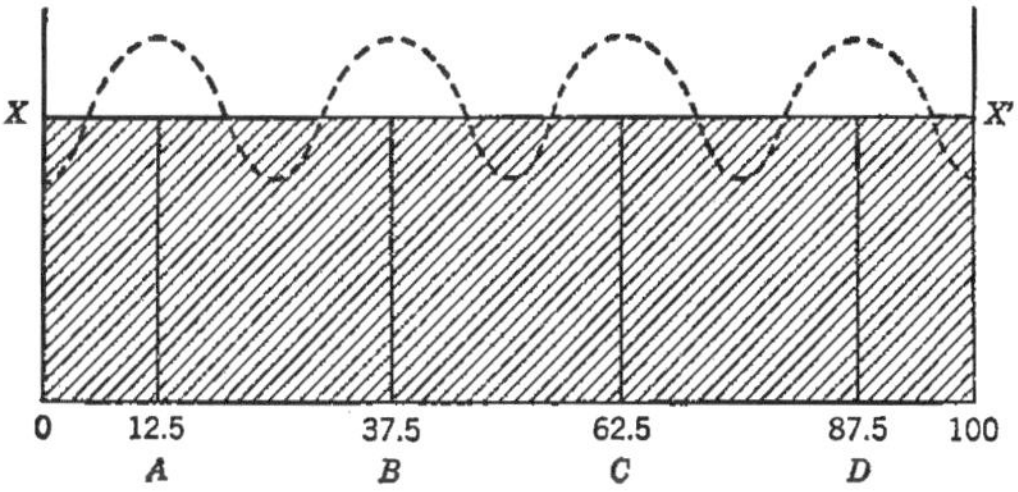

図表4

あり、その実現のためには、小選挙区制の導入が必須であると論じられたのである。

（2）企業としての政党モデル

ダウンズは、政党を、獲得票の最大化を目指す企業であると見なして、企業の空間立地モデルを政党にあてはめて分析を行なった。そのモデルに従えば、ある社会において争点への態度の分布が単峰型であれば、頂点を挟んで二つの政党が、相互に接近し合いながら対峙する安定した政党システムが生まれるであろう（図表2のAとB）。双峰型であれば、それぞれの頂点に対応して二党制になるだろうが、両党の間では亀裂が大きいため、政策上の対立が大きく、妥協しがたくなり、政党システムは不安定になることが予想される（図表3のAとB）。そして、頂点が三つ以上あれば、その頂点の数に応じた政党が出現するだろうと予測される（図表4のＡＢＣＤ）[17]。

（3）社会的亀裂

ヨーロッパでは伝統的に宗教・民族（言語）・階級という属性に応じた社会的な亀裂（クリーヴィッジ）がある。その亀裂に着目したのは、リプセットとロッカンである。それによると、ヨーロッパの先進民主主義諸国では、選挙権が拡大した一九〇〇年頃から一九二〇年頃までの時期に、その時点で存在した社会内の亀裂が、政党システムの中に凍結したとされる。その亀裂は、①宗教改革と国家の世俗化の過程で生ずる宗教的亀裂、②国民国家の文化的統合過程で生ずる文化的・民族的亀裂、③産業化・工業化の過程で生ずる都市と農村との間の亀裂、④同じく産業化・工業化の過程で生じる階級的亀裂の四つであり、このような亀裂に対応して、ヨーロッパ諸国の政党は、おおむね、①宗教的亀裂を反映する宗教政党、②文化的・民族的亀裂を反映する国民主義的な政党、③都市に対する農村の利益を代表する農民政党、④中産階級に対する労働者階級の利益を代表する階級政党の四つの類型に分類できるとされる。ここからは、その亀裂の強さの違いが、国による政党システムの違いをもたらすのではないかとも考えることができるようになる[18]。

またレイプハルトは、社会的亀裂によって生じるブロックごとの代表システムとして多極共存型民主主義を発見した。彼は、とりわけ独仏の中間地帯（オランダ、ベルギー、スイスなど）では、ブロック間の亀裂が大きく、多数決型の民主主義を用いては国家の統合を維持することができないため、比例代表的なシステムが優位に立ち、それぞれのブロックを代表する政党間の連立で政権が運営されるようになったのではないかと指摘した(19)。

　このように政党と政党システムの形態を考察していくと、社会構造・社会集団の存在形態という論点にたどり着く。そこで、次に、政治過程に現れる代表的な社会集団である圧力団体の側から政治を眺めてみることにしたい。

四　圧力団体の政治

1　圧力団体と多元主義モデル

　圧力団体については、ほぼ同義で用いられている用語に、利益団体、利益集団というものがある。ある利益を共通にする人々の集合を利益集団といい、その利益の実現・擁護のために組織化されたものを利益団体といい、その利益団体のうち、政治過程の中においてその利益の実現・擁護のために政治的圧力を行使するものを圧力団体という（もっとも、一つの団体が、ある局面では利益団体として、また別の局面では圧力団体として観察されることも珍しくはない）。団体がどのような利益に即して組織されたかに着目すれば、利益団体は、経済団体、労働団体、宗教団体、環境団体などに分類することができる。

　政治過程における圧力団体の研究をリードしたのは、アメリカ政治学であった。アメリカでは二〇世紀の初頭、巨大社会が到来し、巨大組織への関心が高まることになった。それらの巨大組織が政治のあり方にどのような影響を与えるかが注目されたのである。

アメリカでは、このような多種多様な団体の相互作用によって政治をとらえようとする多元主義モデルが現れる。それは、巨大組織による独裁体制というとらえ方ではない。逆に、そのような組織が多数出現することに着目し、それら組織が相互に対立・牽制し合うという点に権力抑制の契機を認め、独裁体制の成り立ちがたいことを指摘するものだった。

その上、様々な利害関係が高度に錯綜した社会では、関連する利益ごとに組織化されるはずの利益集団のメンバーは、利害関係の錯綜に対応して、複数の団体に重複的に加入するであろうと予想され、そのため、社会を分断するほどの致命的対立は、発生しないだろうと考えられた。そして、それらの利益団体は、自己の利益を最大化するように、争点ごとに他の組織や団体と自由に合従連衡して、望ましい政策の実現を図るようになるだろうと想定された。[20]

2　日本の圧力団体

このような団体の登場は、各国の産業化の進展に対応している。日本ではどうなっていたのだろうか。日本での団体の噴出は、次の三つの時期に整理できる。[21] 第一期は一九二〇―三〇年代、第二期は一九四五―五七年、第三期は一九七五から八〇年代前半である。

第一の時期は、日本が、産業革命に成功し近代国家としての「離陸」をとげた時期であり、また、政治的には原敬や加藤高明らの政党内閣期にあたる。この時期には、様々な経済団体や労働団体が登場する。財界では、経団連の前身である日本経済連盟会、日経連の前身である全国産業団体連合会が結成され、全国各地で、商工会議所が組織される。そのような経済団体に続いて、労働組合も多数結成された。しかし、それらは、一九三〇年代後半から日本の戦時体制化に伴う統制強化によって解体・解消されてしまう。

第二の時期は、戦争の終結で国家による統制が解除された時期である。この時期には、戦前の団体の復活という側面と、戦後の民主化・自由化に基づく新たな団体の登場という側面がある。経済団体については戦前の組織からの連続や復活という面が強いが、戦前には制約の多かった労働団体はこの時期に活動を活発化し、勢力を大きく拡大した。ただし、一九五〇年代の業界団体の形成については、当時の通産省の産業政策上のイニシアティヴが働いていることにも注意が必要である。[22]

第三の時期には、それまでとは質の異なる団体が現れるようになる。イングルハートは、六〇年代以降、資本主義の高度化にともなって、物質主義的価値観に代わる脱物質主義的価値観が出現したとし、六〇年代末からの学生運動やフェミニズム運動を、それまでの物質主義優先の体制では不問に付されていたような環境問題・性差別問題を新たに争点化するものであると位置づける。[23] このような新しい社会運動の流れをくんだ団体が、日本でもこの時期以降に多く見られるようになった。

利益団体の活動は、九〇年代の後半から停滞する。[24] その原因としては、第一に、いわゆる「バブル経済」崩壊以後の長期の経済低迷期において、団体活動も停滞したこと、第二に、規制緩和によって業界の垣根が崩れ、業界と所管官庁との関係が弱まったこと、第三に、規制緩和の進行によって経済の中で政府の果たす役割が縮小し、団体の政治活動の意味が薄れたことなどが考えられる。

ただし、他面において、特定非営利活動法人（ＮＰＯ法人）が法制度化されたこともあり、多様な非経済的団体の活動は広く見られるようにもなっている。

3　政策過程と社会構造

日本の圧力団体の状況は、日本政治の構造とどのように関係しているのだろうか。政策過程の理論的考察を概観しておこう。

(1)　コーポラティズム

レイプハルトは、政党システムの違いは、政治に対する利益団体の関与のしかたの違いをもたらすと指摘している。英米のような二党制の下、少数派が多数派の決定に従うという多数決型の政党システムでは、多元主義的政治過程が生じ、それに対して、連立する多党間の協調によって決定を進めていくコンセンサス型の政党システムでは、利益団体が政策過程に恒常的に関与するコーポラティズム型政治過程が生じるという。彼によれば、三六の民主主義体制の利益媒介システムを利益集団多元主義の指数によって測定すると、コーポラティズム度の高いのは、スウェーデン、オーストリア、ノルウェー、デンマーク、フィンランド、逆に多元主義度が高いのは、カナダ、ギリシャ、スペイン、アメリカ、イギリスの順だった（日本は、コーポラティズム度一三番目に位置づけられている）[25]。

多数決型の国家では、政権交代にともない、官僚制の中・上層部で大規模な人員の交代が行なわれ、大きな政策転換も生じやすいから、官僚制と特定利益団体との間で継続的で安定的な関係は成立しにくい。その結果、関係する当事者たちは、争点ごとに合従連衡を行なって政策決定を進めようとするだろう。

それに対して多くの政党が恒常的に政権に参加するコンセンサス型の国家では、利益団体も持続的に政策過程に関与するようになる。もともと大陸ヨーロッパでは、フランス議会の前身が三部会という身分制議会であることにも示されるように、身分・職能代表制は、広く見られるものであったが、特に階級という亀裂の存在は労働組合の組織的結集度を高めた。高度に統合された労働組合が存在するところでは、労組のトップと経営者団体のトップと官僚制による協調的な政策決定体制が可能になる[26]。このようなコーポラティズム型の国家では、スウェーデンなど充実した社会福祉政策を実現している例が多い[27]。

それに比べてみると、移民・移住の国であるアメリカは、社会的流動性が高いため、社会的亀裂が現れにくく、政策過程は多元主義的になると考えられる。

（2）日本における多元主義論争

では日本はどうなっているのだろうか。日本の政治学者は七〇年代の初め頃まで、日本の政策決定過程を基本的に官僚主導と見なしていた[28]。決定の権力は明治国家以来官僚が握り、政治家・政党は、政策決定に関する能力も権力ももてず、与党自民党の政治家は、自己と自己の選挙区に利権を獲得するためにのみ政策過程に関与するばかりで、国会における審議は実質的な意味をもたないと考えられていた。圧力団体も、官僚のエリート支配に従属する存在としてしか見られていなかった。

ところが、七〇年代の後半から、日本政治について、官僚によるエリート支配を否定する見解が現れる。村松岐夫は、高級官僚たちに直接調査を試み、官僚たちは政治家のコントロールの下にあると指摘した。村松や大嶽秀夫・猪口孝らは日本の政策過程は多元的なアクターの相互交渉の過程からなっていることを実証的に論じ[29]、アメリカの多元主義モデルを念頭において、日本も十分多元的であると主張した[30]。

五　日本の政党システムと社会的利益の統合

では、最後に、日本の政党と圧力団体の関係という点から、日本政治の構造的特質を見ていくことにしよう。特に注目しておかなければならないのは、一九九〇年代の政治改革を境とする変化である。そこで、まず政治改革以前の五五年体制の特徴をまとめた上で、九〇年代以降の変化を概観することにする。

１　五五年体制の特徴

（１）政党組織の脆弱性

五五年体制は、自民党が第一党を、そして社会党が第二党を占め続けた点に特徴がある。二つの党は、どちらも政党組織が脆弱であると指摘され続けていた。

①自民党の分権的構造

自民党の政治家は、中選挙区において自党候補者間で激しく争わなければならなかったため、党組織は派閥と後援会によって分断される傾向があった。一方で候補者は、党に依存することができないから、選挙区では自前で後援会を組織し、党内では派閥の領袖に個別に頼らざるをえず、他方で領袖は、首相の地位を目指して党内での勢力拡大を図り、自派閥の強化のために資金を集め、メンバーへの政治資金の配分などの支援を積極的に行なっていたからである。

②社会党の労組依存

社会党は社会主義政党ではあっても、党員が少なく、党組織も脆弱であった。それにもかかわらず、第二党を占め続けることができたのは、総評を中心とする労働組合が党の機能を代替していたからである。

また中選挙区制の下、特に四―五人区では、自民党候補者が同一党内で票を割る結果、社会党は、候補者を絞れば、一名の当選は比較的確保しやすかったという事情もある。官公庁労働者を中心とする総評は、経済上の要求より政治的主張によって運動を組織してきたから、社会党も経済政策上の争点には鈍感になってしまい、その結果、民間企業労組からの支持は拡大せず、一層総評への依存度を高めるという悪循環が生まれた[31]。民主党の成立後の社民党の急激な凋落には、総評が解体され、民間セクターとともに再組織された連合が民主党支持に移っていったことが決定的であった。

（2）利益媒介のメカニズム

自民党の分権的構造は、党と利益団体との固定的な関係を生じさせにくいものだった。もともと日本社会には、大きな社会的亀裂がなく、自民党も包括政党としての性格が強かったといえる。圧力団体も、政党ではなく、官庁との関係が強く、業界団体の形成に官僚の主導性が影響している場面も多く見られる[32]。

しかし、自民党の長期政権の下では、七〇年代の後半から自民党内の組織である政務調査会が、政策決定で大きな役割を果たすようになっていく。政務調査会の内部には、所管官庁組織に対応した部会が設けられていたため、その部会に集まって各政策領域ごとに大きな影響力を発揮する国会議員が現れたのである。これを、族議員と呼ぶ[33]。族議員は、業界団体と官庁を媒介する役割を果たすようになる。これら三者からなる決定過程は、「鉄の三角形」と呼ばれる。

他方で、労働組合については、民間セクターでは企業別組合が一般的であったため、労働団体全体の結集力は弱いものにとどまった（これが、日本はコーポラティズム化していないとされる論拠である）[34]。日本では、保守勢力の過剰な結集の結果、社民的結集が相対的に弱いままにとどまっているため、保守勢力が対応しにくい利害は政治過程に媒介されにくい傾向が従来からあった[35]。エコロジー・環境といった争点である[36]。近年の例を挙げれば、世論調査において国民の圧倒的多数が懸念を示しているにもかかわらず政府・自民党によって進められつつある原発再稼働という論点は、日本の政党システムの特徴を浮かび上がらせているように思われる。

2　政治改革以後の変化と不変化

(1)　選挙制度改革の狙い

九〇年代に行なわれた様々な制度改革は、日本政治に大きな変化をもたらした。改革の柱となったのは、衆議院に小選挙区比例代表並立制を実現させた選挙制度改革である。その目標としたところは、金のかからない選挙、政策本位の選挙、政権交代を可能にする政党システムの形成、という点にあった[37]。

中選挙区制の下では、自民党の候補者は、選挙区で自分自身のための支援者を確保する活動に多くの時間・資金を費やさざるをえず、特に当選回数が少なく地盤の脆弱な若手議員では、政策立案に携わる余裕が失われがちだった。また、党としても、組織の集権性が欠ければ政策立案能力は高まらず、政策によって党をアピールすることもできない（そもそも、同一党内での競争を迫られる自民党の候補者にとっては、党としての政策・公約は、選挙においてはあまり意味をもたないものであった）。また、野党の政策能力が低ければ有権者は選択肢をもてないという点は、与党政治家からも問題視されていた。

これに対して小選挙区制・比例代表制が導入されれば、党主導の選挙となり、金もかからなくなり、政党の集権化も進んで、有権者に対しても党本位・政策本位の選択を促すことができるようになるだろうと期待されたのである。

(2) 自民党組織の変化・不変化

では選挙制度改革以後、実際にどういう変化が生まれただろうか[38]。

自民党においては、派閥の役割が縮小したことは明らかである。これには、小選挙区制の導入以外の制度改革・構造改革の影響も大きい。例えば、政党助成金が導入されたことにともない、派閥単位で政治資金を集金・分配する必要もなくなった。また省庁再編による大臣ポストの削減は、派閥によるポスト配分を困難なものにした。政策決定においては、官邸の主導性が強まっている。

他方で、後援会への依存度は大きく変化してはいないと思われる面がある。小選挙区では、後援会に依存しただけでは当選ラインを確保できなくなるだろうと予想されていたが、小泉郵政選挙の際、自民党の公認を失った現職議員が何人も再選を果たした例は、彼らの自前の後援会の働きの大きさを改めて示すものであった（むろん、反対に、落下傘候補でも、国民的人気の首相による支援を受けることができれば、そのような後援会に依存した有力候補とも互角に戦えたという事実は、制度改革以後の重要な変化を示すものでもある）。また、特に投票率が低いときには、従来型の後援会による固定票が、大きな意味をもってくることは、二〇一四年の選挙でも示されている。そのため、個人の後援会に代わる党支部の組織化は、なかなか進んでいないようである。[39]

（３）民主党の組織

選挙制度改革後、民主党の成長は顕著であった。ただし、これを小選挙区制導入の結果と直ちに決めつけることもできない。選挙制度改革に限って考えるにしても、比例代表制の効果を見落とすことはできない。

政党組織についてみると、民主党は、自民党などの保守政党から分かれてきた勢力と、社会党を引き継いだ勢力の合同したものであるため、自民党政治家に特徴的であった後援会依存と、社会党の労組依存の双方を受け継いでいるところがあり、十分集権的な組織を形成したとはいえない。政権を担当した二〇〇九―一二年の期間でも、政策決定については、官僚制との協力関係構築に失敗し、政治的指導力を発揮できなかった。[40]党としての政策立案能力は未だ十分なものとはいえないだろう。[41]

最後に政党システムと圧力団体という観点から、今日の政党システムの外部におかれていると思われる集団の問題について検討しておきたい。

3 新しい問題

(1) エスニシティ

第一は、エスニシティの問題である。議会制民主主義の長い伝統をもつ西ヨーロッパ諸国においても、近代国家形成期に強権的に統合されながら、一定のエスニックな独立性・自律性を残している地域が存在する。イギリスにおける北アイルランド、スペインにおけるバスク、フランスのオクシタニーなどが有名である。二〇一四年には、スコットランドがイギリスからの独立をかけた住民投票を行ない、注目を集めた。こういったエスニック集団の利害は、地域的に限定されているものであるため、国家レヴェルの政党システム上では十分に代表されない。一定の分権を認めることで国家への統合が図られてきているが、分離・独立を求める動きは繰り返し現れている。

エスニシティについては、また、広範囲にわたる労働力移動の結果、近年深刻化している問題がある。移民・外国人労働者の問題である。西ヨーロッパ諸国では、経済成長時代であった一九六〇年代前後から非ヨーロッパ地域からの労働力流入が増大した。植民地をもっていた諸国は(旧)植民地から、また、西ドイツは、トルコからである。当初、彼らは一時的な労働力と見なされていたが、定住化した者も多く、八〇年代以降、彼らをどのように統合していくかが問題化した。とりわけ、これらの新住民のうちのイスラム教徒を、キリスト教の文化的伝統の上に形成されたヨーロッパ政治社会の諸制度の中にどのように受け入れていけばいいかが、重大な争点になっている。(42)日本では、近年、朝鮮系・韓国系・中国系住民に対する社会的摩擦が問題化している。

（2）ポピュリズム

第二はポピュリズムの問題である。既存の政党と政党システムが十分に対応できないような争点、あるいは、従来の政治システムでは遅滞が生じやすい争点に関しては、政党と政党システムを媒介しないで、解決を図ろうとする動きが現れがちである。それ自体は直接民主主義的な動きと呼ぶことができ、民主主義の理念から離れたものではない。ただし、議会制を前提にした選挙において、政党政治を否定しそれをバイパスすることを積極的に主張する候補が一定の支持を得る現象は、ポピュリズムとして注目される。その背景には、世界各国で見られる政党不信の強まりがある。

このような運動としては、フランスの極右政党やアメリカのティーパーティー運動を挙げることができる。(43)それらの集団・団体は、既成政党や国家官僚制への強い批判を特徴とする。国家官僚制への批判は、国家を支える租税負担への批判となり、自立・自助努力を讃仰するものとなる。彼らのリーダーは、既成政党の政治家や官僚を、政治のプロと呼んで非難し、自らはアマチュアを標榜し、普通人の「常識」、「素朴な疑問」に寄り添うとして、取り繕わない率直さを強調する。そのため、しばしば酒場での冗談として飛び交っているような「本音」を、あえてていらいなくストレートに表現してみせ、大衆の共感に訴えようとする。それには、異なるエスニック集団や社会的少数者に対する差別的言説が現れがちである。ポピュリストは、多様な利害を「清濁併せのむ」ように統合するやり方を、むしろ拒否する。政治的成熟の拒否といってもよかろう。それ故、自らが政党政治上責任ある地位に就いたとき、どのようなリーダーシップを継続的に発揮できるかが問われることになる。日本では、小泉純一郎、石原慎太郎、橋下徹らがポピュリストと見られている。

※　本章の注は、主に、学生がそこから次に読み進むべき文献を示す意図で附してある。日本語文献に限定したのはそのためである。記述の典拠をすべて挙げているものではないことは、ご了解いただきたい。

注

(1) 日本共産党は交付金の対象になっているが、政党交付金の制度が憲法違反であるとして、その受け取りは拒否している。
(2) 石川真澄・山口二郎『戦後政治史』第三版、岩波新書、二〇一〇年。
(3) 宮田光雄『日本の政治宗教』朝日選書、一九八一年。
(4) 大嶽秀夫「日本社会党悲劇の起源」『中央公論』一九八六年一〇月号。
(5) ヨーロッパの政治について政治学的展望を得るには、篠原一『ヨーロッパの政治』東大出版会、一九八六年が今でも有益である。最近の詳細な各国政治事情については、網谷龍介・伊藤武・成廣孝編『ヨーロッパのデモクラシー』

改訂第二版、ナカニシヤ出版、二〇一四年。
（６）アーネスト・バーカー『現代政治の考察』足立忠夫訳、勁草書房、一九六八年、三六頁。
（７）川人貞史・吉野孝・平野浩・加藤淳子『現代の政党と選挙』新版、有斐閣、二〇一一年、第三章。
（８）名望家政党と近代組織政党については、マックス・ウェーバー『職業としての政治』（脇圭平訳）岩波文庫、一九八〇年。
（９）幹部政党と大衆政党という区分については、モーリス・デュヴェルジェ『政党社会学』（岡野加穂留訳）潮出版、一九七〇年。
（10）ロベルト・ミヘルス『現代民主主義における政党の社会学　Ⅰ・Ⅱ』（森博・樋口晟子訳）木鐸社、一九七三／七四年。
（11）スティーブン・Ｒ・リード『比較政治学』ミネルヴァ書房、二〇〇六年、六六―六八頁。
（12）川人ほか前掲書、六頁。
（13）梅津實・森脇俊雅・坪郷實・後房雄・大西裕・山田真裕『比較・選挙政治』新版、ミネルヴァ書房、二〇〇四年。
（14）ジョバンニ・サルトーリ『現代政党学』新版（岡沢憲芙・川野秀之訳）、早稲田大学出版部、一九九二年。この日本語版では、一九七九年末までのデータに入れ替えられている。
（15）久米郁男・川出良枝・古城佳子・田中愛治・真渕勝『政治学』補訂版、有斐閣、二〇一一年、四五六―四五八頁。
（16）デュヴェルジェ前掲書。
（17）アンソニー・ダウンズ『民主主義の経済理論』（古田精司監訳）成文堂、一九八〇年。
（18）粕谷祐子『比較政治学』ミネルヴァ書房、二〇一四年、一八五―一九〇頁。
（19）アーレンド・レイプハルト『多元社会のデモクラシー』（内山秀夫訳）三一書房、一九七九年。
（20）ロバート・Ａ・ダール『ポリアーキー』（高畠通敏・前田脩訳）三一書房、一九八一年。
（21）村松岐夫・伊藤光利・辻中豊『戦後日本の圧力団体』東洋経済新報社、一九八六年、辻中豊『利益集団』東京大学出版会、一九八八年、森裕城「利益団体」平野浩・河野勝編『アクセス日本政治論』日本経済評論社、二〇〇三年、村松岐夫・久米郁男『日本政治変動の30年』東洋経済新報社、二〇〇六年。

(22) チャーマーズ・ジョンソン『通産省と日本の奇跡』(矢野俊比古監訳)TBSブリタニカ、一九八二年。

(23) ロナルド・イングルハート『静かなる革命』東洋経済新報社、一九七八年。

(24) 久米ほか前掲書、四八二頁。

(25) アレンド・レイプハルト『民主主義対民主主義』原書第二版(粕谷祐子・菊池啓一訳)勁草書房、二〇一四年。

(26) 久米郁男『労働政治』中公新書、二〇〇五年。

(27) フランソワ＝グザヴィエ・メリアン『福祉国家』(石塚秀雄訳)白水社、二〇〇一年。

(28) その原型となったのは、辻清明『日本官僚制の研究』新版、東京大学出版会、一九六九年。

(29) 大嶽秀夫『現代日本の政治権力・経済権力』三一書房、一九七九年、村松岐夫『戦後日本の官僚制』東洋経済新報社、一九八一年、猪口孝『現代日本政治経済の構図』東洋経済新報社、一九八三年。また参照、村松岐夫・伊東光利・辻中豊『日本の政治』第二版、有斐閣、二〇〇一年。

(30) 彼らの主張は、レイプハルトを踏まえて考えると、日本の政党システムが多数決型に接近していることを含意するものである。実際、辻中豊も、日本とアメリカをコーポラティズム度の低い国に位置づけている。辻中「現代政治のコーポラティズム化」内田満編『講座政治学3　政治過程』三嶺書房、一九八六年。しかし、先に挙げたように、レイプハルト自身は、必ずしも、日本を多元主義型とは見ていない。
日本の政治過程を多元的であると見ることについては、八〇年代末に大きな論争が生じている。詳しくは、渡部純『現代日本政治研究と丸山眞男』勁草書房、二〇一〇年、I。大嶽秀夫の業績については、他に類を見ない精度で綿密に読み解く酒井大輔のブログ「猫とか肉球とか」(http://blog.livedoor.jp/dsakai/)を参照されたい。

(31) 山口二郎・石川真澄編『日本社会党』日本経済評論社、二〇〇三年。

(32) 中小企業団体については、渡部純『企業家の論理と体制の構図』木鐸社、二〇〇〇年。
(33) 猪口孝・岩井奉信『「族議員」の研究』日本経済新聞社、一九八七年、佐藤誠三郎・松崎哲久『自民党政権』中央公論社、一九八六年。
(34) T・J・ペンペル・恒川恵市「労働なきコーポラティズムか」Ph・C・シュミッター・G・レームブルッフ編『現代コーポラティズムⅠ』木鐸社、一九八四年。久米郁男は、それにもかかわらず日本の労働者は、コーポラティズム化した国家並みの大きな果実を得たという興味深い逆説を提示する。久米『日本型労使関係の成功』有斐閣、一九九八年。
(35) 的場敏博『現代政党システムの変容』有斐閣、二〇〇三年。
(36) 七〇年代には、この種の争点については、革新自治体で取り上げられ、そこから中央政治レヴェルでの政策変更が促されるというサイクルが、観察されている。
(37) 山口二郎『政治改革』岩波新書、一九九三年、佐々木毅編『政治改革１８００日の真実』講談社、一九九九年、佐々木毅・21世紀臨調『平成デモクラシー』講談社、二〇一三年。また、小沢一郎『日本改造計画』講談社、一九九三年や、御厨貴・牧原出編『聞き書　武村正義回顧録』岩波書店、二〇一一年など。
(38) 大嶽秀夫編『政界再編の研究』有斐閣、一九九七年、谷口将紀『現代日本の選挙政治』東京大学出版会、二〇〇四年。
(39) 自民党と民主党の地方組織については、国際比較の観点に立つ建林正彦編著『政党組織の政治学』東洋経済新報社、二〇一三年を参照。
(40) 民主党のリーダーシップが問われることになったのは、いうまでもなく、二〇一一年三月の東日本大震災での福島原発事故への対応をめぐってである。事故とその対応の全体像については、さしあたり船橋洋一『カウントダウン・メルトダウン』文藝春秋、二〇一二年。
(41) 民主党の組織については、政権獲得時点まではあるが、上神貴佳・堤英敬編著『民主党の組織と政策』東洋経済新報社、二〇一一年。

(42) バルカン半島から中東を中心にする民族紛争の問題自体は、ここでは検討できないが、九〇年代以降のそれら地域での紛争激化が、欧米地域でのエスニシティ問題の過激化をもたらしているのも、また確かであろう。

(43) フランスについては、畑山敏夫『現代フランスの新しい右翼』法律文化社、二〇〇七年。アメリカのティーパーティ運動については、久保文明・東京財団「現代アメリカ」プロジェクト編著『ティーパーティ運動の研究』ＮＴＴ出版、二〇一二年。

第7章　政府と行政

毛　桂榮

一　「政府」と「行政」：用語と概念

本章の課題は、「政府」と「行政」の概念を解説することであるが、まず「政府」と「行政」の用語（語彙）は、いずれも近代語であることを指摘したい。[1]　普段、何気なく使用する政治関係の言葉、例えば共和（制）、民主、政治、政党、政策、選挙、投票、議会、社会主義・共産主義などは、日本で造語された漢字表現で、いわゆる「和製漢語」である。漢字表現として「政府」と「行政」はそのような近代語である。

一八二六年に日本で刊行された初めての英和辞書、『英和対訳袖珍辞典』（堀達之助編）では、すでにgovernment の和訳として「政府」という用語が登場していた。[2]　明治学院の創設者であるヘボンによる辞書（和英語林集成）では、初版（一八六七年）にすでに「政府」の漢字表現が収録された。対して、「行政」なる漢字用語はヘボン辞書の第三版（一八八六年）に至って初めて収録された。[3] 近代語として「政府」のほうが「行政」よりも先に定着したようで、[4] この用語の普及の前後関係も興味深いものである。

「政府」は government の訳語とされ、「行政」は「public administration」に対応するとされる。しかし government は、単純に「政府」と訳せない場合もあり、文脈に応じて「統治」、「政治」などに訳すことがある。[5] リンカーンは、ゲティスバーグ演説の中で「government of the people, by the people, for the people」の言葉を後世に残しているが、その government は通常、「政府」ではなく、「政治」と訳される。憲法の勉強では「統治構造」の用語が使用されるが、government structure と英訳されることが多く、government は「統治」と対訳する。ちなみに government の関連語として「ガバナンス」（governance）があり、一時「協治」・「共治」と訳されたが、定着せず、現在「ガバナンス」というカタカナ用語が普及している。このカタカナ用語に関して、実は二〇〇六年に国立国語研究所が「統治」への言い換えを提案していた。[6] 他方、「行政」は、（public）administration と訳されるが、三権分立論で言う「行政権」は、administrative power ではなく、executive power である。また、例えば安倍政府あるいは安倍内閣、オバマ政府のような英文表現を見ると、Abe Administration, Obama Administration とすることがほとんどであり、Abe Government、Obama Government よりも一般的である。

日本国憲法を例に、「政府」と「行政」の日英表現をもう少し考えてみたい。日本国憲法では、「政府」の用語は、一か所だけ使用されている。それは憲法の前文で「政府の行為によって再び戦争の惨禍が起ることのないやうにすることを決意」の文にある。他方、日本国憲法の英文版をみると、government なる用語は、複数使用されている。それは政府のほか、「国政」（前文、第四、六二条）、「国務」（第九八条）の英語表現である。言い換えると government が「国」（中央政府）あるいは「国政」の意味とされている。関連して憲法第八章「地方自治」の英文題は、local self-government であるが、「地方政府」（local government）は、日本語表現として憲法などでは使用されていない。「地方政府」は、「地方公共団体」とされている。(7)

他方、日本国憲法では、「行政」の用語は少なくとも七か所使用されている。それは、内閣の「行政権」、「行政各部」、「行政機関」、「行政事務」、（地方自治体の）「行政」のような形で使用されている。「行政各部」と「行政事務」は、それぞれ、administrative branches、administrative functions と訳されているが、内閣の「行政権」は、executive power となっている。

以上、「政府」と「行政」の用語、また英訳について説明した。以下、その用語がどのような概念として使用され、どういう意味内容を有するかについて分析する。言葉と概念は、厳密に一対で対応するとは限らない。

近代語として「政府」と「行政」は、近代国家と関係する。その使用法を列挙すると、例えば「政府」

に関しては、①日本国政府、外国政府、安倍政府、オバマ政府、②行政府（政府）と立法府と司法府、③中央政府と地方政府（地方公共団体）、また行政に関しては、①立法権と行政権と司法権、②政治と行政、③執政と行政（管理）と業務、④司法行政など、⑤行政職公務員などがある。大まかなことを言うと、政府は二つの意味内容を有する概念である。まず第一に、立法、司法、行政の三権などを持った統治組織全体を指す概念である。その意味では政府は、国家そのものを指す言葉である。Government が「統治」、「政治」と訳されることは、まさにその概念と関係するからである。第二に、政府は「行政府」と理解されることがあるように、立法権と司法権を行使する機関を除く部分である。日本に即して言うならば、「行政権」の属する内閣及びその下にある行政機関の総体を指す概念である。第一の概念を広義の政府とするなら、この行政権を行使する内閣以下の組織全体を指す第二の概念を狭義のものとすることができる。日本では、「政府」と言う場合、第二の狭義概念として使う傾向がある。それは近代日本国家の発展における行政国家の早熟と深く関わるとされる。近代天皇制国家における行政の優位、そして早熟した行政国家を前提に行政＝政府（狭義）＝国家の意識が形成されていた。また天皇制支配の下で権威的支配を含意する「統治」なる和製漢語が造語され、広義の政府は「統治」を指すようになった。[8] 広義の「政府」は「統治」をもって表現し、government structure が「統治構造」となり、「政府」＝「行政」のイメージが定着したのである。[9]

他方、「行政」は、おおよそ以下の三つの意味がある。[10] 第一に、三権分立論における「行政」で、すなわち立法と司法を除いた部分（いわゆる控除説）としての行政である。この意味での行政（権）は、executive power のことであり、行政府（狭義の政府）の概念と重なる。第二に、政治（politics）に対する行政（administration）の概念である。政治は、民主的に選挙された政治家が行う活動で、行政は、専門能力による資格で任用された職業公務員が行う活動である。議院内閣制に即して言うなら、首相や大臣からなる内閣は、政治的部分であり、政治的中立性を特徴とする公務員制度によって採用された職員の活動は、行政的部分である。第三に、各種組織における管理業務に相当する部分は「行政」あるいは「行政管理」の機能とされる。司法機関にも日常の管理業務があり、「司法行政」の用語が存在するのである。[11] 組織トップの政治的部分を「執政」とし、日常の政策執行などを「業務」とした場合、『行政」は、執政を補佐し日常の業務を管理・監督する機能的部分となる。執政・行政・業務という概念構成である。

二　政府の構造

広義の政府概念は、立法、行政、司法を含む三権を行使する諸機関を包括するもので、狭義の政府概念は、三権における行政権を行使する組織の部分を指す。統治構造とされる政府のあり方は、近代国家の基本問題である。近代国家では司法の独立が普遍的となり、政府構造の問題は、立法権と行政権の編制、その相互関係である。

政府構造（統治構造）の類型分析としては、議院内閣制、大統領制、半大統領制、さらに（日本の）地方自治体の首長制などがある。議院内閣制は、内閣の存続を議会の信任に置く仕組みで、立法権を行使する議会と行政権が属する内閣は与党を媒介にして融合することを特徴とする。大統領制は、二元代表制を基本として立法権と行政権の厳密な分立を特徴とする。半大統領制は大統領制と議院内閣制の制度を混合する仕組みで、行政権の行使は、大統領と議会に信任される首相あるいは内閣とで共有される。[12] 同じく議院内閣制と大統領制を組み合わせた制度としては、日本の自治体の首長制などがあるが、[13] 省略する。表1は、内閣制、大統領制、半大統領制の特徴を整理している。

議院内閣制に関しては、三権分立論によって立法権と行政権の関係を理解する傾向が日本にはあるが、[14] 実際、議会の多数派が内閣を構成し政権を担当するので、多数派が議会と政府内閣の両方をコントロールすることになる。すなわち政権与党を媒介に立法権と行政権は融合しているのである。これはバジョットが『英国憲政論』ですでに指摘したものである。しかし議会多数派の支持を持たない場合（少数派内閣）、内閣は不安定になる可能性がある。また大統領制では、大統領が単独で行政権を行使する独任制であるため、国民の支持を一身に結集し、強力なリーダーシップを発揮することがあるが、二元代表制の下では議会と大統領が（例えば大統領と議会の党派が異なる「分割政府」で）対立する場合、デッドロックになる可能性が高く、未熟な民主政治では政治的混乱や独裁などを招来することがある。半大統領制は、理論上、議院内閣制と大統領制のメリットを併せ持っているが、行政権を共有する大統領

表１　議院内閣制、大統領制、半大統領制の比較

議院内閣制	大統領制	半大統領制
	特徴	
首相は直接選挙される議会から選出され、その議会の一部となる	直接選挙の大統領、任期制	行政権は、大統領（直接選挙）と首相（選出か任命）が共有
内閣は行政権を共有。合意形成が必要	通常、大統領は単独で行政権を行使	首相は議会の与党あるいは与党連合から内閣の閣僚を任命
内閣は合議制組織。首相が「同輩中の首席」以上の権限を有する場合でも、責任共有	大統領は元首で国政の最高責任者	大統領は首相を任命し、国政、特に外交に全般的責任を負う
首相は、通常元首（大統領あるいは君主）とは別	大統領は、分立する立法機構と権力を共有	大統領は、議会解散を含む緊急措置権を有する
首相、内閣は議会を解散できる。議会は不信任決議で首相あるいは内閣を失職させることができる	大統領と立法機関とは独立。双方は、いずれも相手を解職できない（弾劾などを除く）	首相と内閣は、特に内政及び一般行政に責任を持つ
首相及び内閣は議会に対して責任を負う	大統領は、国民により直接選出され、国民に責任を負う	大統領は国民により直接選出され、国民に責任を負う。首相は議会か大統領に責任を負う
	政府編制の選択を巡る議論	
（賛成あるいは支持の議論）		
ほとんどの安定的民主政が議院内閣制	アメリカがそのモデル	理論上、大統領制と議院内閣制のメリットを総合
行政権と立法権の融合は、強く機能的な政府を造る	古典的な民主主義論による立法機構と行政機構の分立	首相は、行政事務一般を管掌する時、大統領は国家のシンボルになり、国家の統一を体現
選挙民から議会、内閣、首相への責任の連鎖	大統領の直接選挙は国民への直接的な責任を意味	
（反対あるいは疑念）		
立法権と行政権の融合、立法機構における与党の優位と拘束的規律がリーダーへの過度な集権を招来	行政権と立法権との衝突は慢性的で、またデッドロックになり、決められない政治に	首相と内閣、また首相と大統領の権力争いは珍しくない
議会に多数派を持たない議院内閣制は、脆弱、不安定	弱い、また無能な大統領が権限強化を試みることがある	大統領と首相の責任（分担）の不明確
	大統領制は、短命的	
	（代表例）	
ほとんどの安定的な民主政は議院内閣制：オーストラリア、オーストリア、ベルギー、カナダ、デンマーク、ドイツ、ギリシャ、アイスランド、インド、アイルランド、イスラエル、イタリア、日本、オランダ、ノルウェー、スペイン、スウェーデン、スイス、イギリス	アメリカのほか中南米諸国（コロンビア、コスタリカ、ドミニカ、エクアドル、ベネズエラ）、キプロス、フィリピン、韓国	フィンランド（1991年まで）、フランス、多くの元社会主義国（ベラルーシ、ポーランド、ロシア、ウクライナ）

出典：Kenneth Newton and Jan W. Van Deth, *Foundations of Comparative Politics*, 2nd ed., 2010, pp. 98-100の図表により整理。

表2　選挙制度、政党政治と政府編制

選挙制度	政府の編成	
	大統領制	議院内閣制
小選挙区制（二大政党制）	アメリカ	イギリス
比例代表制（多党制）	南米	欧州大陸

と首相（内閣）が異なる党派になる場合（いわゆる「同棲政権」の現象）、政治の停滞をもたらす可能性がある。

議院内閣制と大統領制、半大統領制のどれが最適な政府体制（統治構造）かについては、様々な研究と議論がある。日本では、長い間議院内閣制のもとで政権交代を経験しなかったこと、また地方自治体における首長制の経験[15]から議院内閣制より大統領制に憧れる傾向があり、それは、「首相公選制」という形で議論されたこともある。[16]しかし問題は、それほど単純ではない。政府体制とその実践には、立法権と行政権との関係だけではなく、選挙制度、政党政治、政治の伝統、官僚制の役割、立法機関のあり方（一院制、二院制など）、司法権（とくに違憲審査権）のあり方などが大きな影響を与えている。[17]例えば、大統領制はアメリカを手本として世界へ、特にラテンアメリカへ普及した。その場合、多くは比例代表制と多党制のもとで機能している。他方、議院内閣制はイギリスを発祥として世界へ普及し、欧州大陸に多く見られ、またかつての英国の植民地や日本などに普及した。小選挙区制のイギリスとは違い、欧州大陸では比例代表制の制度環境で運用している。表2は、選挙制度や政党政治と政府の構造との関連性を簡単に示したものである。ここからも分かるように、議院内閣制はラテンアメリカではあまり見られず、逆にアメリカのような大統領制は欧州大陸ではあまりなく、比較研究に多くのバイアスをもたらす可能性がある。[18]また、最近半大統領制など混合性が増える傾向にある。[19]これらの諸制度の比較研究は、すでに多くの研究蓄積があり、[20]大統領制に対して議院内閣制の優位が説かれているが、最適モデルの判断は、制度が適用される政治システムの伝統、文化、当該政治システムが抱える問題などに左右される。さらに制度を評価する基準をどう設定するかによっても制度への見方が変わってくる。[21]

三　政治と行政の関係

狭義の「政府」概念は、三権分立論における「行政」の概念と重なることはすでに指摘した。この狭義の政府、あるいは行政のあり方に関しては、最も重要な問題は政治家集団と行政官集団との関係である。すなわち政治と行政の関係あるいは政官関係である。民主国家においては、行政権を行使する内閣、あるいは大統領を中心とする政治的執行部（執政）が官僚制集団あるいは職業的公務員を指揮・監督する。理論上、両者の関係には、統制、分離、協働の三つが考えられる。[22]政治の行政に対する統制は、民主政治が要求する原理で、民意に基づく政治家集団（政権与党など）が官僚制を指揮監督する規範である。優越と服従の政治行政関係とも言える。同時に代表性、党派性、指導性、公開性を特徴する政治家集団と専門性、永続制（終身制）、従属性、中立性を特徴とする官僚制集団を分別することも重要である。

政治の原理は選挙であり、政治家は民意への接近を競争する。行政の世界は資格任用制を原理とし、職業公務員は効率性を追求する。政治家集団と行政官集団は、（相互不介入）分離の規範で制度化されている。当然、二つの集団はそれぞれの特性を生かし、協力・協働することも重要である。この協働は、政治家は構想あるいは目標設定をし、官僚は専門能力を生かし政治を補佐するという指導と補佐の政治行政関係である。

1 統制と分離の間

優越と服従の統制規範、相互不介入の分離規範、そして指導と補佐の協働規範を同時に調和させることは非常に困難である。政治の行政に対する指導を強化し過ぎると、相互不介入の分離の規範が浸食されることがある。逆に分離の規範が行き過ぎると、官僚制集団は自律性を高めて政治指導に抵抗することもあり得る。強力な官僚制の伝統を有する国においては、官僚制集団をいかに統制するかは、官僚制の民主化の問題として議論される。行政国家の時代においては、優越と服従の政治行政関係の確保には後述する政治任用の強化、高級官僚の政治化など様々な工夫が求められる。したがって政治と行政の関係は、統制と服従関係の確立如何により、「結合」（統制）と「分離」の両極端を想定することができる。政治と行政の「結合」とは、行政に対する政治の統制が確立されていることを指す概念であり、「分離」はその逆となり、官僚制が優位の状況である。

表３　政府メカニズムの類型化

		立法権と行政権の編制	
		分立	融合
政治と行政の関係	分離	日本 自治体の首長制	日本 議院内閣制
	結合	アメリカ 大統領制	イギリス 議院内閣制

出典：山口二郎『内閣制度』、22 頁の図表に加筆。

（広義の政府概念における）立法権と行政権の多様な関係、また（狭義の政府概念における）政治機能と行政機能の多様な関係を単純化して、立法権と行政権における「分立」と「融合」、そして政治機能と行政機能の「分離」と「結合」を組み合わせると、表3のような類型分析が可能となる[23]。この分析において議院内閣制の国とするイギリスと日本は、政治行政の機能関係が「分離」と「結合」の事例とされている[24]。

この類型分析は、日本の問題を析出することにおいては非常に優れている。官僚支配を打破し、政治指導を確立する、あるいは政治の行政に対する統制という課題を浮き彫りにしている。図表に明示されていないが、ドイツとフランスでは後述するように高級官僚の政治的任命（官僚の政治化）を通じ、政治の行政に対する統制を強化し、政治と行政の「結合」をはかっているとされる[25]。

議院内閣制の発祥国であるイギリスでは、政権与党は一〇〇名以上の与党議員が政権入りし、行政官僚制に対する統制を確立する（表４も参照）。政権与党を媒介にして立法権と行政権が融合し、政治の行政への統率を強化してきた。政権与党の政治家などが大臣職など上位職を担当し、その指導の下で官僚制組織が政権を支え、補佐する政官関係になっている。イギリスでは、政治的中立性、匿名性を特徴とする官僚制が（政権交代など）政権を担当する与党内閣の政治指導に服従する制度と運用が確立されている。

日本の場合、官僚支配論や官僚優位論があるように、内閣は政策決定を行う主体的機関ではなく、各省庁組織の利益を代表する閣僚の単なる儀礼的な機関となっていた。戦後、内閣総理大臣と二〇名の大臣からなる与党内閣は、官僚制を指導する体制を形成できなかった。長期の自民党一党優位体制であったにもかかわらず、内閣は短命、あるいは閣僚の頻繁な交代を経験してきた。事務次官会議で調整された案件が、儀礼的に閣議で承認される。[26] 日本の議院内閣制は「官僚内閣制」と評されるのである。[27] 内閣では行政官僚制を指導する体制を構築できず、政治と行政が分離している状況であった。他方、日本の議院内閣制は三権分立論的に理解され、そのように運用され、立法権と行政権との分立を招来している（表3を参照）。議会与党と与党内閣が分離し、いわゆる権力の二重構造が生まれ自民党の族議員が活躍していた。内閣及び総理大臣の機能強化など、政治が行政を統制する体制の構築が行政改革の中心議題であった。

2　人事配置からみた統制の強化

政治家集団と行政官集団の関係をどう構築するかは、結局、統制規範と分離規範の両立に関わる。内閣や大統領を中心とした政治執行部（政治家集団）と職業公務員の関係は、制度的に国によって異なり、政治統制を強化する方策もそれぞれ異なる。以下、政府の主要職位における政治家集団と行政官集団の人事配置を通してさらに検証してみたい。

主要国の政府職位の任命状況などを比較対照したのは、表4である。大まかに三つのグループに分類している。第一に選挙された「政治家」が担当する職位である。第二に「政治任用」の職位で、これには外部からの任用と職業的公務員（高級官僚）の政治的任用を含む。第三は、職業公務員の職位である。表4では「政治家」と「政治任用」の職位を色分けしている。

議院内閣制の下で選挙された国会議員が閣僚となることは、普通である。同じく選挙された政治家として兼職禁止の規定により、議員を一旦辞職して閣僚などに任命されるケースもある。この両者を合わせて表4では「政治家」としている。

政治任用とは、一定の制度的制限（議会の同意や内閣の承認）のもとで、民間人を専門的政策能力や政治的忠誠を基準として政治家の補佐や局長など幹部職に任命する制度である[28]。政治任用された者は、基本的に職業的公務員が特徴とするメリットシステムや身分保障と異なる処遇を有する。政治任用としては、高級官僚を政治的判断で任命するケースもある。その場合、高級官僚は、一般的な公務員のキャリア昇進ルールが適用されず、原則として任命する政治家とともに進退することになる。このように、政治任用をもって政治家を補佐したりして政治的統制を確保し、政権や政治家の政策の決定や執行を強化するのである。

大統領制のアメリカでは、議会政治家が閣僚を担当することはほとんどなく、主要幹部職は外部から政治的忠誠や専門能力などによって政治任用される。その数は、三〇〇〇人ほどになる。強力な官僚制集団を形成できなかったアメリカでは、大統領職以下では政治任用職と職業公務員の二層構造が形成され、主要な幹部職は、基本的に政治任用によって占められる状況である。人事制度における政治の行政への大いなる浸透と言える。イギリスでは、前述したように政権を担当する与党の政治家一〇〇名以上が政権入りし、官僚制集団を指導している。さらに外部から顧問を政治任用する手段によって政治指導の確保を追求している。

他方、フランスとドイツでは、政治家が政権入りして閣僚職などを担当するが、共通して高級官僚の政治任用を実践している。この点が英米と大きく異なる。イギリスとアメリカでは、強い官僚制を形成せず、政治的中断もなく民主政治が発展してきたのに対して、フランスとドイツでは、近代国家の発展においては政治的不安定に悩まされながら、行政官僚制の持続性が共通の特徴となっている。[29] フランスとドイツでは、早くから国立大学で優秀な人材を養成し、やがて公務員として採用し、自律性の高い官僚制を形成した。[30] 強い官僚制を統制するため、国会議員の任命（ドイツ）、あるいは兼職禁止のため与党議員が辞職して閣僚を務める（フランス）形で政治指導を確保するほか、高級官僚を政治的に任命す

表4　各国政府の主要職位における政治と行政

	アメリカ	イギリス	フランス	ドイツ	日本
政府の構造	大統領制	議院内閣制	半大統領制	議院内閣制	議院内閣制
(主要官職の任命状況)					
大臣(閣内大臣)	外部(長官)	議員(全員)	(兼職禁止のため辞職)議員	議員	議員。外部は例外
副大臣	外部(副長官)	議員	兼職禁止のため辞職)議員		議員
次官	外部	議員／官僚		議員／官僚	官僚
政務秘書官		議員			大臣政務秘書官(議員秘書)
局長	外部	官僚	官僚	官僚	官僚
大臣などのスタッフ	外部(長官室スタッフ)	外部(特別顧問)	官僚(大臣キャビネ)	大臣室長、秘書官などは政治任用に近い	大臣事務秘書官、官房スタッフは職業公務員
(政治家、政治任用、職業公務員の比較)					
政治家が政権入りの比較	議員を辞職して入閣する議員は皆無	与党議員100人以上が政権入り	閣僚、閣外大臣約30数人の7－8割が議員(辞職)	約30数人が政権入り	約70人の与党政治家が政権入り
政治任用職　総数	約3000人	70数人(特別顧問)	局長など高級職約600人、キャビネ約700人	約400人	(少数)
政治任用職　人材供給源	外部	外部	エリート官僚	エリート官僚	外部や元公務員
政治任用職　政権交替時の異動	大部分	大部分	高級職は一部、キャビネは全員	一部	大部分
職業公務員の最高ポスト	局次長／部長	事務次官	局次長／部長	局次長／部長	事務次官

出典：人事院『公務員白書』(2004年)、表24、表25を参照して整理・加筆。

る方法をとっている。それは、強い官僚制、自律性の高い官僚制を前提にした戦略とも言える。フランスでは、局長など高級職六〇〇人、また大臣官房などスタッフ七〇〇名が政治任用となっている。ドイツも高級職約四〇〇名が政治任用である。政治任用の官僚は、政官の橋渡し役となっている。

戦後日本では、自民党長期政権、省庁官僚制の安定とは対照的に、内閣閣僚の交代が頻繁であった。官僚支配の打破、政治指導の確立が改革の目標とされるのである。イギリスを参考に、従来の政務次官に代わって副大臣・大臣政務官を各府省に置く議員立法が一九九九年に成立し、行政府内の政治家が大幅に増加し、二〇〇一年に内閣府の設置など省庁体制が大幅に再編された[31]。現在、日本は首相の下で大臣は最大一七人（現在一八人）、副大臣・政務官は約五〇名、併せて約七〇名が政権入りし、政治指導を強化するようにしている。

他方、高級官僚の政治的任命を強化する傾向もある。内閣及び内閣総理大臣の補佐機能を充実させる観点から、内閣総理大臣補佐官の定員増、内閣官房副長官補及び内閣情報官の新設、内閣広報官の格上げなどが行われた。これらのポストは、特別職国家公務員とされ、補佐官はほとんど国会議員から任用されるが、広報官や危機管理監などは（元）高級官僚の政治任用である。少数ではあるが、エリート官僚の政治任用の事例である。首相補佐官制度に加えて、二〇一四年に大臣補佐官制度も新設された。

以上は要するに、日本は、イギリスをモデルに与党政治家を多く政権入りさせる一方で、フランスなどに見られる高級官僚の政治任用を強化する可能性もあるようである[32]。各府省の幹部人事に関しては、政治主導の行政運営を実現するため、二〇一四年に内閣官房に内閣人事局が設置された。（約六〇〇人）部長級以上の幹部公務員の人事は、内閣人事局が一括して担当することになっている。現在、内閣が幹部公務員人事に関与する制度は整備しつつあるが、政治任用（幹部職公務員の政治化）はまだ見られない。高級官僚の政治任用へと方向を転換する可能性は不明である。

四　行政国家における官僚制役割の変容

政治家と官僚制集団は協力して行政権の行使を行っている。政治家は官僚の補佐などを必要とし、官僚は政治家の指導力を得て初めて政策が立法化していくことになる。協働の規範が生まれるのである。両者の協働は、実際どのように展開されているかを検討してみる。

1　政官関係における協働

官僚と政治家の相関関係に関する比較分析として、アババックらの有名な研究がある。(33) 表5は、その比較研究のための枠組である。イメージⅠでは、政治家は政策を決定し、行政官は政策を実施する（決定と実施）。イメージⅡでは、政治家と行政官はともに政策決定に関わるが、政治家は政治の価値の提示や利益の調整に、行政官は政策に関わる事実や知識の提示に寄与する分業が存在する（価値と事実）。

以上の二つのモデルは、基本的に政治家は意思決定を行い、官僚は政治家を補佐し政策判断に必要な知識などを提供し、その政策決定に従って実施するという政官関係にある。

官僚が現実の政策形成活動に大きな役割を果たすと想定して提示されたモデルは、次の二つである。イメージⅢでは、政治家は現状変更に積極的・情熱的でその原動力となり、政策ビジョンの提示、理想の追求にエネルギーを傾けるのに対して、官僚は現状の維持、政策の継続性と安定に長け、利害の調整、特に組織された諸利害の調整に寄与する（原動力と安定）。そしてイメージⅣでは、政策の実施を除き政治家と行政官の役割は区別が無くなり、完全な混合となる。そこでは政治家は専門化、官僚化し、官僚は政治化するような状況が生まれる。以上のような四つのモデルは、官僚と政治家に対する面接調査などで具体的に検証された。イメージⅠとイメージⅣについては、おおむね否定的であるが、イメージⅡとⅢは、いずれも高い可能性を持っている。また、イメージⅢの方はより現実に合致すると指摘されている。すなわち、政治家は社会の変化に情熱を傾け、官僚は政策の継続に力を発揮するという状況である。この調査と分析は、政治家と官僚制の役割について、それぞれの自己認識を検証したものである。

この分析から確認できることは、第一に政治家が政策決定をし、官僚が政策を実施するという単純なモデル（イメージⅠ）は、必ずしも現実の政治家と官僚の相関関係や行動をとらえていないということである。第二にイメージⅠからイメージⅣへの変化がある程度は確認できる。イメージⅣに対しては否定的であるが、政治家と官僚の共有領域の増大が生じていることは間違いない。

表５　官僚と政治家の役割関係図

政策の諸段階	イメージⅠ →	イメージⅡ →	イメージⅢ ？→	イメージⅣ
理念の提示	政治家			共有
利害の調整	政治家		共有	
政策の形成	政治家	共有		
政策の実施	官僚			

出典：Joel Aberbach, *et al.*, *Bureaucrats and Politicians in Western Democracies*, p. 239.

この一九七〇年代の調査をベースに一九八〇年代初めに行なわれた政治家と官僚の相関関係の分析は、非常に優れたものであるが、一九八〇年代以後、民営化、規制緩和などを中心に「小さい政府」を目指す新自由主義的な政治経済改革による変化が検討されていない(34)。また、日本に関する分析は含まれず、官僚制の役割が一方的に増大していくことを暗黙の前提にしている。英米の近代国家及び官僚制の発展をベースに置き、官僚制の役割の増大を理論化しているのである。日本（及び大陸国家）は、必ずしもこの理論モデルに当てはまるとは限らない。日本では例えば一八七三年に内務省が設置され、一八八五年に内閣制度が構築され、一八八七年に「文官試験試補及見習規則」などが定められたように、近代国家の構築においては（一八九〇年明治憲法施行など）立憲制度よりも行政権を行使する組織や人事制度の整備が先行された形で行われた。天皇の「行政大権」もあり、明治の時代から官僚支配の伝統があったとされる(35)。新憲法の制定など戦後改革、高度経済成長時代の政治社会の変動などを経て、やがて「政高官低」論が登場するようになる(36)。にもかかわらず、現在も官僚支配の打破、政治主導の確立が課題とされている。(37)「生まれながらの行政国家(38)」とされる日本をケースに考えると、イメージⅠを起点として官僚の役割が漸次増大するプロセスを想定することには留保が必要である。

2　官僚の公益観とその変容

日本の問題を念頭に置きながら、官僚制の役割変化を再考してみる。ここではシュバットの議論を手がかりに議論してみたい。それは、公共利益を実現する方法及び官僚の役割に関する理論で、三つの公益観があるとされる。(39)

第一に理想主義的公益観。官僚は党利党略を追求する政党政治から距離を置き、また社会からも自律した存在として公益を追求する公益観である。これは、先のイメージⅣあるいはそれ以上の官僚の役割を考える公益観である。行政が政治に対して超然主義の思考を持ち、政治を行政の中に取り込む傾向がある。この考え方は、民主主義の観点からは留保が必要である。第二に現実主義的公益観。私的利益そのものを肯定的にとらえ、私的利害や圧力団体の利害などの均衡状況や妥協の結果が公益とする、イメージⅢに符合する公益観である。この考え方はしばしば場当たり的な対応を生み、官僚制そのものが私企業や圧力団体に捕らわれ、癒着の温床を生み出すことになる。第三に合理主義的公益観。行政は、政治によって指示された方針、あるいは「公共の意思」を、能率を価値目標に据えながら追求することで公益を達成する考え方である。行政官は、政治の統制に服従し、行政の裁量を抑制しながらその目標を達成するように努力することで公益を実現できると考える。これは、いわば先に紹介したイメージⅠ及びイメージⅡに合致する公益観である。(40)

日本の行政学では、理想主義的公益観を有する官僚の姿が「国士型官僚」と特徴づけられている。(41)利害の調整を積極的に行う官僚のことは「調整型官僚」、そして合理主義的公益観に立つ官僚のことは「吏員型官僚」と名付けられている。(42)「国士型官僚」と「調整型官僚」は、それぞれ「古典的官僚」と「政治的官僚」と呼ぶこともある。(43)

表6では、官僚の役割認識と公益を追求する方向性を、表5の議論を借りて理念の提示、利害の調整、政策の実施など政策過程に対応させて整理して見せた。合理主義、現実主義、理想主義の公益観は、官僚の活動の増大に伴う役割認識の変化と対応する。

ところで、戦後日本のエリート官僚の公益観には、次のような変遷があったとされる。まず一九六〇年代まではキャリア官僚の公益観はおおむね理想主義に立っており、「国士型官僚」は、天下国家を背負って行動していた。しかし一九七〇年代以後、自民党政権の長期化と利益集団活動の活発化に伴って利益の調整に積極的に関わる官僚が多く登場し、現実主義的公益観を有する「調整型官僚（政治的官僚）」が登場した。さらに一九八〇年代になると、官僚支配を打破し政治指導を確立する諸改革に押され、社会からの批判に曝される官僚は、多様な利益を調整する役割を政治家に期待し、その政治決定に伴う責

表６　官僚の公益観と日本における変容

<table>
<tr><td rowspan="5">役割の位相と公益観</td><td>理念の提示</td><td rowspan="2"></td><td></td><td rowspan="2">理想主義</td></tr>
<tr><td>利害の調整</td><td rowspan="2">現実主義</td></tr>
<tr><td>政策の形成</td><td rowspan="2">合理主義</td><td rowspan="2"></td></tr>
<tr><td>政策の実施</td><td></td></tr>
<tr><td colspan="4">官僚の役割の推移：イメージⅠ ➡ イメージⅣ</td></tr>
<tr><td colspan="5">（日本）</td></tr>
<tr><td colspan="2">官僚の類型</td><td>吏員型官僚 ⬅</td><td>調整型官僚 ⬅</td><td>国士型官僚</td></tr>
<tr><td colspan="2">戦後日本における変容（傾向）</td><td>1980 年代以後、増加</td><td>1970 年代以後、増加</td><td>1960 年代まで優勢、以後、減少</td></tr>
</table>

任を回避しようとする消極的な行動パターンが見られるようになった。即ち、「吏員型官僚」が増大してきたのである[44]。

やや単純なまとめをするなら、日本の変化は、上述したイメージⅠからⅣまでの発展ではなく、天下国家の公益を追い求める「国士型官僚」が「古典的」であり、「調整型官僚」がその発展形態である。そして現在、イメージⅠ（及びイメージⅡ）に符合する「吏員型官僚」が増えてきた[45]。日本の発展は、アババックらが想定する方向性とは相反する趨勢を示しているようである。もちろん、官僚の役割（自己認識）は多様なもので、政治の状況、政策の形成過程の具体的展開によって分析されるべき問題である。その意味でも、「吏員型官僚」の増大によって直ちに政治が決定し官僚が執行するという単純な政官関係（イメージⅠ）が形成されるというわけではない。これまでの政策過程における官僚の役割を踏まえると、「国士型官僚」、「調整型官僚」

は減るが、官僚制の役割が一方的に萎縮することはないであろう。ウェーバーが言うように、官僚は「専門知識」のほか「職務知識」を有する。専門知識は政治家なども取得しうるが、職務知識は執務において蓄積される官僚制特有の知識である。日本官僚制は、政治主導へ改革する流れの中でその政策立案、政策管理のプロフェッションとして大きな役割を果たしていく可能性も大いにある。(46)

五　終わりに

戦後日本で唯一、内閣総理大臣が会長となった行政改革会議が一九九七年末に提出した最終報告書では、「公共性の空間が中央の官の独占物ではない」という改革の理念が提示された。(47)これは、裏返して言えば日本における（中央の）「官」の役割がいかに大きかったかを物語っている。本章でエリート官僚を巡る議論に多くのページを割いたのはそのためである。政官関係の検討や公益観の検証は、基本的にエリート官僚に関わる分析である。以下、言及していないことを三点強調して議論を終えたい。

第一に、行政国家の時代においては、政策立案への補佐や行政管理の機能と区別されるルーティンな業務も大量にある（執政・行政に対する業務）(48)。政権入りする政治家の「執政」を補佐する幹部職公務員の下で、日常的に国民と接し政策実施を担当する多くの第一線公務員が存在することを忘れてはいけない。(49)

第二に、公私混合領域の増大、NPOやNGOの成長に伴って、公共サービスの提供は、政府や行政に限定されなくなった。それこそ、「ガバナンス」の概念が捉えようとしている政府や行政を巡る変容の一面である。[50]

第三に、もちろん、官僚の補佐を得つつ、官僚を指導する政治家（政党政治）は、民主政治にとっては至極重要である。変化する時代において政治指導を確立するためには、情熱、責任、判断力を要する政治家の資質も問われている。[51]

注

（1）例えば佐藤亨『現代に生きる幕末・明治初期漢語辞典』（明治書院、二〇〇七年）では、「政府」という用語を収録し、その使用例があげられている（同書、五一九頁）。「行政」という近代語の成立については、毛桂榮『比較のなかの日中行政』（風行社、二〇一二年）第一章を参照。

（2）この『英和対訳袖珍辞書』では、「政府」のほか、「政治学」も訳語として登場していた。杉本つとむ編『江戸時代翻訳日本語辞典』（早稲田大学出版会、一九八一年）を参照。

（3）ヘボン辞書については、そのデジタル資料として明治学院大学図書館の所収（http://mgda.meijigakuin.ac.jp/mgda/waei/）を参照。

（4）山室信一『思想課題としてのアジア』（岩波書店、二〇〇一年）、四七六頁も参照。

（5）成沢光『政治のことば』（講談社学術文庫、二〇一二年）所収「統治」、二四五頁以下を参照。

（6）国立国語研究所「外来語」委員会『「外来語」言い換え提案』、二〇〇六年三月、四六頁。

（7）大森彌「比較視座における地方政府の研究」大森彌・佐藤誠三郎編著『日本の地方政府』（東京大学出版会、一九八六年）所収、とくに二七―三一頁を参照。
（8）「統治」の造語、概念化については、前掲、成沢『政治のことば』所収の「統治」を参照。
（9）鴨武彦「政府」、日本政治学会編『政治学の基礎概念』（岩波書店、一九八一年）、一一三頁。
（10）西尾勝『行政学の基礎概念』（東京大学出版会、一九九〇年）第一章「行政の概念」を参照。
（11）新藤宗幸『司法官僚』（岩波新書、二〇〇九年）を参照。
（12）議院内閣制については、大山礼子『比較議会政治論――ウェストミンスターモデルと欧州大陸型モデル』（岩波書店、二〇〇三年）、山口二郎『内閣制度』（東京大学出版会、二〇〇七年）、小堀眞裕『ウェストミンスター・モデルの変容』（法律文化社、二〇一二年）、待鳥聡史『首相政治の制度分析』（千倉書房、二〇一二年）、また毛『比較のなかの日中行政』第二章などを、大統領制については、Juan J. Linz and Arturo Valenzuela ed., *The Failure of Presidential Democracy: Comparative Perspectives*, Johns Hopkins University Press, 1994を参照。半大統領制については、デュヴェルジェの英語論文、Maurice Duverger, "A New Political System Model: Semi-Presidential Government", in *European Journal of Political Research*, 8 (2), 1980があり、また最近の研究としては、Robert Elgie, *Semi-Presidentialism: Sub-Types and Democratic Performance*, Oxford University Press, 2011を参照。
（13）日本の地方自治体の首長制については、礒崎初仁ほか『地方自治・改訂版』（北樹出版、二〇一一年）、曽我謙悟・待鳥聡史『日本の地方政治――二元代表制政府の政策選択』（名古屋大学出版会、二〇〇七年）を参照。
（14）松下圭一『政治・行政の考え方』（岩波新書、一九九八年）、山口二郎『内閣制度』第三章を参照。日本国憲法制定当時から、議院内閣制を三権分立的に理解していた可能性がある。高見勝利『芦部憲法学を読む――統治機構論』（有斐閣、二〇〇四年）、一〇一頁を参照。
（15）日本の地方自治体の首長制は二元代表制に類似し、国政における内閣総理大臣が議会から選出される内閣制とは異なり、首長は住民より直接選出される。それは、かつて革新自治体を誕生させ、一九九〇年代以後改革派首長を活躍させた制度的な原因である。

(16) 小泉内閣の下で設置された「首相公選制を考える懇談会」が二〇〇二年に最終報告書を提出した。弘文堂編集部『いま、「首相公選」を考える』（弘文堂、二〇〇一年）、また大石眞ほか『首相公選を考える――その可能性と問題点』（中公新書、二〇〇二年）を参照。

(17) 建林正彦ほか『比較政治制度論』（有斐閣、二〇〇八年）が優れた参考書。研究書としてはアレンド・レイプハルト『民主主義対民主主義――多数決型とコンセンサス型の36カ国比較研究（第2版）』（粕谷祐子ほか訳、勁草書房、二〇一四年、原著：Arend Lijphart, *Patterns of Democracy: Government Forms and Performance in Thirty-Six Countries*, 2nd edition, 2012）を参照。

(18) Matthew Søberg Shugart, "Comparative Executive-Legislative Relations", in *The Oxford Handbook of Political Institutions*, chapter 18, p. 359, ed. R. A. W. Rhodes, Sarah Binder, and Bert Rockman, Oxford University Press. 2006.

(19) Matthew Søberg Shugart and John M. Carey, *Presidents and Assemblies: Constitutional Design and Electoral Dynamics*, Cambridge University Press, 1992; Robert Elgie, *Semi-Presidentialism, op cit.*

(20) 例えば次のような英語文献がある。Arend Lijphart, *Parliamentary versus Presidential Government*, Oxford University Press, 1992; Alfred Stepan and Cindy Skach, "Constitutional Framwork and Democratic Consolidation: Parliamentarism versus Presidentialism", in *World Politics*, 46, 1993; Giovanni Sartori, *Comparative Constitutional Engineering: An Inquiry into Structures, Incentives and Outcomes*, 2nd edition, Macmillan, 1996.

(21) Kenneth Newton and Jan W. Van Deth, *Foundations of Comparative Politics*, 2nd edition, Cambridge University Press, 2010, chapter 5; Richard A. Clucas and Melody Allis Aaldini, *The Character of Democracy: How

Institutions Shape Politics, chapter 5, Oxford University Press, 2014.
(22) 西尾勝『行政学の基礎概念』第一章「行政の概念」、西尾勝『行政学・新版』(有斐閣、二〇〇一年)、第二章を参照。
(23) 山口二郎『内閣制度』、四〇頁以下、七八頁以下を参照。
(24) 日本とイギリスの比較分析は、必ずしも両国が「結合」(イギリス)と「分離」(日本)の典型を意味しない。この点に関しては、各国の政治行政のあり方を実証分析する曽我謙悟『行政学』(有斐閣、二〇一三年)第I部「政治と行政」も参照。
(25) 山口二郎『内閣制度』、二三頁。
(26) 菅直人『大臣』(岩波新書、一九九八年)などを参照。
(27) 松下圭一『国会内閣制の基礎理論』(岩波書店、二〇〇九年)、飯尾潤『日本の統治構造――官僚内閣制から議院内閣制へ』(中公新書、二〇〇七年)を参照。
(28) 人事院の『公務員白書』(平成一五年版)(国立印刷局、二〇〇四年刊行)では、先進諸国の政治任用職の調査が報告されている。また同平成一六年版(二〇〇五年刊行)では、政治任用に関する専門家の意見が掲載されており、併せて参照。
(29) 主要国官僚制の比較分析については、シルバーマン著、武藤博己ほか訳『比較官僚制成立史――フランス、日本、アメリカ、イギリスにおける政治と官僚制』(三嶺書房、二〇〇三年、原著は、Bernard S. Silberman, *Cages of Reason: The Rise of the Rational State in France, Japan, the United States, and Great Britain*, University of Chicago Press, 1993), Ferrel Heady, *Public Administration: A Comparative Perspective*, chapter 5 and 6, 6th edition, Marcel Dekker, 2001、毛桂榮『比較のなかの日中行政』第三章、一一三―一三四頁を参照。
(30) 官僚制の自律性に関する実証研究については、前掲『比較政治制度論』第七章を参照。
(31) 毛桂榮「行政システムの再構築とその課題」、川上和久ほか編『21世紀を読み解く政治学』(日本経済評論社、二〇〇〇年）所収、田中一昭『行政改革・新版』（ぎょうせい、二〇〇六年）を参照。
（32）この点については、西尾勝『行政学・新版』、一四七頁を参照。
（33）Joel Aberbach, Robert Putnam, Bert Rockman, *Bureaucrats and Politicians in Western Democracies*, Harvard University Press, 1981. 日本語の紹介は、真渕勝『行政学』、四九三頁以下、川崎信文「比較行政学（先進国）」、西尾勝・村松岐夫編集『講座行政学第1巻・行政の発展』（有斐閣、一九九四年）第四章、一三六—一三八頁を参照。
（34）真渕勝『官僚』（東京大学出版会、二〇一〇年）、一六頁。
（35）明治期官僚制の形成については、清水唯一朗『近代日本の官僚』（中公新書、二〇一三年）、井出嘉憲『日本官僚制と行政文化』（東京大学出版会、一九八二年）、赤木須留喜『「官制」の形成——日本官僚制の構造』（日本評論社、一九九一年）などを、また戦時体制の官僚制への影響については、岡崎哲二ほか編集『現代日本経済システムの源流』（日本経済新聞社、一九九三年）、野口悠紀雄『1940年体制・増補版』（東洋経済新報社、二〇一〇年）などを参照。
（36）日本政治学・行政学の研究における官僚優位論から政党優位論への展開については、辻清明（『新版・日本官僚制の研究』（東京大学出版会、一九六九年）を参照）と村松岐夫（『戦後日本の官僚制』（東洋経済新報社、一九八一年）を参照）を中心に簡潔に整理したことがある。毛桂榮『日本の行政改革』（青木書店、一九九七年）所収「現代日本の行政研究」、一一四頁。
（37）大森彌『官のシステム』（東京大学出版会、二〇〇六年）、前掲飯尾潤『日本の統治構造』、新藤宗幸『政治主導——官僚制を問いなおす』（ちくま新書、二〇一二年）を参照。
（38）「生まれながらの行政国家」については、井出嘉憲『日本官僚制と行政文化』を参照。
（39）Glendon A. Schubert, Jr. "The Public Interest' in the Administrative Decision-Making: Theorem, Theosophy, or Theory", in *The American Political Science Review*, 51 (2), 1957, pp. 346-368.

(40)「合理主義」や「合理性」の概念は、いわば「形式合理性」のことで、特定目標達成の最も効果的な手段という意味であり、「実質合理性」と対をなす概念である。日本の官僚制組織の（合理性など）行動分析に関しては、大森彌『官のシステム』、伊藤大一『現代日本官僚制の分析』（東京大学出版会、一九八〇年）などを参照。また日本の軍隊組織における「非合理的」な一面を分析した戸部良一ほか『失敗の本質――日本軍の組織論的研究』（中公文庫、一九九一年、原著一九八四年）が日本の行政組織を分析する上で参考になる。

(41)城山三郎『官僚たちの夏』（新潮文庫、一九八〇年、小説）、チャルマーズ・ジョンソン『通産省と日本の奇跡』（矢野俊比古訳、ブリタニカ、一九八二年、原著：Chalmers A. Johnson, *MITI and the Japanese Miracle*, Stanford University Press, 1982）を合わせて参照。

(42)真渕勝『行政学』（有斐閣、二〇〇九年）、四九六―四九七頁。

(43)「古典的官僚」と「政治的官僚」については、前掲村松岐夫『戦後日本の官僚制』、同『日本の行政――活動型官僚制の変貌』（中公新書、一九九四年）、同『政官スクラム型リーダーシップの崩壊』（東洋経済新報社、二〇一〇年）を参照。

(44)真渕勝『行政学』、四九七―四九九頁。

(45)イメージⅠからⅣまでの発展を想定するアババックらの議論からすれば、官僚の役割の増大は、行政活動が拡大した結果である。天下国家の利益を考える「国士型官僚」よりも、政治家が決定し官僚が執行すると考える「吏員型官僚」こそが「古典的官僚」と言える。この意味で「国士型官僚」のことを「古典的官僚」と名付けることは、日本官僚制の役割（あるいは役割認識）を踏まえたネーミングと言える。

(46)宮本融「日本官僚論の再定義――官僚は『政策知識専門家』か『行政管理者』か？」、日本政治学会編『政治学の新潮流――21世紀の政治学へ向けて』（木鐸社、二〇〇七年）所収を参照。

(47)行政改革会議及びその報告書については、行政改革会議事務局ＯＢ会『21世紀の日本の行政』（行政管理研究センター、一九九八年）を参照。

（48）近代国家における政府の機能や行政サービスの変容（及びその比較研究）については、新川敏光ほか『比較政治経済学』（有斐閣、二〇〇四年）などを参照。

（49）畠山弘文『官僚制支配の日常構造』（三一書房、一九八九年）などを参照。

（50）Guy Peters, *The Future of Governing*, University Press of Kansas, revised, 2001; H. George Frederickson, *et al.*, *The Public Administration Theory Primer*, Chapter 9, Westview Press, 2nd ed., 2011.

（51）マックス・ヴェーバー（Max Weber）『職業としての政治』（原著一九一九年）（岩波文庫、脇圭平訳、一九八〇年）、または『職業としての政治／職業としての学問』（日経ＢＰクラシックス、中山元訳、二〇〇九年）を参照。

第8章　世論とメディア

佐々木雄一

一　世論

1　世論とは何か

民主政治は、人々が主権者である。そうであるならば、民主政治において世論はきわめて重要な存在となるはずである。

ところで、世論とは何だろうか。『広辞苑』（第七版）は、「世間一般の人が唱える論。社会大衆に共通な意見」と記す。政治学関連の教科書では例えば、「ある社会内で、ある争点に関して有力なものと認知されている意見」（蒲島ほか 二〇一〇）であるとか、ある国や社会における公共の領域の事柄に関する普通の人々の意見の集合体（久米ほか 二〇一一）と説明されている。これくらいの内容であれば答えられるという人もいるだろう。

ただ、右の『広辞苑』の説明を見ただけでも、いくつもの疑問が生じる。何百万、何千万という数の人がいれば、年齢も、職業も、社会的地位も、政治ないし公共的な事柄に対する知識や関心の度合いもそれぞれ異なる。そうしたなかで、「世間一般の人」とは誰のことを指すのだろうか。どの人の論も均等に取り扱われて世論に結晶するのだろうか。また、「唱える」とあるが、人々はどのような回路を通じて論を「唱える」のだろうか。そして、「社会大衆に共通な意見」はどのようにつくられ、どのように見出されるのだろうか。世論は社会で流通する言説のなかに存在するのだろうか。それとも、選挙や世論調査の結果にこそ表れるのだろうか。(1)

以上の簡単な検討からも察せられる通り、世論は多義的・多面的な概念であり、その内実に関して古くから様々な議論がなされてきた。岡田（二〇〇一、iii頁）は、「世論の言葉や観念ははなはだ曖昧模糊で正体がつかみにくい厄介で手ごわい怪物でもある。世論研究者は一様に世論概念の曖昧さ・多義性・論争性に言及し、一義的に定義づけることの困難さと徒労を指摘する」と論じている。

政治学関連の教科書を見ても、世論を扱う箇所ではまず「世論とは何か」を論じ、その際には世論の語が持つ多義性・多面性に注意を促すというのが、よくある記述の流れとなっている。「「世論（public opinion）」は、多義的な概念である。関連文献を調べると、実に多彩な定義がなされていることがわかる」

（蒲島ほか 二〇一〇）、「世論をどのように考えるかについては歴史的に多様な議論がなされ、現在でも必ずしも見解の一致があるわけではない」（川出、谷口 二〇一二）、といった具合である。

したがって、広く政治学を学ぶなかで世論について考えるうえでは、世論の個々の定義を知るのもさることながら、「世論とは何か」という問いに関していかなる論点が存在するのか、どのように考えると整理できるのか、といった点を理解することが重要となる。さしあたり、①世論とは誰の意見か、②世論はどのように形成されるか、③世論はいかにして認知されるか、④世論は存在するか、という四つのポイントを押さえておくのがよいだろう。それぞれについて、現実がどのようになっているかという実態の話と、どうあるべきかという規範論などが複雑に絡み合っているが、ここではそうした点には深入りせず、基本的に実態面の話として論じる。

①は、社会の構成員全体の意見かもしれないし、もう少し狭く、政治的・公共的な事柄に知識や関心を有している人の意見かもしれない。あるいは、世の中の多数派の意見かもしれない。もっとも、その「多数派」なるものがどのように形成され、認知されるのかというのは、さらに②や③の観点とも関わってくる。また、世論は実質的には政党・政治家や利益集団、マスメディアの意見が色濃く反映されたものであるとも考えられる。

②は、人々が日常的におこなう自由で活発な討議のなかから生じるかもしれない。あるいは、人々は実際にはそのようなことはしないのであり、加工された情報を受動的に得て、世論を形成しているのか

もしれない。さらにいえば、世論は世の中に存在する意見のある面が切り取られたものであって、切り取った側の政治エリートやマスメディアが世論なるものを生み出しているとも考えられる。

③は、選挙や世論調査のほか、政治家、政党、行政組織などに人々が直接的に働きかけるということがあり得る。また、マスメディアは世論調査に限らず、報道、論説、意見の紹介など様々な方法で世論を表出させる（蒲島ほか二〇一〇）。

④は、②で触れたような見方をさらに進めると、「世間一般の人が唱える論」などというものは存在せず、政治家や政党、マスメディア、言論人などが自身の主張を正当化するために世論という語を都合よく使っているにすぎないとも考えられる。世論はフィクションで実体はない、とまで断じてしまうと極端に過ぎるが、世論という用語ないし概念が根本的に政治的意図やレトリックの面を有しているのは間違いない（岡田二〇〇一参照）。

以上を踏まえたうえで、世論とは何か。それについてまずは、世論とは何であるかではなく、世論とは何でないかを考えた方がわかりやすいように思われる。つまり、世論は、政府や政党、政治家の意見ではない。野党政治家が政府や与党を追及する際、世論の存在に言及することはあるだろう。そこで持ち出される世論とは、野党が自らの政治的主張のために都合よく切り取り、あるいは生み出したものかもしれない。しかしいずれにしても、世論はあくまで、政府や政党、政治家の外側に存在する人々の意見として扱われている。

現在、各国の民主政治は基本的に代表民主制である。そのなかで、「政治・行政を担う代表や代表から委任された組織・集団」以外の人々の意見が何らかのかたちで集積されたものが、世論ということになる。民主政治自体、人民主権を根幹としつつ、実際には人々の政治への関与の仕方は多様であり、またマスメディアや利益集団が大きな影響力を有している。したがって世論も、その担い手や形成過程に関して様々な捉え方があり、かつそれらの実態は国や時代によって変化してきたのである。

2　世論、public opinion、輿論、民意

以上のように世論の意味とその多義性・多面性を理解したうえで、さらに世論という言葉についていくつか検討を加えておきたい。

まず、世論とpublic opinionについてである。日本語の「世論」は、英語では「public opinion」である。しかしながら、世論に関する議論とpublic opinion（ないしそれに相当するフランス語やドイツ語の語句）に関する議論は、必ずしも一致しない。世論をめぐる状況がそれぞれ異なるうえに、世論やpublic opinionという概念そのものが、時代性や地域性を帯びて成り立っているからである（Glynn et al. 2016参照）。

次に、世論と輿論についてである。『日本国語大辞典』（第二版）は、以下のように記す。

・せいろん（世論）：世間一般の議論、風説。よろん。せろん。
・せろん（世論）：「せいろん（世論）」に同じ。
・よろん（輿論・世論）：世上一般に唱えられる議論。世間一般の人の意見。せいろん。せろん。公論。

そして、「よろん（輿論・世論）」の補注では、「昭和二一年（一九四六）に告示された当用漢字表に「輿」の字が含まれなかったため、「世論」を「よろん」と読ませて用いるようになった」と説明されている。元々日本語には、「世論（せいろん、せろん）」と「輿論（よろん）」の語が存在したが、戦後になって、「輿論」と置き換わるかたちで「世論（よろん）」という言葉が生まれたのである。

この世論（せいろん、せろん）と輿論について、両者の違いを強調する佐藤（二〇〇八）の議論がよく知られ、多くの研究で参照されている。すなわち、世論（せいろん、せろん）が指し示すのは気分、雰囲気、popular sentiments で、輿論は理性的な意見、公論、public opinion であり、戦前において二つは別の言葉であった、というのである。

ただ、しばしば誤解されるところだが、戦前の日本において常に輿論の語が理性的な責任ある公論という意味で用いられていたわけではない（佐藤 二〇〇八もそのようには論じていない）。輿論はそのような意味合いを含む言葉ではあったが、戦前の辞書における輿論の項を見れば、基本的には現在の世論（よろん）の説明と同様である（宮武 二〇〇三、西平 二〇〇九参照）。

日本政治史の展開から輿論というものの捉え方の変遷を確認すると、幕末・明治維新期は、江戸幕府による国政の独占に反抗する動きから倒幕、新政府樹立へと進んだ。そこにおいて輿論という言葉は、聞くべきもの、尊重すべきものとして掲げられた。現に国政を担っている集団の外側に、見識や能力、参加意欲はあるものの国政に関与できない層がおり、その層の、あるいはその層まで含めた意見の集合体が輿論である。

明治時代に入っても引き続き、より広範な層に政治を開くというのが政治・言論の世界において是とされ、人々の意見は尊重すべきものと位置づけられた。国政を担っている明治政府もその感覚は相当程度共有しており、憲法制定、議会開設に至る（佐々木 二〇二〇）。

しかしながら、帝国議会が開かれ、選挙権も拡大していくと、どこまでの範囲の人々の意見を尊重すべきかということについて、考えが分かれてくる。日比谷焼き討ち事件以来の都市の暴動・騒擾、社会主義、労働運動といったものを、既存の指導層・支配層は強く警戒した。あるいは、日本初の本格的な政党内閣を組織したことで知られる原敬は、男子普通選挙の導入には消極的だった。「輿論＝尊重すべきもの、理性的な責任ある公論」という図式は、単純には成り立たなくなっていった。

戦後になって、輿論の表記は世論に置き換えられる。そのうえで、世論が日本政治において尊重されるべきものとして位置づけられたのはいつか。歴史家・評論家の萩原延寿は、池田勇人内閣期であると論じる。すなわち、日本は第二次世界大戦での敗戦を経て民主主義国家となったものの、しばらくは歴代保守政権において国民の世論は嘲笑や軽蔑、困惑の対象でしかなかった。ところが池田内閣は世論に積極的な価値を見出し、政治を世論という土俵の上に連れ出した。世論の争奪というところで革新勢力に勝負を迫ったのである（萩原 一九六四）。憲法改正（自主憲法制定）が棚上げされ、民主主義など戦後的価値観が定着した池田内閣期に、日本政治における世論の地位も確立した。

最後に、世論と似た言葉として民意がある。飯田ほか（二〇一五）は民意を、「個々の有権者の政治に関する意見を国や地域単位で集計したもの」と定義する。人物や物事に関して有権者の持つ好き嫌いの感情が「態度」で、それが言語化されたものが各有権者の「意見」であり、それを国や地域単位で集計したものが「民意」である。そのような整理がなされれば、民意は基本的に世論調査によって測定されるということになり、学術的には使いやすい概念となる。

ただし民意という言葉がそのような意味の学術用語として広く定着しているわけではない。例えば日本政治学会の『年報政治学』二〇一四年度第I号は「民意」という特集を組んでいるが、「民意」が何を指すのか、あるいは民意と世論がどのような関係にあるのか、所収論考から共通の像は浮かび上がってこない。

日常的にも、民意という言葉は様々な人物や勢力が様々な場面で、様々な意味で用いている（前田 二〇一四、吉田 二〇一八）。とはいえ、世論との関係では一定の傾向をうかがうことができる。「民意を問う」や「民意を反映」、「民意が示される（示された）」、「世論の動向」、「世論の支持」が通例の表現であり、

「世論を問う」や「世論を反映」、「世論が示される（示された）」、「民意の動向」、「民意の支持」とはあまり言わない[2]。つまり、世論は半ば必然的に政治的意図を含むかたちで表出しており移ろうものでもあるのに対し、民意は民主主義のより根幹に位置し、かつ常に顕在化しているわけではない。そのように、民意が基底にあって世論はそれを結晶・表出させた一部であるという捉え方は、学術的にも示されている（西澤 二〇一四、前田 二〇一四参照）。そうであるならば、後述のようにマスメディアの地位が揺らぐなかで、より根源的で加工されていない人々の意思たる民意が取りざたされることが増えそうだが、民意の意味や民意と世論の関係性はいまだ定まっていない。今後の展開が注目される。

3　リップマン『世論』

西洋の政治思想において、世論に関する議論は古くから存在する。民主主義と世論は密接に関係しているのであるから、とりわけ西洋世界で民主主義が定着していった一八世紀以降、民主主義関連の著名な思想家はたいてい世論についても相応に論じている。

しかし本稿ではそうした世論概念の歴史的展開を順にたどるということはせず、ウォルター・リップマンの議論に焦点を当てたい。世論とメディアについて、あるいは様々なメディア環境のなかで成立する世論について考えるうえで、リップマンの『世論』が最重要著作の一つであるのは間違いない。原著が刊行されたのは一九二二年だが、現在読んでもなお示唆に富んでいる[3]。

リップマンは次のように論じる。人にとって「真の環境」はあまりに大きく、あまりに複雑で、あまりに移ろいやすい。そこで人は、そうした環境のなかで行動していくに当たって、それをより単純なモデルに基づいて再構成して対処する。つまり、人と、その人を取り巻く状況の間に一種の「疑似環境」が入り込み、行動はその「疑似環境」に対する反応として生じる（リップマン 一九八七、上巻、二九—三一頁）。「それぞれの人間は直接に得た確かな知識に基づいてではなくて、自分でつくりあげたイメージ、もしくは与えられたイメージに基づいて物事を行なっている」のである（同書、四二頁）。そしてリップマンは、行為の現場、その現場について人間が思い描くイメージ、そのイメージに対する人間の反応が行為の現場に作用するという事実、という三者の関係を踏まえて世論を分析する必要性を説くのである（同書、三二頁）。

先入観や固定観念に関する以下の議論も有名である。

われわれはたいていの場合、見てから定義しないで、定義してから見る。外界の、大きくて、盛んで、騒がしい混沌状態の中から、すでにわれわれの文化がわれわれのために定義してくれているものを拾い上げる。そしてこうして拾い上げたものを、われわれの文化によってステレオタイプ化されたかたちのままで知覚しがちである（同書、一一一—一一二頁）。

リップマンは、「われわれは自分で見るより前に外界について教えられる。経験する前にほとんどの物事を想像する。そして教育によってはっきりと自覚させられないかぎり、こうしてできた先入観が知覚の全過程を深く支配する」とも述べている（同書、一二三—一二四頁）。

さらに、情報は、人々の脳裏に届く前に様々なかたちでゆがめられている。情報を発信する段階で、検閲がおこなわれるかもしれない。機密性が考慮されるかもしれない。情報を伝達するなかでも、正確さが損なわれることや誤解が生じることはいくらでもある。また人々は、情報を得るのに必ずしも十分な時間や注意力を用いるわけではない。どのような社会的集団や階層に属するかによっても、得られる情報や見える世界が変わってくるかもしれない（同書、五三—一〇八頁）。

以上のような状況で世論が形成されるのだとすれば、それは必ずしも尊重されるべきものとは言い難いだろう。人々は慎重に調べ、深い思索や議論を通じて正しそうな結論に至るのではなく、断片的な情報や先入観に基づいて物事に対する印象を持ち、意見を唱えるのである。

そうしたリップマンの世論観、民主政治観の背景には、大衆民主主義の時代が存在した。しかしながらリップマンは、大衆の無知や無関心を嘆いていたわけでも、大衆が担い手となった民主政治への絶望を表明していたわけでもない。そうではなく、人々があらゆる公的事柄に対して十分な知識や関心を持ち、確かな情報を得、理性的に考え、そして世論が生み出され、民主政治を導くという考え方を否定したのである。

前述の通り、世の中はあまりに大きく、あまりに複雑で、あまりに移ろいやすい。しかも、人々はそれぞれの日々の生活を送っている。したがって、「人はあらゆる公的問題について自分の公的意見をもちうる、という理論通りに実生活のなかで行動している人はいない」（リップマン 一九八七、下巻、二五八頁）。そのような現実を直視したうえで、民主政治をより良く作動させていく方法として、世論が影響を及ぼす範囲の制限や、現代風にいえば情報リテラシーないしメディアリテラシーを普及させることを模索したのだった(4)。

二 マスメディア――現代日本を中心に

1 概観

（1）マスメディアとは何か

メディアとは何か、というのも色々と考えることができる問いだが、本稿ではそうした点は深く探求しない。政治との関わりという観点から、新聞やテレビといった既存マスメディア、そしてインターネット、ソーシャルメディアについて論じる。

それでは、マスメディアとは何か。「組織化された送り手から、不特定多数を対象としたメッセージや情報を大量伝達する一種の社会活動」がマスコミュニケーションであり、その送り手ないし媒体がマスメディアである（谷藤 二〇〇〇、フェルドマン 二〇〇〇）。具体的には、新聞、雑誌、ラジオ、テレビ、映画などが挙げられる。

そのなかで本稿では、主に現代日本の状況に即して、新聞とテレビについて論じる。とはいえ、現在に至るまで日本で政治上の影響力を有してきた雑誌には、少々触れておく必要があるだろう。まず、政治家のスキャンダル追及などの面では、とりわけ週刊誌は今なお存在感を発揮している。戦後史のなかでは、田中角栄首相を退陣に追い込んだ金脈問題報道などがよく知られている。また、戦後日本において論壇の主要な舞台となったのが、総合雑誌であった。総合雑誌は現在では一部の例外を除き発行部数は大きく落ち込み、読者層の広がりも見られず、廃刊となったものも少なくないが、かつては多くの雑誌が刊行され、大きな知的影響力を有していた[5]。新聞と総合雑誌、そこで言論活動を展開する知識人・言論人、そしてその読者層によって構成される言論空間は、反保守・反自民党政権の傾向が強く、議会・政党レベルでは劣勢である革新勢力を支える存在となっていた。

（2）マスメディアの性格と役割

さて、以下で新聞とテレビの具体的な説明に入っていく前に、マスメディアの性格や役割、効果について簡単に述べる。

まず、マスメディアはいかなる性格を有し、社会でどのような役割を果たしているのだろうか。例えば、不正やスキャンダルの追及というところから考えてみると、報道機関ないし記者は、取材をおこない政治家などの不正やスキャンダルを見つけ出す。そして問題を報道し、人々に広く知らせる。不正やスキャンダルをなぜ報じるかというと、もちろん報道機関としての使命感・正義感はあるだろう。しかし他方で、人々が注目するからというのも大きな動機となり得る。視聴率や売り上げに結びつきそうであれば、テレビや週刊誌は政治家の不正でも芸能人の不倫でも大々的に報じる。

以上からもわかる通り、マスメディアはまず、人々に情報を伝えている。とはいえ、世の中のすべてのできごとを報じるのもあらゆる角度から検討するのも不可能である。つまりマスメディアは、何をどのように報じるかという選別・選択をおこなっている。したがって必然的に、何らかの偏りや主観的判断を伴うかたちで情報は伝えられている。

何をどのように取り上げるか判断して報じるマスメディアは、政治中枢にも人々にも強い影響力を与える政治的な主体である。どの程度前面に打ち出すかは国や時代などによっても異なるものの、党派性も帯びる。しかし同時にマスメディアは、世の中の現象や情勢を鏡のように映すことも求められている。情報・メッセージの大量伝達技術を用いて、公平に、客観的に事実を知らせてほしいという要請もあるのである。そしてマスメディアは実際に、そうした要請にも応えてきた。不可避的に生じる偏りや主観的判断、党派性を含みながら、マスメディア自身が公平性や客観性に留意するかたちで報道・論評をおこなってきたのである。しかしその体制は後述の通り、インターネット・ソーシャルメディアの普及によって逆風にさらされている。

既に重要な問題として人々に認知され、関心を集めているできごとについて報じる以外にも、マスメディアは世の中の埋もれている情報を掘り起こし、見つけ出して広めてもいる。もちろん独自の取材・調査はマスメディアの専売特許ではなく、フリーのジャーナリストや市民団体などもおこなっているが、政治家の不正の調査報道などはその代表的な例である。また、新聞の社説などに端的に表れているように、マスメディアには、自分たち自身の意見を発信するという面もある。言論空間を提供するという面もある。

そのような諸活動を通じて、マスメディアは権力の監視をおこなっている。権力監視こそがマスメディアないしジャーナリズムの主要な使命であると語られることも多い。ただし、それが実行できているかどうか、情報の受け手たる人々がどのように評価しているか、というのは別問題である[6]。また、一言で権力監視といっても様々な態様が考えられる。不正を調査して暴露し、糾弾する以外にも、情報を公開させるとか、問題点を指摘するというかたちもあり得る。あるいは、より望ましい方向性を示して改善を促す、鞭撻するというのも権力監視の一つの方法だろう。

そして最後に、企業・経営体としての性格である。新聞にしてもテレビにしても雑誌にしても、マスメディアは、ビジネス・経営の面を抜きにして考えることはできない。ビジネス・経営の論理によって報道の仕方は多分に規定され、また事業の拡大・縮小などももたらされる。

（3）マスメディアの効果

マスメディアが何らかのかたちで人々の認識や意見の形成に影響を与えているというのは、多くの人が感じているところだろう。ただその影響は具体的に、どのようなかたちで生じているのか。マスメディアが人々に与える影響（効果）の大小や態様について、これまで様々な分析がなされてきた。細分化された研究を個々に紹介することはできないが、主要な理論・テーマをいくつか挙げておきたい（以下、竹下二〇〇八、蒲島ほか二〇一〇、谷口二〇一五参照）。

世論との関係におけるマスメディアの効果について、代表的なテーマの一つが、議題設定である。マスメディアの報道・情報伝達が争点やトピックの重要性に関する人々（＝情報の受け手）の認識に影響を与えるということであり、例えば、マスメディアがある争点・トピックを大々的に取り上げれば、人々はその争点・トピックをより重要なものと考えると想定される。どの争点を、ということではなく、ある争点のどの側面・属性を強調するかによって人々に影響を与えるという点も研究されている（属性型議題設定）。

プライミング効果もある。議題設定効果が基本的に人々の認知・認識に関する議論なのに対し、プライミング効果はそれを踏まえて、マスメディアの強調する争点が、人々が政権や政治家を評価する際の基準として比重を増すといったように、人々の評価・態度に関わる。

マスメディアによるフレーミング（枠づけ、切り口）が人々に影響を与えるというフレーミング効果も論じられている。その内実は多様であり、また属性型議題設定との関係性など複雑な部分がある。

以上はマスメディアを主語として説明したが、政治家を中心に考えることもできる。つまり政治指導者や政党は、マスメディアを利用しながら特定の争点であるとかその争点のある側面を強調して訴え、人々の認識や判断基準に影響を与え得る。マスメディアが盛んに報道しそうなキーワードやわかりやすい対立図式を提示し、それによって自分たちに有利な環境をつくるといったことも可能なのである。

最後に、沈黙の螺旋理論にも触れておく。人は、ある争点に関して自分の意見・立場が社会で少数派ないし劣勢だと感じると、公の場での意見表明を控える。つまり、沈黙する。逆に、自分の立場が多数派・優勢だと認識した人たちは自信を持って発言する。そのようにして、多数派・優勢と見られた意見や立場はますます優勢になり、少数派・劣勢の意見や立場はますます劣勢になる。現在の風向きがどうか、自分の意見が少数派か多数派かといったことを認識するに当たっては、マスメディアが重要な情報源になっている（ノエル＝ノイマン 二〇一三）。大がかりな仮説であるためどの部分がどの程度一般的に妥当するかということを実証的に示すのは容易ではないが、これに関しても様々な研究がなされている。

２　新聞

新聞は、伝統的に政治との関わりが最も深いマスメディアである。権力監視の機能などは、様々なマスメディアのなかでも特に新聞が果たしてきた。新聞社や記者は、そのような機能を果たすことについて、国民から直接的に選任されたわけでも委託されたわけでもない。しかしながら、国内外のできごとについて取材して報道し、論評し、議論の場を提供し、それで経営体として成り立ってきたという伝統を有する。日本でも約一五〇年の歴史があり、例えば『毎日新聞』の源流である『東京日日新聞』の創刊年は一八七二年、『読売新聞』は一八七四年、『朝日新聞』は一八七九年である。

新聞は、いくつかのタイプに分類できる。他国でも当てはまる部分もあるが基本的には日本を念頭に置くと、まず、一般紙とそれ以外に分けられる。一般紙は、政治、経済、社会、文化、スポーツなど広範な分野を総合的に扱うもので、その他、スポーツ紙や夕刊紙、専門・業界紙、機関紙などがある。非日刊や無料の新聞もある。

発行エリアに着目すると、一般紙は全国紙（『読売新聞』、『朝日新聞』、『毎日新聞』、『日本経済新聞』、『産経新聞』）と地方紙に分けられる。地方紙は、広い地域や複数の県などを対象とするブロック紙、一つの県域を対象とする県紙などがある。なお『中日新聞』はブロック紙だが、発行部数は『読売新聞』・『朝日新聞』以外の全国紙と同等か上回っている。

日本の新聞の大きな特徴は、発行部数が多いことである。日本ABC協会の新聞発行社レポートによると、二〇二〇年上半期の平均販売部数（朝刊）は、『読売新聞』が七七二万部、『朝日新聞』が五一六万部である。必ずしもこの数値が実売部数と一致するわけではないが、いずれにしても多い。後述の通り全般的に日本の新聞発行部数は減少傾向にあるものの、世界ニュース発行者協会（World Association of News Publishers）の年次報告書*World Press Trends*を見ると、紙版の部数としては二〇一九年まで『読売新聞』・『朝日新聞』の二紙が世界第一位と第二位であり、『毎日新聞』・『日本経済新聞』・『中日新聞』の各紙も上位十数紙に入り続けている。成人人口一人当たりの新聞発行部数という点でも、日本は上位に位置している。

報道・論評に際して政治的党派性を明確には打ち出さず、一応は中立的な姿勢を示すのも、日本の新聞の特徴である。つまり、A党支持の立場を明言したり、「今度の選挙ではB党の候補に投票すべきである」といった記事を書いたりはしない。ただし実際には、左右軸上で左、右、といった立ち位置の違いは存在する。

近年の日本の新聞の傾向として重要なのが、発行部数の減少である。前述の日本ABC協会のレポートで二〇一〇年上半期と二〇二〇年上半期の平均販売部数（朝刊）を比較すると、『読売新聞』：一〇〇二万部→七七一万部、『朝日新聞』：七九六万部→五一六万部、『毎日新聞』：三五九万部→二二五万部、『日本経済新聞』：三〇三万部→二一三万部、『中日新聞』二七三万部→二一四万部、『産経新聞』：一六三万部→一三三万部である。いずれも大幅に減少していることがわかる。その間、日本新聞協会発表の新聞の発行部数全体（朝夕刊セットを一部として計算）も、四九三二万部（二〇一〇年一〇月）から三五〇九万部（二〇二〇年一〇月）へと大きく減っている。(7)

なお、新聞の発行部数の減少は、日本だけでなく欧米など他の先進民主主義諸国でも見られる現象である。もっとも、そこで一様に減少しているのは紙版の新聞の発行部数であり、他方で電子版の読者を多数獲得している新聞もある。日本では『日本経済新聞』が典型的な例で、電子版の有料会員数は二〇二〇年七月時点で七七万人である。[8] ただ、『日本経済新聞』はビジネス関係者や就活生といったコアな読者層が一定数存在するという特殊な条件があり、他紙が同様の成功を収めるのは容易ではない。現在までのところ、巨大な発行部数や販売店網を軸に事業を展開してきた日本の新聞社は、大きく方向転換して電子版に注力していくという状況にはなっていない（竹下、松井二〇一八）。

収入の構造という点で見ると、日本の新聞社は新聞自体の販売収入が大きな割合を占めている。日本新聞協会発表の数値では各社の平均で五〇%を超えている。[9] 販売の大半は、戸別配達である。広告が新聞の主要な収入源となり、しかも多数の地方紙が存在するアメリカの場合、二〇〇〇年代後半以降、不況やインターネットの台頭により経営が成り立たなくなり廃刊に追い込まれる新聞が続出した。日本は現時点ではそのような状況にはない。とはいえ、日本でも新聞の広告収入は大幅に減少しており、発行部数の減少も相まって、経営を困難にしている。

インターネットやスマートフォンの普及、高齢読者の購読中止、そして若年層にあまり読まれていないという状況を踏まえると（日本新聞協会二〇一九）、新聞の紙版の発行部数の減少傾向は今後も続くものと考えられる。広告収入も上昇に転じることはないだろう。そうすると、例えば地域密着型の小規模新聞が廃刊となり、地元の情報が得にくくなるかもしれない。あるいは大手の新聞でも、倒産・廃刊という事態には至らないとしても、これまでと同様の取材や報道、情報伝達をおこなうことができるかどうかという問題がある。

以上のような新聞を取り巻く状況は、社会における新聞の地位や影響力の決定的な凋落につながるのだろうか。そうであるともそうでないとも、どちらとも言い得るように思われる。つまり、数十万から百万、二百万という発行部数を確保し、それで経営が成り立つように体制を整備したうえで、インターネットで個別の記事を無料で配信し、新聞発の情報を世の中により広く流通させ、一定の影響力を保つといったことは考えられる。

他方で、政治的・公共的な事柄に関する情報の広範な伝達や権力監視などの役割を新聞がこれまでのようには担うことができなくなるとも考えられる。もしそうだとすると、新聞に代わる存在となるのは、テレビだろうか。インターネットだろうか。取材は誰がおこなうのだろうか。報道の質はいかにして担保されるのだろうか。独立性、公平性、客観性といったこととビジネス・経営の面はどのようにバランスがとられるのだろうか。容易には答えが出ないところである。

３　テレビ

テレビは新聞と比べると、本質的に政治との関わりが深いというわけではない。ニュース・報道だけでなく、娯楽・バラエティ番組もテレビドラマもスポーツ中継もある。とはいえ、現在の日本では各局でよく政治関連の話題が取り上げられている印象があるかもしれない。それは、近年になってから生じた現象である。

日本のテレビでは一九八〇年代から、面白さやわかりやすさを意識した、娯楽性を有するニュースが多々提供されるようになった。そのようなニュース（番組）を、ソフトニュース（番組）と呼ぶ。娯楽性を取り入れた政治報道・ニュース番組がそれ以前に皆無だったわけではないが、一九八五年に放送が開始された「ニュースステーション」が大きな画期となった。ニュースを淡々と報じるのではなく、キャスターが軽妙に語りわかりやすさを追求するスタイルで同番組が高い視聴率を獲得し、各局はニュース番組の拡大・増加に取り組んだ。そして、政治討論番組も盛んになっていった。映像が人々に与えるインパクトは大きく、イメージやビジュアルの重要性が増し、テレビでうまく立ち回ることが政治家に必要な資質となった。政治に対してテレビが強い影響を与えるようになり、政治家や政党の側も、テレビを通じた国民へのアピールやイメージ形成を積極的におこなった（谷口二〇〇八、同二〇一五、逢坂二〇一四）。

一九八〇年代後半からというのは、日本政治が大きな転換期を迎えていた時期である。一九八八年に発覚したリクルート事件を機に、政治改革・選挙制度改革が政治の焦点として浮上した。一九八九年の参議院選挙では社会党が改選第一党となった。土井たか子率いる社会党の躍進は、土井ブームなどと呼ばれた。参院選での敗北により宇野宗佑内閣は発足から二か月での退陣となり、海部俊樹が後任の自民党総裁・首相となる。主要な大臣ポストや党の役職の経験がなく、派閥のリーダーでもない海部の総裁・首相就任は異例だが、若さやイメージが重視された。冷戦の終結、ソ連崩壊、湾岸戦争といった国際情勢の変動もあって政治的リーダーシップの確立が求められ、それも政治改革への動きにつながった。そして政治改革問題と自民党内の権力闘争が合わさるかたちで一九九三年に宮沢喜一内閣の内閣不信任案が可決され、衆議院解散・総選挙を経て非自民連立政権である細川護熙内閣が成立して自民党長期政権は終焉を迎えた。激動の時代だからこそテレビが政治に強い関心を示したという面も、テレビが激動の時代をつくったという面も、どちらもある。

そうしたテレビ時代の政治の到達点というべき存在が、小泉純一郎である。自民党内の支持基盤が弱かった小泉は、二〇〇一年の自民党総裁選において国民の間で支持が盛り上がり、その後押しを受けて自民党総裁・首相となった。「自民党をぶっ壊す」であるとか、「私の内閣の方針に反対する勢力はすべて抵抗勢力」といった言葉からもわかるように、小泉は国民からの支持を得ることで自らの方針を貫徹しようとした。そして、気の利いた短いコメントを述べ、派手なパフォーマンスをし、巧みにキーワードや対立の図式を示した。小泉の政治スタイルは、ワンフレーズ・ポリティクスであるとか劇場型政治と呼ばれた。

小泉内閣期は民主党が台頭してくる時期と重なっており、自民党は国政選挙で勝利し続けたわけではないが、郵政民営化をめぐって衆議院を解散しておこなわれた二〇〇五年の総選挙では大勝した。小泉は、郵政民営化について是か非か、あるいは改革派対抵抗勢力という対立図式を設定し、自民党内の反対派に対立候補（いわゆる刺客）を立てた。テレビはその対決の構図やストーリーを面白がって盛んに取り上げ、結果的に自民党の大勝を導くこととなった（星、逢坂 二〇〇六、蒲島、スティール 二〇〇八、逢坂 二〇一四参照）。

小泉内閣の時代を通じて、政治とテレビの結びつきはさらに深まった。つまり、ワイドショー・情報番組など、ニュース番組以外でも政治を中心的なテーマとして取り上げるようになった。小泉ほど巧みにテレビを利用した首相はその後いないが、ニュース番組からワイドショー・情報番組まで政治に関する報道が世の中にあふれているという状況は、現在まで続いている。

ところで、若者のテレビ離れ、すなわちテレビ視聴時間の減少といった現象は生じているものの[10]、依然としてテレビは人々にとって身近で信頼度の高いマスメディアである。総務省情報通信政策研究所の「令和元年度情報通信メディアの利用時間と情報行動に関する調査」によると、世の中のできごとや動きについて信頼できる情報を得るために一番利用するメディアはテレビが最多で（五五・九％）、インターネット（二四・〇％）、新聞（一六・七％）に大きな差をつけている。情報源として重要かどうかという観点でも、テレビ（八八・一％）はインターネット（七五・一％）を上回っており、若い年代においても八〇％を超えていてインターネットと大きな差はない。一〇代～三〇代の三〇％程度にしか重要とみなされていない新聞とは状況が異なる。またテレビの信頼度は六五・三％で新聞（六八・四％）とほとんど差がなく、インターネット（三二・四％）より明らかに高い。そのテレビにおいて政治に関する情報が多々提供され、一定の視聴率を得ている以上、それは現在もこれからも、何らかのかたちで政治的・公共的な事柄に関する人々の認識や態度、意見に影響を与えるものと思われる。

民放各局の主な収入源は広告収入であり、その広告収入を基礎づけているのが視聴率である。したがってここまでの記述でも既に触れてきたように、民放各局では視聴率の獲得はきわめて重視され、何をどのように取り上げるかを規定する。そうした論理に基づいて政治はテレビの有力なコンテンツとして位置づけられ、政治報道と娯楽の混交が進み、わかりやすい図式やインパクトのある映像・音声が好んで採用されてきた。そのようなニュースや報道の隆盛については学術的に様々な分析・評価がなされてきたが、自身の経験や身の回りの状況からも、色々と気づきを得られるところだろう。

三　インターネット・ソーシャルメディア

1　インターネット・ソーシャルメディア時代の成立

インターネットが一般に普及するようになったきっかけは、Windows95の発売である。英語版は一九九五年八月、日本語版は同年一一月に発売された。その後日本では、一九九六年にYahoo! JAPANが、一九九九年にはネット掲示板の「2ちゃんねる」がサービスを開始している。二〇〇〇年前後には、イ

（年表）インターネット・ソーシャルメディアの展開

年	事　項
1995	Windows95発売
1996	Yahoo! JAPANサービス開始
1999	2ちゃんねるサービス開始
2000	Google日本語版サービス開始
2003	ブログサービス普及
2004	GREEサービス開始 mixiサービス開始
2005	YouTube設立
2006	Twitterサービス開始
2007	iPhone発売
2008	Twitter日本語版サービス開始 Facebook日本語版サービス開始 iPhone3G日本発売
2011	LINEサービス開始

（逢坂 2014、奥村 2018を参考に筆者作成）

ンターネットに対する政治や社会の関心も高まり、ＩＴ革命が唱えられ、定額制のブロードバンド接続が広がり始めた。平成一三年版の「情報通信白書」（総務省）は、二〇〇〇年から二〇〇一年初旬にかけての展開について、「本格的なブロードバンド時代の到来」であり「ブロードバンド元年」であると論じた。ブロードバンド・アクセス・ネットワークは、高速及び超高速のインターネットアクセス網と説明されている。総務省の「通信利用動向調査」によると、インターネットの利用者の割合は二〇〇一年には五〇％を切っていたが、二〇〇五年には七〇％を超えた。

そして、人々のインターネット利用状況をもう一段階大きく変化させたのが、ソーシャルメディアの発達とスマートフォンの普及である。二〇〇〇年代前半にブログ系サービスが普及し、二〇〇〇年代後半には現在まで有力な地位を占めているソーシャルメディアが続々と誕生して日本語版のサービスも開始された。

同じ頃、スマートフォンが発売され、その後急速に普及した。総務省の「通信利用動向調査」によると、スマートフォンを保有する世帯の割合は二〇一〇年には一〇％に満たなかったが、二〇一三年にかけて急上昇して六〇％を超え、二〇一九年には八三・四％に達した。個人の保有状況も増加傾向にあり、二〇一九年には六七・六％である。内閣府の「消費動向調査」でも、二〇二〇年三月時点で世帯単位のスマートフォンの普及率は七七・六％となっている。現在では人々はパソコンよりもスマートフォンを用いてインターネットを利用し、またソーシャルメディア（ないしＳＮＳ）は圧倒的にスマートフォンから利用されている（奥村二〇一八、古川二〇一八）。

ところで、ソーシャルメディアとは何か。平成二七年版の「情報通信白書」は、「インターネットを利用して誰でも手軽に情報を発信し、相互のやりとりができる双方向のメディア」と定義し、「代表的なものとして、ブログ、Facebook や Twitter 等のＳＮＳ（ソーシャルネットワーキングサービス）、YouTube やニコニコ動画等の動画共有サイト、LINE 等のメッセージングアプリがある」と説明している。ただ、そのようにソーシャルメディアとＳＮＳは一応区別して考えられている一方で、両者の違いをあまり意識せず、互換的に用いられることも多い。そもそも「情報通信白書」自体も平成二九年版では、LINE、Facebook、Twitter、mixi、Mobage、GREE を総称して、つまり平成二七年版で言うところのソーシャルメディアの意味で、SNSという言葉を用いている。本稿では基本的に、「ソーシャルメディア」という語で統一する。

右記のソーシャルメディアの定義は、ソーシャルメディア、インターネット、マスメディア（マスコミュニケーション）の違いの大半を言い尽くしている。つまりソーシャルメディアは、誰でも手軽に情報を発信でき、双方向性がある。これは、マスコミュニケーションとは決定的に異なる。マスコミュニケーションにおいては基本的に、情報は送り手から受け手に一方通行的に伝達され、情報の送り手は個人ではなく組織である。また、情報やメッセージを発信する主体の匿名性というのも、マスコミュニケーションとインターネット上のコミュニケーションの違いである。

インターネット自体もソーシャルメディアと類似の特徴を持つものの、実際にはソーシャルメディアの普及以前には「誰でも手軽に情報を発信」できる状況にはなく、双方向性の程度も低かった。ホームページの作成には専門的な知識が必要であり、「2ちゃんねる」のようなネット掲示板も、誰もが利用可能ではあったが利用者層は限られていた。専門的知識がなくとも情報を発信できるようになり、実際に多くの人が情報を発信するようになったのは、ブログを経て各種ソーシャルメディアが発達してからである（奥村 二〇一八参照）。持ち運びが容易なスマートフォンの普及もあり、スマートフォン・ソーシャルメディアの組み合わせは本格的に、「誰でも手軽に情報を発信し、相互のやりとりができ」、拡散力の強いメディア環境を生み出した。

2　諸特徴

インターネットやソーシャルメディアの普及は、政治・社会にいかなる影響を与えるのだろうか。それについては、キャス・サンスティーンの議論がよく知られている(サンスティーン二〇〇三、同二〇一八)。

まず、人々はインターネットやソーシャルメディアを通じて、自分好みの情報に囲まれるようになる。自ら選択してそうする場合もあれば、アルゴリズムによって無意識のうちに選ばれた情報ばかり得ることになる場合もある。そのようにして、エコーチェンバー(共鳴室、反響室)の中で、意見が強化されていく。

そして、集団分極化(極性化)も起こる。インターネットやソーシャルメディアを通じて似た考えの人々がその集団内で議論をし、元々考えていたことをさらに強固ないし極端なかたちで考えるようになる。インターネット上では考えの似た人が容易かつ頻繁につながり、またしばしば反対の意見を聞かず、過激な思想の温床となる。

サイバーカスケードも生じる。情報が滝のように落下してまたたく間に広がるのである。「多くの人がそう信じているようだという理由だけで、特定の事実とされる話や見解が広まる情報交換のプロセス」であり、ボタンを押すだけで多くの人々に情報を拡散できるという状況がその発生を促す(サンスティーン二〇一八、七八、一三三頁)。人々が偏った情報や意見にばかり接し、例えば左右両極の極端な考えを持ち、互いの考えにはまったく耳を傾けず罵り合うだけという状況になれば、政治や社会に悪影響を及ぼすのは間違いないだろう。

もっとも、以上のような説明は直感的には納得できる部分が大きいものの、実際にいかなる状況が生じているかについては様々な見解がある。日本に限っても、多くの人々はインターネットを利用して色々な立場の意見や情報に接しており、インターネット・ソーシャルメディアの普及により必然的に情報の選択的接触が起き、分極化を招いているわけではないとの見方がある。他方で、やはりインターネット利用に伴って分極化の傾向が見られるという研究もある。あるいは、国や各調査によっても異なる調査結果が出ている（辻、北村二〇一八、田中、浜屋二〇一九、木村二〇二〇、辻二〇二〇）。

インターネット上で批判が殺到して収拾がつかなくなる、いわゆる「炎上」をめぐっても、関連する分析がなされている。つまり、攻撃に参加する人はごく一部であり、その参加者のさらにごく一部の人が繰り返し攻撃をおこなうことで、炎上状態は生じる。インターネット上では、利用者全体のうちごくわずかな人によって生み出される過激ないし極端な言説が目立つのであり、実際の意見分布とはズレがあるということが示唆される（田中、山口二〇一六、田中、浜屋二〇一九）。

とはいえ、インターネットやソーシャルメディアの利用が直接的に人々の意識を変化させて社会を分極化に導くかどうかはさておき、次のような指摘はできるだろう。インターネット上では極端な、あるいは強い語調の、攻撃的な言説が表に出てきやすい。その発言者の人数自体は社会やインターネット利用者全体の中でごく一部だったとしても、声の大きさという点では極端な意見が目立つのである。しかもそれは、社会全体からかけ離れた考えというわけではなく、何らかの志向性や不信感といったレベルでは社会の雰囲気を反映している（林 二〇一七、木村 二〇一八参照）。そして人々は、極端な情報や言説に日常的に接し、対抗する穏当な意見は育ちにくい。力強い中庸という立場や勢力は、成立しづらいのである。

四　二〇一〇年代以降の政治と世論とメディア

1　言論空間の独占の終焉

インターネット・ソーシャルメディア上で展開される政治的言説の様相は既存マスメディアを中心とする言論空間とは大きく異なっており、またそこでは往々にしてマスメディアに強い敵意が向けられている。そして実社会においても世界的に、メディア不信の潮流が存在するとしばしば論じられる。ただ、マスメディアに対する不信や敵意というほどの感覚が人々の間に一様に広がっているわけではない。

元々、マスメディアには当然のことながら偏りも問題点もある。前述の通り、無数に存在する世の中の現象からある事柄やある側面を選んで報じる以上、何らかの意味で偏りは生じる。主観的判断や党派性と、公平性、客観性、そしてビジネスの観点をどのように調和させるのかというのは、マスメディアが根本的に抱えている難問である。あるいは、あらかじめ設定したストーリーに沿って恣意的な取材や編集をおこなうとか、過熱報道、プライバシーの侵害といった問題は、以前から存在していた。しかしかつては、マスメディアに対する批判は広がりにくかった。マスメディアや知識人・言論人が言論空間を独占していたからである。

そこに、インターネットという新たな回路が成立したことによって言論空間の独占が崩れ、マスメディアの問題点を指摘する声が顕在化するようになった。それに伴い、既存マスメディアに対する強い不信感を持ってインターネット上で発言する人や、意識的に異なる情報を得ようとする人もいるが、既存マスメディアとインターネット上の言説の違いを感じつつも両方に接しているという人もいる。その状況は国によって異なっており、例えばアメリカでは党派性と結びついた分極化と強いマスメディア不信が生じているが、日本ではそのような現象は見られない。日本ではむしろ、マスメディアに対する批判や不信感に全面的に同調するわけではないもののインターネット上を中心に展開されるそのような言説に接し、かつマスメディアから情報を得ているという人々が多いものと考えられる（稲増 二〇一六、林 二〇一七参照）。したがって、世界で、あるいは先進民主主義諸国において共通に起こっている現象としては、言論空間の独占の解体と、マスメディアの地位や影響力の低下・相対化といったことになるだろう。

そうしたなかで、政治家にとってマスメディアと対立することが必ずしも不利に働かなくなり、マスメディアに対しあえて攻撃的に振る舞うということさえ起きてくる。アメリカのトランプ大統領は代表的な例であり、自分と対立するマスメディアやそれらが報じる不都合なニュースを「フェイクニュース」と呼び、自身はツイッターで積極的に情報を発信した[11]。政治指導者とマスメディアが対立すること自体は歴史的に珍しくはない。しかしトランプの場合、マスメディアとの対立関係を固定化し、助長し、マスメディアを盛んに攻撃した。政治家とマスメディアの外側に、インターネット・ソーシャルメディアという言論空間が成立したからこそ生じた現象である。

日本でも、第二次安倍晋三政権がマスメディアとの関係において優位に立った。政権側はメディアを選別し、分断し、統制を強化した（西田 二〇一五）。安倍政権と対立する新聞各紙やテレビ各局は同政権の政策や政権運営のあり方、メディアコントロールの仕方などを強く批判したが、世論がそれに追随することはなかった。第二次安倍政権が長期政権となったのは、有力な野党の不在などに加えて、インターネット・ソーシャルメディアの普及に伴うマスメディアの世論に対する影響力の低下やマスメディアと世論の分離も大きな要因だった。小泉政権がテレビ政治時代の申し子だとするならば、第二次安倍政権はインターネット・ソーシャルメディア時代の申し子であった。

２　岐路に立つリベラル・デモクラシー

以上見てきたように、先進民主主義諸国において、マスメディアの地位や力は揺らいでいる。ところで、独立性を持ったメディアの存在は民主主義にとってきわめて重要であると論じられることが多い。

例えば日本新聞協会が二〇〇〇年に制定した新しい「新聞倫理綱領」は、「国民の「知る権利」は民主主義社会をささえる普遍の原理である。この権利は、言論・表現の自由のもと、高い倫理意識を備え、あらゆる権力から独立したメディアが存在して初めて保障される。新聞はそれにもっともふさわしい担い手であり続けたい」と記す[12]。

しかし現在の先進民主主義諸国において、そうした主張は必ずしも世論の支持を得ることができない。マスメディアの外に、インターネットという人々が情報を入手し意見を発表する場が存在する以上、新聞ないしマスメディアによって国民の知る権利が保障されているというのは実感がわきにくいだろう。またそもそも、マスメディアは実際に民主主義社会を支えてきたのかもしれないが、先にも述べたように、マスメディアが民主主義を支えるということについて人々は直接的には依頼も承認もしていない。

日本では二〇一八年から二〇一九年にかけて、官房長官記者会見でのある記者の質問をめぐって首相官邸側が繰り返し新聞社に対して申し入れなどをおこなうという事態が発生した。そのなかで、記者会見で記者があるメモの存否の調査を求めたことについて、官邸側がそれは質問ではなく要請であると問題視し、新聞社は「記者は国民の代表として質問に臨んでいる。メモの存否は多くの国民の関心事であり、特に問題ないと考える」と答え、官邸側は「国民の代表とは選挙で選ばれた国会議員。貴社は民間企業であり、会見に出る記者は貴社内の人事で定められている」と反論したという[13]。

特殊な事例ではあるが、そのやりとりは、先進民主主義諸国において今後しばらく問われ続けるだろう論点を含んでいる。すなわち、私企業であるマスメディアやその社員が人々の代表ないし代理として知る権利を保障する地位に位置することを、どのように説明・正当化するかということである。元々純粋に理屈の上で考えても容易に答えが出る問いではなかったが、インターネットやソーシャルメディアの普及に伴い、一層切実かつ難しい問題となっている。

民主主義と自由主義は元来、異なる思想である。ただ、特に二〇世紀後半、デモクラシーはリベラル・デモクラシー（自由民主主義）として各国に根づき、発展してきた。そうしたなかでリベラル的価値観（〇〇の自由、マイノリティの権利擁護・向上、多国間協調など）は先進民主主義諸国において言説上の正統性を得てきた。マスメディアや知識人・言論人は、そのような価値観を支える主要な担い手となっていた。

ところが、冷戦の終焉によって自由民主主義と社会主義の対抗関係が崩れ、また国内の格差やグローバル化の負の側面が顕在化し、あるいは拡大した。そしてインターネットの普及によってマスメディアや知識人・言論人による言論空間の独占も崩れた。その結果、リベラル的価値観が否定的に論じられ、諸自由がエリートや一部の人々が享受する特権のように捉えられることが増えた。

ジョン・スチュアート・ミルは『自由論』において、「論敵に対して真理を説明したり擁護したりする必要性は、その真理を知的に生き生きと理解することにとって非常に重要な助けとなる」と述べている（ミル 二〇二〇、一〇〇頁）。また、「活発で熱心な論争が許されず、実際にも、そのように論争されていなければ、その意見を受け容れているほとんどの人々は、意見の合理的な根拠を理解したり感じじとったりすることが少しもないまま、偏見の形でその意見を信奉することになるだろう」とも記す（同書、一二〇頁）。

それは、リベラル的価値観にも当てはまる話である。つまり、言論・表現・思想・学問・報道・取材の自由などを保障することがなぜ重要なのか、第二次世界大戦後、深刻な論争はなされてこなかった。それらの自由を体現するマスメディアや知識人・言論人が言論空間を独占していたからである。そこに、インターネットという異なる言論空間、そして異論が登場した。

新たなメディア環境のなかで、政治指導者とマスメディアと世論の関係性は、現実の力関係においても理屈の上においても、変動の時期を迎えている。それは今後、どのような展開をたどるのか。考え、注視していく価値のあるテーマである。

注

（1）世論調査についてはさしあたり、吉田（二〇〇八）、菅原（二〇〇九）、谷口（二〇一二）、及び『マス・コミュニケーション研究』第九四号（二〇一九年）所収各論稿を参照。

（2）『朝日新聞』、『毎日新聞』、『読売新聞』のデータベース（「聞蔵Ⅱビジュアル」、「毎索」、「ヨミダス歴史館」）を用いて使用例を調べると、本文中で示した表現における「世論」と「民意」の使い分けについて、いずれの新聞でも同様の傾向があることがわかる。

（3）本書の姉妹編である明治学院大学法学部政治学科編『初めての政治学［増補第三版］』では、熊谷（二〇二〇）が象徴という観点からリップマンについて論じている。

（4）リップマンの『世論』は学部生でも読み通すことができ、多くの気づきを得られる著作であり、ぜひ挑戦してみてほしい。『世論』の数年後に書かれた『幻の公衆』（リップマン 二〇〇七）や評伝のスティール（一九八二）も読むと、さらに理解が深まるだろう。

（5）戦後日本の総合雑誌及びそこで展開される言論とはどのようなものであったかを知るには実物を手に取って読んでみるのが一番だが、わかりやすく雰囲気を伝える著作として、奥（二〇一八）を挙げておく。

（6）マスメディアの権力監視機能についてはさしあたり、谷口（二〇一五）参照。

（7）日本新聞協会「新聞の発行部数と世帯数の推移」https://www.pressnet.or.jp/data/circulation/circulation01.php（二〇二一年一月二一日アクセス）。

（8）「本紙・電子版購読数、283万」（『日本経済新聞』二〇二〇年七月一六日朝刊）。

（9）日本新聞協会「新聞社の総売上高の推移」https://www.pressnet.or.jp/data/finance/finance01.php（二〇二〇年一二月二一日アクセス）。

（10）ＮＨＫ放送文化研究所「２０１５年国民生活時間調査報告書」https://www.nhk.or.jp/bunken/research/yoron/pdf/20160217_1.pdf、総務省情報通信政策研究所「令和元年度情報通信メディアの利用時間と情報行動に関する調査報告書」https://www.soumu.go.jp/main_content/000708016.pdf（いずれも二〇二〇年一二月二一日アクセス）。

（11）フェイクニュースそのものも世論とメディアというテーマに照らして興味深いテーマであるが、ここでは詳述できない。フェイクニュースについてはさしあたり、笹原（二〇一八）、清原（二〇一九）参照。

（12）日本新聞協会「新聞倫理綱領」https://www.pressnet.or.jp/outline/ethics/（二〇二〇年一二月二一日アクセス）。

（13）「検証と見解　官邸側の本紙記者質問制限と申し入れ」（『東京新聞』二〇一九年二月二〇日）。

◎文献一覧

飯田健、松林哲也、大村華子『政治行動論　有権者は政治を変えられるのか』有斐閣、二〇一五年
稲増一憲「メディア・世論調査への不信の多面性　社会調査データの分析から」(『放送メディア研究』第一三号、二〇一六年、一七七―一九三頁)
逢坂巌『日本政治とメディア』中央公論新社、二〇一四年
岡田直之『世論の政治社会学』東京大学出版会、二〇〇一年
奥武則『論壇の戦後史』増補版、平凡社、二〇一八年
奥村倫弘「ネットメディア」(藤竹暁、竹下俊郎編著『図説　日本のメディア　新版　伝統メディアはネットでどう変わるか』NHK出版、二〇一八年、二七五―三〇二頁)
蒲島郁夫、ジル・スティール「小泉政権とマスメディア」(サミュエル・ポプキン、蒲島郁夫、谷口将紀編『メディアが変える政治』東京大学出版会、二〇〇八年、一七五―二〇六頁)
蒲島郁夫、竹下俊郎、芹川洋一『メディアと政治』改訂版、有斐閣、二〇一〇年
川出良枝、谷口将紀編『政治学』東京大学出版会、二〇一二年
木村忠正『ハイブリッド・エスノグラフィー　NC研究の質的方法と実践』新曜社、二〇一八年
木村忠正「マスメディア社会からポリメディア社会へ　ポリメディア社会におけるエコーチェンバー」(『マス・コミュニケーション研究』第九七号、二〇二〇年、六五―八四頁)
清原聖子編著『フェイクニュースに震撼する民主主義　日米韓の国際比較研究』大学教育出版、二〇一九年
熊谷英人「象徴と政治」(明治学院大学法学部政治学科編『初めての政治学[増補第三版]　ポリティカル・リテラシーを育てる』風行社、二〇二〇年、六九―九三頁)
久米郁男ほか『政治学』補訂版、有斐閣、二〇一一年

佐々木雄一「競争から見た日本政治史」（明治学院大学法学部政治学科編『初めての政治学〔増補第三版〕』二〇二〇年、一五三—一八〇頁）
笹原和俊『フェイクニュースを科学する　拡散するデマ、陰謀論、プロパガンダのしくみ』化学同人、二〇一八年
佐藤卓己『輿論と世論　日本的民意の系譜学』新潮社、二〇〇八年
サンスティーン、キャス（石川幸憲訳）『インターネットは民主主義の敵か』毎日新聞社、二〇〇三年
サンスティーン、キャス（伊達尚美訳）『#リパブリック　インターネットは民主主義になにをもたらすのか』勁草書房、二〇一八年
菅原琢『世論の曲解　なぜ自民党は大敗したのか』光文社、二〇〇九年
スティール、ロナルド（浅野輔訳）『現代史の目撃者　リップマンとアメリカの世紀』上巻、ティビーエス・ブリタニカ、一九八二年
竹下俊郎『メディアの議題設定機能　マスコミ効果研究における理論と実証』学文社、二〇〇八年
竹下俊郎、松井正「新聞」（藤竹、竹下編著『図説　日本のメディア　新版』二〇一八年、二七—七四頁）
田中辰雄、浜屋敏『ネットは社会を分断しない』ＫＡＤＯＫＡＷＡ、二〇一九年
田中辰雄、山口真一『ネット炎上の研究　誰があおり、どう対処するのか』勁草書房、二〇一六年
谷口将紀「日本における変わるメディア、変わる政治　選挙・政策・政党」（ポプキン、蒲島、谷口編『メディアが変える政治』二〇〇八年、一四九—一七四頁）
谷口将紀「世論調査の政治学」（川崎修編『伝える　コミュニケーションと伝統の政治学』風行社、二〇一二年、九一—一一八頁）
谷口将紀『政治とマスメディア』東京大学出版会、二〇一五年
谷藤悦史「マス・メディア」（猪口孝ほか編『政治学事典』弘文堂、二〇〇〇年、一〇三六頁）

辻大介「「ネットは社会を分断しない」？　楽観論を反駁する」二〇二〇年、https://synodos.jp/society/23400（二〇二〇年一二月二一日アクセス）
辻大介、北村智「インターネットでのニュース接触と排外主義的態度の極性化　日本とアメリカの比較分析を交えた調査データからの検証」（『情報通信学会誌』第三六巻第二号、二〇一八年、九九―一〇九頁）
西澤由隆「はじめに」（『年報政治学』二〇一四年度第I号、二〇一四年、三―七頁）
西田亮介『メディアと自民党』KADOKAWA、二〇一五年
西平重喜『世論をさがし求めて　陶片追放から選挙予測まで』ミネルヴァ書房、二〇〇九年
日本新聞協会編『日本新聞年鑑 2020』日本新聞協会、二〇一九年
ノエル゠ノイマン、E.（池田謙一、安野智子訳）『沈黙の螺旋理論　世論形成過程の社会心理学』改訂復刻版、北大路書房、二〇一三年
萩原延寿「首相池田勇人論」（『中央公論』第七九巻第七号、一九六四年、四八―六一頁）
林香里『メディア不信　何が問われているのか』岩波書店、二〇一七年
フェルドマン、オフェル「マス・コミュニケーション」（猪口ほか編『政治学事典』二〇〇〇年、一〇三五頁）
古川良治「ケータイからスマホへ」（藤竹、竹下編著『図説　日本のメディア　新版』二〇一八年、二四七―二七三頁）
星浩、逢坂巌『テレビ政治　国会報道からTVタックルまで』朝日新聞社、二〇〇六年
前田幸男「「民意」の語られ方」（『年報政治学』二〇一四年度第I号、二〇一四年、一二―三六頁）
宮武実知子「世論（せろん／よろん）概念の生成」（津金澤聰廣、佐藤卓己編『広報・広告・プロパガンダ』ミネルヴァ書房、二〇〇三年、五六―七四頁）
ミル、J. S.（関口正司訳）『自由論』岩波書店、二〇二〇年
吉田貴文『世論調査と政治　数字はどこまで信用できるのか』講談社、二〇〇八年

吉田徹「〈民意〉とは何か」（吉田編『民意のはかり方　「世論調査×民主主義」を考える』法律文化社、二〇一八年、一一一二頁）
リップマン、W．（掛川トミ子訳）『世論』上下巻、岩波書店、一九八七年
リップマン、ウォルター（河崎吉紀訳）『幻の公衆』柏書房、二〇〇七年
Glynn, Carroll J. et al. 2016. *Public Opinion* [3rd ed.]. Boulder, Colo.: Westview Press.

第9章　公共と市民

鍛冶　智也

はじめに

温泉街にある中層のホテルに宿泊すると、部屋の壁やエレベーターなどに「浴衣・スリッパのままで廊下・ロビーなどの公共スペースをご利用なさることはご遠慮下さい。」という貼紙を見ることがある。ホテルの利用規則や宿泊約款にも同様のことが記されている場合があるが、ここで言う「公共」スペースって、いったいどこを指していて、公共の場ではなぜスリッパ履きはいけないのかは、必ずしも説明されていない。さらに、ロビーをスリッパ履きの浴衣姿でうろつき談笑している集団があると、「まだまだ市民意識が低い人がいるので公徳心を向上させなければならない。」とまで言われることがあって、ゆったり寛ぎに来た温泉であらぬ非難を受けることにもなりかねない事態が生じることにもなる。

ただ、ここで理解されることは、宿泊部屋の中など、いわば私的な空間で認められていることと「公共」の空間で認められていることには、論理と倫理に差異があること。そして、どうやらこうした「公私の区分」がうまくできて行動できることと、市民(まっとうな利用者?)であることとは、無関係ではなさそうだ、ということであろう。

一　公共とは何か

1　公と公共

経済学や社会学あるいは心理学や歴史学といった社会科学の中で、政治学の特徴的な点は、「公共の場」の政治現象を研究対象とすることである。政治家も政治学の重要な研究対象であるが、それは政治家が「公人」として広く「公共の人」と認められているからである。同じく「公」務に就いている公務員でも、法の執行官として関与する裁判官、検察官や警察官以外は、幹部でなければ「公人」扱いされない場合が多く、公共であることと政治的な関心事は、密接に関わっている。日本では、政治学の一分野として位置づけられている行政学は、英語ではPublic Administration(あるいはPublic Management)であり、「公共」の領域の管理あるいはマネジメントについての学問という理解である。同じ管理Administration

（Management）についての研究でも、その前にBusinessがつくと経営（学）と言われ、公共の管理が行政、実業（商業）の管理が経営ということになる。すなわち、公共の領域を対象とすることは、そこに特異性があるという理解である。

　この本を読んでいる中心的な年代である若い世代は、公と公共に語感的な違いを感じないかもしれないが、公と公共を混同することには違和感を得る人々も多くいる。お上《かみ》（女将《おかみ》じゃないよ！）が関わる領域を「公《おほやけ》」とし、主権在民の国民が構築していく領域を「公共」として、区別する考え方である[1]。

　日本語で「公」という字が入った熟語には、大きく二つの用法がある。すなわち、国家あるいは政府が関わる事柄を示す使い方であるが、前述の公人の他に、公職、公儀、公僕、公吏、公務員、公使、公選、公達《こうたつ》、公用、公立、公有、公金、公債、公道、公報、公法、公証、公娼、収公、奉公、公文書、公共事業、公民権などがある。この「公」の使われ方を類型1としよう。一方で、世間一般とか広く共有されている様子あるいは一部に偏らない状態を示す使い方もある。公界《くがい》、公告、公布、公平、公正、公安、公開、公海、公害、公約、公然、公衆衛生、公判、公憤、公認、公式、公徳心などがある。これを類型２とする。

　同時に、公共放送、公共サービス、公共料金、公示、公園、公益といった表現は、両者の意味を共有している。公共放送は、日本では一般に特殊法人である日本放送協会（ＮＨＫ）や学校法人である放送大学学園、さらに自治体が行政や地域の情報を放送する地域放送がこれに該当する。この場合、法律で受信料を徴収できることが認められたり、補助金や交付金を得て運営されたりしており、政府の直接的な財政支援があることで「公共」性があると認められている。一方、民間からの寄付を受けていたり電波がそもそも国民の財産であると考えられたりすることから、放送は公共のものという意味で、使われる例もある。公共サービスあるいは公共料金は、警察、消防、教育、環境保全など多様な国や自治体の提供するサービスに留まらず、公営企業[2]が運営する上下水道、公共交通、医療、公営住宅もその範疇に入るし、電気、ガスなど地域独占的な特徴を有する民間企業に加え、歴史的に基盤整備に政府が関与してきたが、現在は民間企業が担っているような先の放送を含む通信事業や公共交通なども公共サービスと認識されている。独立採算的な側面から料金徴収しており、この料金を公共料金として考えられている。

行政用語の「公示」は、両者の意味を有しているだけでなく、さらに「公」の使われ方について象徴的な側面がある。すなわち、政府機関が政府の内外に事柄を知らせる際に、公示、告示、通達、通知、訓令などさまざまな手段を使うが、行政処分又は重要な事項等の決定等を公式に広く一般に知らせる際、公示という形式をとる。その際、事実の通知によって一定の法律効果を発生させる場合には、特に告示として一般に官報や地方自治体の公報に掲載される[3]。この場合、告示は公示の一形式と考えられ、公示は広く知らせる意味で使われているのであるが、これとは違った用法がある。選挙の際の公示と告示である。衆議院議員総選挙と参議院議員の通常選挙の場合は、公示が用いられるが、地方自治体の選挙や国会議員の補欠選挙の場合は、告示が用いられる。これは、憲法七条の天皇の国事行為の「国会議員の総選挙の施行を公示すること」[4]を根拠に使われていて、天皇の行為であるために「公」の文字が使われているのである。前者の例は、類型2の公示であるが、後者の例はいささか特殊な意味合いを有していると言えそうである。

このように、公の使われ方には第三の類型がある。公家など天皇家（あるいは朝廷[5]）に直接仕える貴族の世襲家を公家と呼んでおり[6]、天皇からの距離が近いことが公であることの根拠とされてきた。おそらく、大公とか君公という極めて高い官職（あるいは社会的地位）にある人や爵位についている人に対して、尊称としての「〜公」が一般的に人を指す呼称（ご老公、主人公など）に俗化し、さらに蔑称（先公、ポリ公など）や擬人化（忠犬ハチ公など）にまで転化してきていると思われる。公の起源は天皇にあるという認識は、公の類型1を理解する上で役に立つ、すなわち政府（行政）はそもそも天皇（国王、将軍）の家臣による家政執務である家産型官僚制から発展してきた経緯があるので、天皇から公が政府に委譲されてきたと考えれば、類型1の起源となる[7]。

このように公を用いる一般用語からみて公共の特質は二種類あることがわかる。天皇に由来する権威あるいは権力の源泉を公とし、官製であったり、政府がなんらかの形で関与したり、税金（公金）が使われたりする場合に公共であると考えられる例（類型1）である。この「公共」の対語は、「私的」や「民間」ということになる。もう一つは、社会に広く共有され、開かれた状態の場合に公共であると考えられる例（類型2）である。この「公共」の対語は、「党派」「偏狭」「秘匿」「内密」であろう。伝統的には、前者を「公」とし、後者を公の意味ではない「公共」と捉える場合がある。主権在民の国民が構築していく「公共」は、後者の類型と親和性が高いことが了解できよう。

2　公共の空間

さて、冒頭で記した公共スペースとは、いったいどのようなところを指すのであろうか。公園などでカップルが、他の人とは一定の距離を隔てながら二人が寄り添っている光景はよく目にする。人は「社会的動物」と言われ、関係性によって許容される距離感が異なるのは誰でも経験している。腕の届く範囲の密接距離が最も親密な距離感で、ファーストフード店の受付や相談ごとをする際に机を挟んだ時のような距離感の個人的距離、往来で挨拶を交わすような距離感の社会的距離があって、それより空間的な広がりがある場合、公共的距離とされ、公演や講演会など、公共空間の距離はこの距離感である。この距離は三・六メートル以上で、公園でのカップル同士の距離は概ねこれを保っている。(8) 公共的距離が保たれながら、何ごとかが展開される空間を公共空間は提供することになると考えられ、これより近い距離で展開される事柄は、私的な装いのある空間利用ということになる。(9)

空間的に公共を考える際、おそらく最初に思いつくのは公共建築であろう。公共の類型1及び類型2の両方から勘案してみると、国会議事堂や都庁舎、市役所の建物、市民ホールなどは、当然公共建築となるであろうし、小中学校の校舎や大学キャンパスの建造物も入りそうである。それでは国公立の美術館のみならず、私立の美術館・博物館は公共なのだろうか。動物園や水族館の建物が入るのであれば、遊園地や映画館はどうか。国公立の図書館が公共建築であれば、民家を開放した○○文庫や漫画喫茶の建物はどうだろうか。「誰にでも開かれている」が条件であれば、街のコンビニエンスストアーは公共建築に入るのだろうか、だんだん悩ましくなってくる。

一般に公共建築とは、「国の機関、地方公共団体又は政府関係若しくはこれに準ずる機関が施行した建築物及びその他公共性の高い建築物[10]」とされており、国や自治体が事業者、学校法人や社会福祉法人、財団法人など公益法人が事業者、その他公共性の高い建築物と三種の分類がなされている。一九八八年に第一回の授賞があった「公共建築賞」は隔年の授与で二〇一四年までに一四回授賞して計四一五件を表彰しているが、国や自治体が事業者である例が圧倒的に多く、公益法人単独は一八件、「その他」は八件に過ぎない[11]。国や自治体が設置すれば、地域の特色を売りにする観光施設や競輪場といった遊興施設も公共建築となるが、民間が設置する場合は、「公共」と認定されるのはそれなりのハードルがあることがわかる。上記の疑問に線引きをするとすれば、娯楽施設は公設であれば公共建築となり得るが、民設は微妙な立ち位置で、文庫や漫喫、コンビニは欄外という感じであろうか。

歴史的にみれば、ある時代には公設があたりまえであった施設が、時代を経るに従って民設や民営になる例も少なからずみられる。郵便局は、公共施設として認知されていると思われるが、郵便事業の黎明期には各地の名望家の土地や建物を利用して郵便局が開設され、それが特定郵便局として長らく民設公営の象徴のような存在として存続し、郵政事業の民営化後も、地図や表示には相変わらず公共施設の扱いを受けているものもある。道路は、代表的な公共施設であるが、私有地に敷設された私道でも、その公共性は認められている。(12)

3　新しい公共

伝統的に、国や地方自治体という政府に関わる機関か、国や地方自治体が認定しなければ、「公共の利益」に寄与する団体とは認識されていなかった。公益団体は、一般に公益法人と言われ、学校法人、社会福祉法人、医療法人、宗教法人、財団法人、社団法人、特定非営利活動法人、消費生活共同組合など、それぞれ個別の法律で設立要件や税制上の優遇措置等が決められている。(13)

公共の利益に寄与するための法人格を得るためには、主務官庁による許可が必要であり、法人格の取得後も主務官庁による指導・監督を受けて「公共の利益」を担保するという考え方がとられており、市民による自発的で自由な活動によって公共の利益の実現を支援する法人格取得制度はなかった。しかしながら、そうした必要性が一九九五年の阪神淡路大震災におけるボランティア団体の活動の重要性の認識などから求められるようになり、一九九八年に特定非営利活動促進法（いわゆるＮＰＯ法）(14)が制定され、主務官庁による認証(15)手続きで法人格を取得できるようになる。所轄する行政庁が団体の活動を指導・監督するという発想から、情報公開と市民による監視によって公益性を担保する体制へと変化するようになった[16]。さらに、二〇〇八年に民法が改正され、旧規程第三四条[17]に記されていた財団法人及び社団法人は、個別法[18]で規定されることとなった。一般財団法人や一般社団法人は、認証により設立され、税制優遇が受けられる認定財団法人や認定社団法人は、主務官庁による認可ではなく、行政庁から独立した委員会（国では内閣府に設置された公益認定等委員会で、都道府県では〇〇県公益認定等審議会などと呼ばれる合議制機関）が認定することとなった。公共（の利益）のあり方は、官が認定するという一八九六年の民法公布以来一〇〇年以上も続いた制度が変更され[19]、社会が求める多様な公共の利益を実現する活動を、民間の非営利部門が自発的に行われるよう再構築がなされた[20]。

こうした公益法人の認定制度がかわり、司法では裁判員制度の実施（二〇〇九年）によって、市民が直接公共性の構築に関与する制度が整備されるようになった。その後、公共サービスの提供や問題解決を、行政だけでなく市民同士で担おうという「新しい公共」が謳われるようになり、民主党への政権交替後に「新しい公共」担当大臣が創設され、内閣府に円卓会議が設置（二〇一〇年）されたが、その土壌は政権交替前に醸成されていた。

二　市民とは誰か

1　古代ギリシア・ローマの市民から共和制へ

市民とは、横浜市民や小諸市民と言うように、都市に住んでいる住民を単に指しているわけではないことは、理解できるであろうが、あながち完全な的外れでもない。市民活動や市民意識とか、地球市民といった表現で使われる市民を指すが、歴史的に、社会が農村地域の社会的倫理で営まれてきたいわば対立的な価値観として、農村を離れ、都会で新たに形成されてきた行動規範を有する人々を「市民」と呼ぶようになった背景があるからである。

古代ギリシアのポリスや古代ローマにおける政治的経験から掘り起こし、プラトン、アリストテレス、マキャベリ、ホッブス、ロック、ルソー、カント、ヘーゲル、マルクスら、「現代倫理」や「公民」の教科書でお馴染みの思想家の示した市民論を整理し、その共通するところの市民像を提示しなければいけないかもしれない。それには、プラトンにおける市民は云々と「オケる市民」論を延々と記述することになる。ここでは伝統的に「財産と教養ある階層」を指していたが、次第に「市民とは、自由、平等という共和感覚をもった自発的な人間型、したがって市民自治を可能とするような政治への主体的参加という徳性をそなえた人間型[21]」を示すようになったことと、平等な市民が等しく政治に関与する共和政が民主政と別の文脈で提唱されることになったことを記すに止めたい[22]。

共和とは、ラテン語の res publica に由来し、英語にすれば public affairs で「公共の事柄」すなわち「みんなのもの」という意味である。したがって、政体はなんであれ、自由で平等な市民が存在し、「みんなのもの」である国家で公共の利益を指針とする統治が行われていれば「共和政」と言えよう[23]。

2　市民と公民

市民は歴史的な意味を背負っており、国民、住民、庶民、市井の人々といった用語とは異なり、市民はいささか規範的な表現で、特定の行動規範を有した人々の理念型である。英語の citizen やフランス語の bourgeois の訳語でもあり、時に公民とも訳される[24]。中学校の社会科の科目である「公民」は、主に米国で citizen の原語に相当するラテン語の civis から派生した civil や civic の名詞で civics（倫理社会、市政学）[25]の訳語でもあり、主に英国における citizenship（公民権）の訳語でもある[26]。

歴史的には公民は、先に紹介した公家と似たような用法で、律令制の時代に大和朝廷に直属する人々を公民と称し、地方の豪族の支配下にある「人民」や「百姓」の私民と区別していた[27]。明治維新後、府県制・郡制（一八九〇年）に先立って新たな自治制度として制定された市制・町村制（一八八八年）において、選挙権を有する人を通常の住民と区別して公民と称した。その後、日常的な社会生活で差別を受けずに行動、思想、財産の自由が保障され、自らが関係して意思決定に参与できることを市民権あるいは公民権と呼び、平等に社会生活を営んでいる人々が、同時に政治権力の主権者であり統治者である主権在民の原理的な主体として市民（公民）が理解されるようになる。[28]

こうした市民権ないし公民権の起源はフランス革命後の人権宣言である。人権宣言は、正確には「人及び市民の権利の宣言」（一七八九年）と称し、人と市民の権利を区別している。人の権利として「自由・所有権・安全及び圧政への抵抗」を内容とする自然権的自由権の存在を宣言しているのに対して、市民の権利として「法の作成に協力する権利」「公職に就く権利」「自由に意見を述べ、記述し、公刊する権利」「租税内容を定める権利」を謳い、社会が「官吏に行政の報告を求める権利」を明示している。

現在においては、「多様な価値観や文化で構成される社会において、個人が自己を守り、自己実現を図るとともに、よりよい社会の実現に寄与するという目的のために、社会の意思決定や運営の過程において、個人としての権利と義務を行使し、多様な関係者と積極的に関わろうとする資質」[29]を有する人々、もう少し平易に表現すると「国の動向とは別に、社会の一員としての立場から社会的に必要と感じられることを自主的に行う人々……「国民」とも「会社員」とも「労働組合員」とも、「家族の一員」とも「地域の一員」とも違う、「社会」に対して責任をもとうとする」[30]人々を市民と理解されている。

3　市民社会と市民団体

市民団体は、歴史的には任意（自発的）団体と呼ばれ、英語では voluntary organization（association）

と称されているが、教会や学校などの団体が国家の庇護（あるいは制約）を受けずに寄付などにより独立して自律的な運営をする原則を voluntary に ism をつけて voluntaryism と表現した。その後、自由意思で主体的に諸活動に参加する精神のことを y をとって voluntarism とか volunteerism というボランティア精神という表現に変化することとなり、ボランティア団体が市民社会の自主的な活動主体として成長する。

イタリア独立戦争の最中悲惨な光景を目にした実業家アンリ・デュナンが、国家間の紛争に割って入り負傷者の治療をする任意団体の必要性を訴え、一八六三年に「五人委員会」を設置し、世界最初の非政府団体（Non-Governmental Organization）であろう赤十字国際委員会が設立されることになり(31)、ヨーロッパでは市民活動の基盤としてＮＧＯが成長していく。一方、米国においては、建国当初から「すべての年齢、すべての地位、すべての精神のアメリカ人たちは、絶えず団結(32)」して市民団体を創設しており、非営利団体（Not-for-Profit Organization）が社会の隅々で活動している。歴史的には、異なった文脈で成長してきたＮＧＯ／ＮＰＯであるが、市民社会においては同様の機能を有する市民団体である。

日本においては、ＮＧＯ／ＮＰＯが政府からの補助金等の支援を受けずに、個人や企業からの寄付によって運営されるという市民社会の文化(33)は、公共が官に独占されてきた歴史もあって醸成過程にある。ＧＤＰと比較した寄付総額は、日本は〇・一八％で、米国の二・〇一％、英国の〇・七五％に比べて低い水準である。また、企業による寄付と個人の寄付とを分けた場合、個人の寄付の割合は、日本が三六％

であるのに対して、米国は七六%、英国は六〇%で、日本社会では個人の寄付が少ない。成人一人あたりの寄付金額平均が、日本が二五〇〇円であるのに対して、米国は一三万円、英国は四万円と、大きな開きがある。これは、公益法人など寄付金に対して優遇措置がある団体数が、米国が一〇六万四一九一団体、英国が一九万三三五八団体に対して、日本の二万一七三五団体と極端に少ないことにも起因している。[34]米国や英国においては、市民の公共的活動を積極的に支援すべきとの観点から、寄付金への課税を免除する税制が優遇された市民団体を広範に認めている。日本では、伝統的に貧困者の救済や文化活動の支援などは民間でやることではなく、政府が税金を徴収して行うべきという考え方であったが、近年の制度改革によって変化がみられるようになった。

三　公共と市民の政治学

1　市民革命と市民社会の形成

英国から始まった産業革命（一七六〇年代〜一八三〇年代）によって、社会の主導権はそれまでの貴族などの封建領主から産業資本家へと移り、その資本主義社会が生み出した労働者階級と共に工業化社会は誕生し、育成されていった。都市部で小規模な工業が勃興し、地方の農民は都市へと流入することとなり、共働きが一般的な農村社会から夫が働き妻は家事をするという典型的な職住分離の都市生活の形態が確立していくこととなる。隣国のフランスは、英国の産業革命から後れをとりながらも一八四八年までには工業化が進展し、フランス革命（一七八九—九九年）によりアンシャン・レジームが崩壊し、国民会議による封建的特権の廃止が叫ばれ、市民社会の形成がなされていくことになる。

　こうした経済構造の変化に応じて社会が流動し、市民階級が成長していく様子は、次の三本のオペラ・ミュージカルを通して立体的に理解できよう。第一本目は、『ベガーズ・オペラ』[35]である。舞台は一八世紀初頭のロンドン、恋愛、売春、賭博、追剥、詐欺が蠢くバラッド・オペラである。登場人物は都市に住む最下層の人々であるが、警官、監獄看守、裁判官という夜警国家時代の最低限の国家機能を担う官憲のみが支配者層として登場するだけで、専ら都市の悪党たちが舞台を賑わせ、〈商売にはうらおもて〉で「政治家と法律家は悪党　弱いヤツから巻き上げる　人助けでメシは食えない」と嘯いている。当時、英国はピューリタン革命（一六五三年）を終え、短い共和政を経験した後、王政が復古し、名誉革命（一六八九年）により国王は議会の同意に基づいてのみ統治する立憲君主制がとられ始めた時期である。一六〇〇年のロンドンの人口は二〇万人を下回っていたが、一七〇〇年には五五万人に達していた[36]。これは農業技術の革新により生産性が格段に向上したため、都市化が進展し、これが産業革命を促す基盤となった。王族と貴族、資産を有する産業資本家の社会の頂上の闘争はあっても末端には関係のないことであった。デモクラシーが創り出されてきた時期だが「でも暮らしいい」ことは全くなかった社会の風刺ドラマである。

二本目は、モーツァルトの『フィガロの結婚』(37)である。一七七六年にフランスが支援していた米国が独立を宣言し、世界初の立憲共和国(一七八八年)が建設され、フランス革命勃発の前夜に初演を迎えた。女好きの領主・伯爵が一度手放した領主の特権だった初夜権の伝統を取り戻そうと侍女スザンナに近寄り、婚約者フィガロとの間で繰り広げられるたわいない騒動であるが、背景には没落しつつある貴族と力をつけつつある平民との間の階級対立がある。倫理も生活も腐敗した支配階級に、公然と反旗を翻す平民に、平民の観客は喝采を浴びせたわけである。フィガロのアリア〈もう飛ぶまいぞこの蝶々〉は暗に伯爵をあてつけており、狭い女中部屋に入ってきた伯爵がからかわれる場面は、支配層の交替を暗示させ、産業革命の進行により社会構造がダイナミックに変化していることを感じさせるドラマである。一七九一年には第一共和政が始まる。

三本目は、『レ・ミゼラブル』(38)である。舞台・映画共複数あるが、ウエストエンドやブロードウェイでロングランしたミュージカルが二〇一二年に映画化された。フィガロの結婚が勃興しつつある社会層の光の部分に焦点をあてた作品であるのに対して、レ・ミゼラブルは影の部分を掘り下げた作品である。主人公ジャン・ヴァルジャンは、貧しい出自で長い監獄生活の後、裸一貫で実業に成功し、人望も得られ、一八一九年市長に任命されるが、彼の人生は彼の個人的な事情と同時に社会の大きなうねりもあり流転する。一八一五年から三三年の間の物語で、フランスは王政復古し、一八三〇年には七月革命でシャルル一〇世は退位するが、王政が続くため、三二年パリ蜂起(六月暴動)が起きるが鎮圧される。舞台ではこの場面でクライマックスを迎える。狂言回しの役まわりを担う宿屋の主人夫婦のナンバー〈宿屋の主の歌〉では、フランス革命の思想的準備に寄与したヴォルテールに対しても「慰め役、哲学者、そして一生ろくでなし！　小賢しい凡人ヴォルテール」と揶揄している。その後、四八年の二月革命で物語は幕を下ろすが、この時ついにヨーロッパの旧来の体制・ウィーン体制（ウィーン会議一八一五―一六で取り決められたナポレオン以前の体制復古）が崩壊し、「市民社会」が成立することになる。

この三本のドラマが進行している間に、ざっと一〇〇年が経過していることになるが、ヨーロッパにおいては、経済面では産業化（工業化）と都市化が進展し、政治面では貴族領主の支配から産業資本家が支配権を獲得し、さらに資本のない労働者層の量的拡大が進んで、社会が不安定になっていくのである。こうして社会は、新たに力をつけてきた「市民」層が担うようになる。かたや日本では、市民革命であるかどうかの評価は別として、明治維新を経て、既に江戸末期に成長していた下級武士や豪商が支配層となっていったわけである。

2　福祉国家における公共と市民

この後、ヨーロッパ諸国では更なる都市化と工業化が進み、私的経済活動に従事する人口は増え、市場経済は財産をもてる資本家ともたざる労働者の格差拡大を生み出していくことになり、フランスでは一八七一年に短期で終わったとはいえプロレタリア革命であるパリ・コミューンも成立し、自由放任の政治経済体制は岐路を迎えることになる。この影響もあって、ヨーロッパでは一九世紀末から社会民主主義として、米国においては一九〇〇年前後から革新主義として、国家や自治体が救貧政策から積極的な社会事業政策を進めるようになる。

日本においても、一九一八年の米騒動以降、社会事業政策がとられるようになる。それまで民間が担っていた経済分野に政府が介入するようになり、都市部を中心に各地に、公衆食堂[39]、公設市場[40]、公営浴場[41]、公益質屋[42]、公営の無料宿泊所や同潤会アパートなどの公営住宅[43]、市電や電気供給を担う公営企業といった「公」のついた企業的側面をもつ社会事業が始められた。従来私的領域であった経済活動に、政府による「公」の名称を冠した介入(参入)が始まったわけである[44]。これと同時に、各地に公会堂、公民館という市民の政治的学習の場[45](公共空間!)が造られ始め、各地で市民講座や市民音楽や市民体育の催しが開催されることになり、公共が市民の社会的・政治的生活に深く入り込んでいくことになる。

この後、大規模な戦争が勃発し、国家機能が増大し、復員兵への対応、戦時中に労働力不足からなされた女性の社会進出が戦後も続き女性が市民権を得るなど、社会構造が大きく変化して、福祉国家が成立することになる。夜警国家から福祉国家への変化は、国家の果たす機能が質的に変化したことを表現し、立法国家から行政国家への変化は、同様の変化を主たる国家の担い手に着目した表現である。

3　公共財と市民の役割

福祉国家の市場経済体制においても、どのような経済活動をするかに関する諸決定は、経済を構成する基本単位である家計や企業に委ねられており、そうした経済主体間の取引は、市場における自発的契約を通じてなされ、極めて分権的に実行されている。しかしながら、市場経済体制においても、政府の役割は少なからぬ役割を有してきた。経済学においては、政府の役割として、以下の四類型が想定されている。すなわち、第一に、土地や資本の価値が関与して、市場の所得分配機能が適正でなく、所得再分配機能を政府が果たすことが求められる場合。第二に、「市場の失敗」が生じた際に、外部経済（あるいは外部不経済）に政府が対処する場合。第三に、市場経済の自動調整メカニズムが働かなくなり「神の見えざる手」が機能不全にならないように安定的な経済運営を政府が担う場合。そして第四に、公共財の供給を行う場合が挙げられている。(46)

公共財とは、第一に、集団によって共同に消費される財・サービスであり（共同消費性）、第二に、便益を享受しながらその対価を支払おうとしない人々（フリーライダー）を消費から排除できないような性質で（排除不能性）、第三に、ある人がこれを消費しても、その財・サービスの量は減少せずに、他の人も同時にこれを等しく消費できることのできるような性質（非排他性あるいは便益不可分性）を有した財・サービスを純粋公共財と定義されている。(47) こうした公共財として、国防、外交、治山治水、公安、司法、貨幣制度の運営という国家の創成期以来有してきたサービスに加え、街路、公園、橋、下水道など社会資本も含まれる。さらに、財やサービスを市場のメカニズムにのみ依存していては、消費需要が適正水準にまで顕在化しないため、政府も供給する主体となる教育や医療、公共交通などについては、準公共財と定義している。こうした公共財及び準公共財の供給のあり方は、夜警国家から福祉国家に転換していく過程で変化してきている。[48]

さらに福祉国家においては、公共財の供給主体は専ら政府であったが、「新しい公共」を謳う社会（最近では「支援国家」とも呼ぶ）においては、政府は基準やルールの設定や斡旋・調停・仲裁などコーディネーターとしての役割を担い、市民団体（ＮＧＯ／ＮＰＯ）や民間企業、町内会や自治会などの地域の地縁組織、そして個々の市民など、あらゆる関係者が参加し、協力し合って生み出し、供給していく統治プロセス（ガヴァナンス）を構築していこうとする機運が芽生えつつある。ここにおいて、市民の役割は再び重要になってきている。

4　市民課と公共事業

全国に七八八ある市（二〇一四年一〇月現在）のうち、大抵の市役所には「市民課」なるものがある。市役所は、たいがい市域に住んでいる住民である市民向けの業務のために設立されているのだから、市役所全体が「市民」役所であるはずなのであるが、市民課は特定の業務しか扱っていない。転出・転入届けなどの受付、住民票・戸籍謄抄本・印鑑登録・税等の各種証明書の発行、住民基本台帳カード・転入学通知書・母子健康手帳の交付、外国人登録、児童手当、年金、埋火葬、畜犬に関わる事務といった窓口業務などが主であり、市の住民である限り一度は訪れることになる部署である。むしろ、小中学校教員など市立の施設の職員や清掃業務など市営の現業職員以外で、住民が普段直接接する機会のある市役所職員は市民課職員ぐらいしかないかもしれない。

黒澤明監督の映画『生きる』には、市民課の役割の変化が描かれている。名優志村喬の演じる渡辺勘治市民課長は胃癌を宣告され、余命幾ばくもないことを知る。これまで市役所の片隅で決裁印を押すだけの「判で押したような」役人生活を三〇年間送っていたが、人生に絶望し、遅ればせながら人生の意義を見つけ出そうと、酒に溺れ街で散財し快楽を求めたり、溌剌とした若い女性事務員に恋慕の情を抱いたりしたが、机上に滞っていた書類の束の一つであった市民の陳情、すなわち、かつて暗渠だった悪臭を放つ下水だまりを市民公園として再生するという提案の実現にむけて努力奮闘することで「生きる」意義を見いだすという話である。(49)

映画の冒頭、市役所に新設されたばかりで「ここは市民の皆様と市役所を直接結びつける窓口です。市政に関する皆様の〔不平〕〔不満〕〔注文〕〔希望〕なんでも遠慮なく申出下さい」と記された市民課に、地元の婦人たちが陳情に来るのであるが、市民課長はにべもなく「土木課」と告げ、公園課、下水道課など庁内一四カ所をたらい回しにした挙げ句に、市会議員から助役につながり、「苦情を率直に申し述べて頂くのはありがたいことで、このために市民課を新設した」と市民課に再び差し戻す。生きる希望を見いだした課長の起案・根回しが始まる場面で、画面は一気に五ヶ月後の葬儀のシーンに転換する。

課長の「生きている」場面は人々の回想によってのみ語られ、生きることは人々の記憶に残ることであることが暗示されるわけだが、市民課が市民の不平の単なる窓口（捌け口）で、ものごとを解決しない部署から、下水道を整備して公園を建設し、費用がかかる公共事業の実施に際して、市役所内外の複雑な利害を横断的に調整する「市民的」役割を果たす部署へと変貌していく過程が描かれる。[50]

現在では、多くの国では土木や公園、道路を所管する行政部局が担当する公共事業であるが、歴史的にはヨーロッパでは領主や地域の名望家、篤志家の集まりである協会などが担うこともあったし、米国では教会や地域の市民団体、政党の地域組織であるポリティカル・マシーンや企業が担うこともあり、必ずしも国家や地方自治体の独占領域ではない。公共財を建設する公共事業は、実際は民間建設会社が施工するのだが、土地に空間的な構造物を建造するというだけでなく、多額の税と高度な技術が投入されるために乗り越えなければならない課題が多く、継続的に維持されなければならないため常に「市民的な管理」が必要なものである。

5　公共と市民の政治的課題

政策実施過程に関わる公共と市民の色分けと同様に、政治過程においても区分は困難である。今日では、公共の一般意思は、世論（輿論）などに現れる公衆のそれであろうが、それが政党あるいは利益団体をも含めるかどうかについては、論争もあろう。[51] しかしながら、官僚機構あるいは公務員集団の行動は、無条件に公共の利益を実現しており、その意味において市民的なのだろうか？　福祉国家が成立し、官僚機構が複雑で専門的な技術と知見を必要とする政策分野に、測定、計画、管理という手法で社会生活に干渉するようになると、市民は単にサービスを受容し、受け身で消費するだけの大衆と化し、一方で公共性を失った少数の専門家集団＝官僚機構とに分断されるようになってきている。[52]

官僚制の非市民性を示す象徴的な事件を紹介しよう。[53]ナチス戦犯アドルフ・アイヒマンの裁判（一九六一年）では、強制収容所にユダヤ人を移送する責任を拒否しなかったのは、「義務感と良心の間を逡巡したが」最後には上司の指示、忠誠の誓約、命令遵守義務に忠実に従っただけだと主張するアイヒマンに対し、裁判官が、「市民の勇気[54]」があれば良心を捨てずに済んだのでは？　と質問したのに対して、自分が異なったヒエラルキーにいれば違った対応をしただろうとした上で「なにしろ戦時中の混乱期でしたから『上に逆らったたって状況は変わらない。抵抗したところでどうせ成功しない』と皆思いました。仕方なかったのです。そういう時代でした。皆そんな世界観で教育されていたのです。」と答えている。この裁判を傍聴した政治思想家ハンナ・アレントは、こうした官僚主義的な態度こそが全体主義を招いた「悪の凡庸さ（the banality of evil）」の根源だとし、市民であれば「抵抗と協力の中間に位置する何か」ができたのではないか、と問いかける。虐殺護送は、アイヒマンにとっては殺人行為ではなく、単に担う行政上の任務にすぎないとの認識であったのだが、アレントは、こうした行政上の公共的事柄における活動や政治を支える精神は、権力により保障された自由（liberty from）ではなく、権力を創り出すことのできる自由（freedom for）に基づくものだと力説する。その自由（freedom）を有する者が思考し、行動をとる時、市民となり得るのだとしている。[55]

公共とは、結局のところ社会を統合していくための政治的な象徴なのであり、市民とはその統合過程に積極的に寄与する存在なのである。[56] 最近の市民社会論では、市民参加や市民による参画という表現は流行らなくなりつつあり、熟議とか討議デモクラシーという用語で新たに説明されるようになってきている。[57] 九・一一後のニューヨークの復興計画策定に際しても、建築家、プランナー、設計士など専門家集団が三カ月で三万人以上が参加・協議し報告書をまとめたのと並行して、同時に市民団体が同じ期間にマンハッタン地区だけで二三〇回のワークショップを開催し、三〇〇〇人を超える幅広い年齢層が参加して白書をまとめ上げた。世界貿易センターの跡地の再開発という計画は、将来の都市のあり方を構想する場となったわけである。[58] この規模には及ばないかもしれないが、日本各地の自治体でも市民討議会や市民会議といった名称の参加手法が採られるようになってきており、市民が公共に主体的に参与するチャンネルは多様化しつつある。

こうした公共と市民の政治に関して、チャンネルの多様化を象徴する事件が起こった。東京都議会で発せられた野次に関する事件である。二〇一四年六月一八日、本会議において、女性都議が妊娠や出産に悩む女性への支援策について都知事に質問していた際に、男性の声で「自分が早く結婚したらいいじゃないか」「産めないのか」などの野次を受け、議場ではこれに同調するが如くの雰囲気だったという。

女性都議は、会議終了後、自身のツイッターで発信すると、東京都には一〇〇〇件を超える抗議が届き、署名サイト change.org で発言者の特定と処分を求める署名活動が始まった。その過程で、日本の報道機関が報じ始め、海外のマスコミも報道するようになり国際的な関心事になった。その後、発言の一部は自分であると名乗りあげた議員がいたが、発言者の客観的な特定はできず、うやむやのまま議長は問題の終結を図ったという事件である。

二〇一四年の流行語にもなったマタハラでもあり、野次の品位や差別的発言の問題であるのだが、本稿での関心は別の側面にある。議員は議場において公共的な問題について取り上げ、追及し、解決を図る権利と権限を有しているにもかかわらず、議場での議論は早々に終結させ、議場外のいわば「私的」ツールで発信した内容が「公共性」を帯び、世間（世界）が関心を寄せる事態になったという現象である。同時に、議場にいたはずの記者は、野次が発せられた時点では記事にはせずに、いわば場外のツイッター上での議論を受けて報道されたという事実である。選挙で選ばれた議員のみが公開の議場で自由に発言でき、その「公共性」のもつ力が政策をつくりだす源泉となっており、民主主義はここにおいて意義を有しているはずなのである。しかし、議員はこの伝統的な公開議論の空間を利用せず、いわば誰でも利用可能な外部の「公開議論の空間」を利用した点、そして公開する手段（メディア）を自ら所有するマスコミは独自の取材能力で問題を暴くのではなく、既に別の手段（ヴァーチャルサイト）で暴かれている問題に追随しただけという点は、議会制民主主義の将来を考える上で、誠に示唆に富むものである。

市民社会が大切にしてきた「公共の精神[59]」をみてみると、案外日本人は古くから大切にしてきたことかもしれない。落語の『井戸の茶碗[60]』に描かれる、清貧の浪人、下級武士、そして貧乏商人である屑屋が示した公共心とか公徳心とよべるような美徳は、実に清々しく市民文化の基盤[61]として社会的な貢献を行っている。現代においても、大災害時の秩序だった行動や制服組以外の人々の活躍は、この文化の存在を暗示している。公共の場での主体的な行動を伴わず、単に、スリッパを履いてロビーをうろつかないだけなら、「小市民」的なマナーを身につけただけという誹りを受けるかもしれない。

注

（1）日本において公共は、公と私を結びつけるものと考えて分ける見方もある。間宮陽介『丸山眞男――日本近代における公と私』ちくま学芸文庫、二〇〇七年、二三八―二五四頁。佐々木毅・金泰昌編著『公と私の思想史』（公共哲学1）東京大学出版会、二〇〇一年など、公共哲学シリーズを参照。また、中国の公私と日本の公私（おおやけ・わたくし）が日本語の公概念を構成していく過程については、溝口雄三『公私』（一語の辞典）三省堂、一九九六年を参照。

（2）運輸・郵便・電気通信・水道・電気・ガス・医療・公衆衛生の事業のうち、公衆の日常生活に不可欠なものを労働関係調整法では公益事業とし、そうした事業主体を公営企業と呼ぶ。

（3）『第六一回国会参議院内閣委員会会議録』第一六号、一九六九年五月八日、一六―一八頁。

（4）ここで言う「総選挙」とは、公職選挙法（第三一条及び第三二条）や新聞等一般に使われている衆議院の解散や任期満了による衆議院議員全員の選挙を指さずに、全国で一斉に実施する国政選挙を指している。

（５）天皇家は、公家《こうけ》あるいは公方《くぼう》とも呼ばれ、「おほやけ」を体現した存在であった。
（６）もともとは律令制における太政官制度の公卿職位から公家という呼称が始まったようだが、明治維新後に公家は解体され華族となる。華族の多くは爵位を与えられ、公爵、侯爵、伯爵、子爵、男爵の序列となっている。ヨーロッパでは公爵の上位の諸侯に大公がある。ここで注意を促したいのは、天皇（国王）に近い職位に「公」という字が用いられていることである。近代以降、日本では官職の高低は天皇からの遠近で表されてきた。最高の官職は、宮中において直接天皇から任命される親任式が執り行われる。現行憲法では親任官の規定はないが、「三権の長」の二つのポストである内閣総理大臣と最高裁判所長官は親任式で叙任する。また、特命全権大使（公使）の信任状捧呈式という赴任先の一種の任職式も親任式で執り行われる。三権の長のもう一つのポストである衆参両議院の議長は、主権者である国民から信任された議員の中から選任されるため、任命の儀式はない。国会は国権の最高機関であるため、その長である衆参両議院議長の歳費は内閣総理大臣と最高裁判所長官を上回っていて、国民主権の理念を制度化させているが、一方、栄典では慣例上、内閣総理大臣と最高裁判所長官は両院議長より一段格上である。このように現在においても、旧来からの権力の認知構造と近代民主主義社会の原理は混在している。
（７）「律令体制の成立とともに、公＝官＝天皇という図式が完成するのである。」安永寿延『日本における公と私』日本経済新聞社、一九八六年、三九頁。
（８）密接距離（intimate distance）が一五～四五㎝、個人的距離（personal space）が四五㎝～一・二ｍ、社会的距離（social distance）が一・二～三・六ｍ、そして公共的距離（public distance）が三・六ｍ以上としている。エドワード・T・ホール、日高敏隆・佐藤信行訳『かくれた次元』みすず書房、一九七〇年、一六〇―一八一頁。
（９）しかしながら、事柄はそれほど単純ではなく、銭湯やＳＰＡなど公衆浴場では、普段他人には決して侵害されない距離にそれも裸の状態で湯に浸かったり、洗い場を共有したりしている。また、今は少なくなったが警察官が住み込みで駐在する交番である駐在所は、生活の場の私的空間と公権力の行使の場である執務室は隣接していて、いわば距離感が混在している例も実は稀ではない。
(10) 一般社団法人公共建築協会による公共建築賞の表彰対象とする建築物の定義。
(11) 鉄道会社の建設した駅等が四件、あとはコンベンションセンター、市民プラザ、コンサートホール、電力会社の建物となっている。共に事業者は、株式会社である。
(12) こうした公共の空間は、物理的な空間であるが、政治学では心理的あるいは抽象的な空間についても、その公的領域とか公共空間と称して、その公共性を検討している。
(13) 法律上は、公法で規定している公共団体と、民法関連法で規定している公益団体に区分している。宗教法人を除き、特別法で設置された特殊法人を加えて税法上の特例がある団体を特定公益増進法人と呼んでいる。
(14) 二〇一二年の法改正によって、所轄庁の認定がなされると寄付控除の対象となり、法人内部のみなし寄付も二〇％まで可能となった。
(15) 認可では、認可の判断基準は主務官庁にあり判断の裁量権が大きいが、認証では、原則として所轄庁に裁量権はなく、明示された基準に則った書類が提出されれば、受理されることとなっている。ただ、口頭による指導は残っている。
(16) 吉野作造は、既に専門的政治家に対しても市民の監視を主張している。吉野作造「近代政治の根本問題」『吉野作造選集』第二巻、岩波書店、一九九六年、二四八―二四九頁。
(17) 祭祀、宗教、慈善、学術、技芸其他公益ニ関スル社団又ハ財団ニシテ営利ヲ目的トセサルモノハ主務官庁ノ許可ヲ得テ之ヲ法人ト為ス
(18) 一般社団法人及び一般財団法人に関する法律と公益社団法人及び公益財団法人の認定等に関する法律。
(19) 興味深いことに、旧民法の公益法人の規定創設は、日清戦争の終結の翌年で、軍事費に国家予算が圧迫された時期であるし、新制度が制定された二〇〇八年は、公債発行額が過去最高の五二兆円を超え、一般会計税収額が平

成になって最低値の三八・七兆円を記録した翌年である。政府財政が悪化すると民間による公共的活動の支援制度を充実させる傾向にある。

(20) 旧制度では適切な監督が行われず、社会的に不適切な行為を行う法人や休眠法人の存在が指摘されたが、改革後も課題は残っている。詳しくは、「特集　公益法人の移行・廃止とその問題点」『ジュリスト』一四二一号（二〇一一年四月一五日）、ＮＨＫクローズアップ現代取材班『公益法人　改革の深い闇』宝島社、二〇一四年、入山映『市民社会があぶない』幻冬舎ルネッサンス、二〇一二年、参照。

(21) 松下圭一『市民自治の憲法理論』岩波新書、一九七五年、x頁。

(22) 古代ポリス及び古代ローマの市民は、市民革命の時期まで忘却されていたように見えるが、市民意識は中世ヨーロッパで育まれたとする視点は重要である。増田四郎『西欧市民意識の形成』講談社学術文庫、一九九五年。

(23) Ｊ・Ｊ・ルソー、桑原武夫・前川貞次郎訳『社会契約論』岩波文庫、一九五四年、五九―六〇頁。共和政については、ニッコロ・マキァヴェッリ、永井三明訳『ディスコルシ』ちくま学芸文庫、二〇一一年、参照。

(24) フランス語の bourgeois と citoyen の違いなど、用語の意味とその変遷については、薬師院仁志『日本語の宿命』光文社新書、二〇一二年、第六章参照。日本語の市民の使われ方も結構ややこしくて、市民体育館、市立図書館、市営駐車場と似たような経営形態にもかかわらず用法は均一ではない。

(25) 日本の公民科目は、主に政治や社会の仕組みを教えるのに対して、米国の civics では、中等教育や移民教育等で市民としての権利と義務について教えている。

(26) 長沼豊・大久保正弘編著『社会を変える教育』キーステージ21、二〇一二年、二〇―二四頁。

(27) 水林彪「「公私」観念の比較法学的考察」日本法哲学学会編『〈公私〉の再構成』有斐閣、二〇〇一年、一〇二頁。

(28) ただ、公民権あるいは公民権運動が、単に参政権を巡る権利の問題としてしか理解されていない風土は、「公共」意識の問題と共に、日本の政治的な課題であろう。苅部直「citizen ▼市民・公民」（翻訳語事情）『読売新聞』二〇一三年九月二日朝刊。米国においては、陪審員として裁判に参加する場合、企業は有給休暇を与えなければならないが、これを civil leave 公民休暇と呼んでいる。

(29) 経済産業省『シティズンシップ教育と経済社会での人々の活躍についての研究会報告書』二〇〇六年、一〇頁。

(30) 湯浅誠『反貧困』岩波新書、二〇〇八年、一一〇頁。

(31) 一般に国際赤十字と呼ばれるのは、この中立性をモットーとする赤十字国際委員会と各国に設立されている赤十字(赤新月)社、及び各国赤十字の連合体である国際赤十字社赤新月社連盟を総称している。連盟の総会は、加盟する赤十字(赤新月)社の代表のみならず、加盟国の代表も参加していることや国際人道法において赤十字国際委員会が条約の締結主体でもあるため、純粋な「非」政府機関とは言えないかもしれない。

(32) A・トクヴィル、井伊玄太郎訳『アメリカの民主政治』(下巻)講談社学術文庫、一九八七年、二〇〇頁。

(33) ラテン語の societas civilis が巡り巡って市民社会と称されるようになり、現代においてどのような意味をもっているかについては、植村邦彦『市民社会とは何か』平凡社新書、二〇一〇年を参照。

(34) 統計値は、総務省統計局、国税庁、GivingUSA UKGiving、共に二〇一〇年の数値。日本の団体数は特定公益増進法人数(財務省統計二〇一〇年)二万一一六八団体と認定NPO法人数(内閣府統計二〇一四年)五六七団体の合算数。二〇一〇年の平均値である一ドル八七・七円、一ポンド一三五・六円で換算。同じキリスト教国でも、非アングロサクソン系のドイツやイタリアでは寄付額は低い。cf. Lester M. Salamon et al., *The State of Global Civil Society and Volunteering: Latest findings from the implementation of the UN Nonprofit Handbook*, Center for Civil Society Studies, Johns Hopkins University, 2013. 初詣の日本人の賽銭の全国平均は、なんと一四九・三円である。(「ウェザーニュース」二〇一一年一月一一日 http://weathernews.com/ja/nc/press/2011/110111.html)

(35) The Beggar's Opera, ジョン・ゲイ原作、一七二八年初演。ベルトルト・ブレヒトは、この作品から一九二八年に『三文オペラ Die Dreigroschenoper』を創作した。

（36）cf. Tertius Chandler, *Four Thousand Years of Urban Growth: An Historical Census*, Revised Ed. 1987, Edwin Mellen Pr.
（37）Le nozze di Figaro, ウォルフガング・アマデウス・モーツァルト作曲、一七八六年初演。
（38）Le Misérables, ヴィクトル・ユーゴー原作、アラン・ブーブリル&クロード＝ミッシェル・シェーンベルク作曲、一八五二年原作発表。二〇一二年映画は、トム・フーバー監督。
（39）国・自治体が実施する救貧的な公益事業の一つで、東京には本郷真砂町、神楽坂、芝浦などにでき「東京でも安値で品質のよろしい公衆食堂」（今和次郎編著『新版大東京案内』（上巻）ちくま学芸文庫、二〇〇一年、二一九頁）とある。宮沢賢治も一九二一年に立ち寄り「公衆食堂（須田町）」の詩を残している。『「東京」ノート』四九頁。栗原敦『「東京」ノートの〈東京〉』宮沢賢治記念館、一九九五年、九頁。
（40）これはまだ各地に名称としても残っている。「自由市場」は、戦後の闇市を起源とした市場である。
（41）一般に開かれた公衆浴場とは意味が違い、自治体が運営する浴場。
（42）一九二七年に公益質屋法が制定され、市町村や社会福祉法人が国庫の支援を得て運営する質屋で貸付利率や流質に制限があった。二〇〇〇年に廃止。
（43）内務省によって一九二四年に設立された財団で、当時では文化的な生活を送ることのできるアパートを東京と横浜に一六カ所建設した。
（44）現在、自治体では埋火葬の事務は、市民課を窓口としている場合が多いが、火葬場や斎場においては、都市部では民間企業による例もあるが、多くは公営である。人の死に際して、「公」を求めるメンタリティがあるように感ぜられる。葬祭業（葬儀社）は一部協同組合による他、ほとんどは民間企業であるが、〇〇公益社という名称の葬儀社は多く、このメンタリティと関係があるかもしれない。老舗の公益社（一九三二年創設）の社史（朋興社『葬祭五十年株式会社公益社の歩み』公益社、一九八二年）によれば、公益の名称は、「深い内容を秘めるとともに、近代的なイメージを備えた」（二九頁）ものとして命名されたようで、公共の利益云々という記録はない。

(45) 一九一六年に京都市岡崎公会堂、一八年に中之島公会堂が市により建設され、二九年には日比谷公会堂ができ、自由民主党や日本社会党などの党大会や選挙の際の立会演説会は、この公会堂で開催されてきている。また、一九四一年に後藤新平記念公民館が正力松太郎個人の寄付により岩手県水沢市（現奥州市）に建設された後、各地に公立の公民館が設立された（今村雅樹・小泉雅生・高橋晶子『パブリック空間の本』彰国社、二〇一三年、二四―二六頁）。後藤新平が、国産懐中時計第一号（一九二四年）を citizen と命名したのは有名なエピソードであるが、時間的な規律を守って生活することは、近代的な市民にとって重要な習慣であるので、このことは象徴的な意味をもつ。

(46) 野口悠紀雄『公共政策』岩波書店、一九八四年、一―三〇頁、一四九―二〇二頁。

(47) 詳しくは、ジェームズ・ブキャナン、山之内光射・日向寺純雄訳『公共財の理論』文眞堂、一九七四年を参照。

(48) こうした政府の役割の展開については、クリストファー・フッド、森田朗訳『行政活動の理論』岩波書店、二〇〇〇年を参照。

(49) 『生きる』は一九五二年公開。二〇〇七年にテレビ朝日の特別番組として、松本幸四郎主演でリメイクされた。一九六四年の東京オリンピック直前の東京をルポルタージュした文豪開高健も、「休まず、遅れず、働かず」の都庁職員を描写している「ある都庁職員の一日」『ずばり東京』（開高健『開高健全集』第二二巻、新潮社、一九九二年、四三四―四四三頁）。

(50) 市民課は公園建設の所管課ではなく、公園課が担当する。このため、市民課は事務を所管しないで総合調整を図ったわけで、役所的には御法度であるが、「市民のための企画調整課」と考えれば、今日でみられる手法でもある。所管については、大森彌『官のシステム』東京大学出版会、二〇〇六年、第五章参照。

(51) 公共の利益の三類型と呼ばれ、合理主義的理論、理想主義的理論、現実主義的理論でそれぞれ公共の利益の担い手に含まれるかを区分している。*cf.* Glendon Schubert, *The Public Interest*, Greenwood Pr., 1960.

(52) そのためハバーマスは、「市民的公共性」の覚醒を提唱している。詳しくは、ユルゲン・ハバーマス、細谷貞雄・山田正行訳『公共性の構造転換』(第二版)未來社、一九九四年、特に「一九九〇年新版への序言」。齋藤純一『公共性』岩波書店、二〇〇〇年。

(53) 井上ひさしの戯曲『兄おとうと』(二〇〇三年初演)は、商工次官(後に商工大臣)となる高級官僚の兄吉野信次と大正デモクラシーを主導した政治学者の弟吉野作造の間に生じる、官僚と市民の公共性における相剋を描いている。

(54) ドイツ語での審問では Zivilcourage という単語が使われており、Zivilcouragiert は、公共の場で発露される道徳的な勇気のことである。英語では civic courage と訳されている。

(55) ハンナ・アーレント、大久保和郎訳『イェルサレムのアイヒマン』みすず書房、一九六九年、及び志水速雄訳『人間の条件』ちくま学芸文庫、一九九四年。エイアル・シヴァン監督『スペシャリスト』一九九九年。マルガレーテ・フォン・トロッタ監督『ハンナ・アーレント』二〇一二年。

(56) 阿部斉『民主主義と公共の概念』勁草書房、一九六六年、第一章。

(57) 篠原一『市民の政治学』岩波新書、二〇〇四年。

(58) *cf.* David Mammen, *Creating Recovery*, Fuji Technology Pr. 2011. pp. 59-94

(59) 教育基本法の改定の際、前文に「公共の精神」という表現が加えられたが、国会での審議の際、この意味についての議員の質問に対して、小坂憲次郎文部科学大臣は、「国や社会の問題を自分自身の問題として考え、そのために積極的に行動するという精神」(『第一六四回国会衆議院教育基本法に関する特別委員会議録』第一二号、二〇〇六年六月八日、一五―一六頁)と答えている。公共の精神は、旧法では第一条に「教育は、人格の完成をめざし、平和的な国家及び社会の形成者として、真理と正義を愛し、個人の価値をたつとび、勤労と責任を重んじ、自主的精神に充ちた心身ともに健康な国民の育成を期して行われなければならない。」として自律的自治的に公共が捉えられていたが、公共は再び国家の侍女としての扱われ方に還流されるようになってきている。この論点について、佐伯啓思『「市民」とは誰か』ＰＨＰ新書、一九九七年を参照。

(60) 講談『細川茶碗屋敷の由来』を人情噺に仕立てた古典で、港区白金の清正公周辺が舞台の珍しく武士に対する好感度が高い噺である。シェイクスピアの『ヴェニスの商人』と同様、個人間の約束事＝「契約」を扱った話であるが、両者が違った解決の仕方を模索するのは面白い。古今亭志ん朝や柳家花緑などがＣＤやＤＶＤをだしている。阿部謹也『「世間」とは何か』講談社現代新書、一九九五年。

(61) 市民の備えるべき徳性として、「公共精神」「正義の意識」「礼儀と寛容」「連帯感や忠誠心の共有」を挙げる政治学者もいる。特に、礼儀は civility が使われており、「社会的規範を守った礼節さ」を指している。詳しくは、ウィル・キムリッカ、岡崎晴輝他訳『土着語の政治』法政大学出版局、二〇一二年、四一六―四二四頁を参照。

第10章 政策と市場

西村 万里子

一 政策と市場の概念

本章では、政策と市場の概念、機能、役割を解説したうえで、具体的な政策分野の改革事例を取り上げ、政策と市場のあり方を検討する。

まず、政策の概念をみると、政治学が対象とする政策を公共性を持った政策という意味で、公共政策と呼ぶのが一般的である。(1) 以下では、公共政策と記すことにする。

公共政策の概念・定義は法学・政治学の立場から、公共経済学の立場からと、学問分野によって多義的であるが、理解しやすい簡潔な定義として、「社会が抱えている社会的・公共的問題に対処するため

に、国家・政府によって実行される政策、すなわち具体的手段であり公的介入である」とすることができる。(2)

他方、市場とは、商品・サービスに関心をもつ人々が出会う場所であり、買いたい需要者と生産し売りたい供給者が価格を仲立ちにして、商品・サービスと貨幣とを交換し取引する場所とされる。市場は二つに大きくわけることができ、株式市場や野菜・魚などの卸売市場のように、特定の場所で供給者と需要者が集まって、受給を調整するように価格が決まり取引されるものと、小売店などのように無数の場所に分散して取引が行われるものとがあり、前者のような形態の市場はまれな場合であり、後者の市場が通常の多くの商品・サービスの市場の形態である。(3)

政策と市場の関係をみると、市場の機能には限界があることが知られており、市場が失敗する場合に、市場の失敗を改善するために政府による公的介入、すなわち公共政策が実施されると説明される。さらに、市場の失敗に加えて、政府も失敗する場合があることが知られるようになり、そうした政府の失敗を含む社会的・公共的問題に対処するためにも、政府による公共政策が実施される。

また、公共政策の概念は多義的であるとともに、厳密な定義ではなく、多種多様な公共的問題に対処するための政策集合の総称に過ぎないことも指摘され、(4)存在する政策は国防、外交、警察、産業、金融、福祉、労働、文教、環境等の個別分野の政策である。しかしながら、公共政策の概念は社会が抱えている問題の全体構造を認識するために有用な枠組みを提供し得る点が重要な特徴であるとされる。(5)

公共政策を対象とする学問の開始と展開をみると、戦後アメリカで公共政策（学・論）として構築され、一九七〇年代になると、公共政策（学・論）専攻の大学院が相次いで新設された。日本では、一九九〇年代に入り、公共政策（学・論）をテーマとする研究業績が刊行されたことを端緒に、新しい学問領域としての構築が本格化したとされる。[(6)] 同じ頃、公共政策関連の学部が新設され、法学部等にも公共政策関連の科目やコースが設置されるようになった。最近では、公共政策専攻の大学院の新設もみられる。

二　公共政策の動向

1　公的部門の推移

日本などの先進国では、中央政府や地方自治体が実施する公共事業、教育文化、環境関連、安全保障、社会保障関連の福祉等の多様な分野の公共政策を実施し、それらに係る政府支出が増大し、公的部門が拡大しており、大きな課題になっている。そこで近年、拡大した公的部門の改革が行政改革として実施され、規制緩和などにより政府の役割を縮小し民間部門の活性化が進められている。

日本の公的部門の規模を財政支出の点からみると、公的部門の規模は、国民所得に対して税及び社会保障費によってどの程度負担しているかという割合（国民負担率）で捉えることができる。

日本の税負担・社会保障負担の国民所得に占める割合は、一九七〇年には二四・三％で、先進諸国の中では低い水準であったが、一九八〇年代以降、人口の高齢化が急速に進み、年金、医療費、介護費などの社会保障関連の福祉支出が増加し、一九八〇年には三〇・五%、二〇〇〇年には三七・三%、二〇一四年には四一・六%となり、国民所得に占める割合が急速に高くなっている。

このように政府が積極的に様々な役割を拡大してきたことによって、行政組織の数や規模が拡大し、政府の支出が増加を続け、公的部門の収支では財政赤字が増大している。財政赤字は国債発行などにより補てんされており、国の借金を増やしている。国の借金返済のためには、また国債発行による借金をすることが必要となり、財政赤字が累積し国債残高がさらに増加している。日本の国債残高、すなわち国の借金は、二〇一三年度末には七五〇兆円に達し、国内総生産GDPの水準を上回り、先進国の中で最も高い水準に達している。

二〇一五年度の予算案をみると、過去最高となる総額九六兆円の予算案が閣議決定され、そのうち国の借金返済のために使われる国債残高の元本返済と利子負担の額が約二三・五兆円であった。新たな借金となる国債の新規発行額は前年度より四・四兆円減らす見通しであるが、なお予算額の四割近くは借金に頼っている。

公共政策を実施する公的部門は急速な高齢化に伴う福祉ニーズ、教育・環境関連などのニーズへの対応が求められる一方で、国の借金である国債に依存した公的部門の財政改善も要請されている。拡大した公的部門をどう改善し、多様なニーズにどのような公共政策で対応していけばよいのだろうか。

2　行政改革の動向

日本では、一九九〇年代から、公的部門の改革が本格的に進められ、行政改革の下、規制緩和等によって、公的な事業の民営化を行う、公的部門に市場の競争原理と民間企業を活用するなど、様々な方法により公的部門において民営化が進められている。

公的部門の提供する公共サービスは私たちの生活を支えており、行政改革として進められている公的部門の民営化は生活場面において具体的な事例として実感することができる。

たとえば、郵政事業の民営化は政治の大きな争点の一つであるが、これまで国の事業として行われてきた郵便事業、郵便貯金、簡易保険の郵政事業は段階的に民営化が進められ、公社化をへて、株式会社へ移行した。郵便事業の一部は郵便局以外の事業者が扱えるようになり、郵便サービスの一部では競争が生じ始めてきた。一方、地域によっては小さい郵便局の統合がみられ、近くの郵便局が廃止統合された場合もある。

また、全国にある公立図書館では、自治体による公的な運営から企業や非営利組織NPOによる民間運営へと、自治体の方針に従って、公的運営から民間運営への移行が進められている。民間運営の図書館では、開館時間を延長したり、本貸出や返却の方法を工夫し宅急便で返却できたり駅で返却できたりと、様々な工夫がみられる。図書館を利用してこうした変化に気づいていた場合もあるだろう。また、図書館内に喫茶店を併設し本を読み勉強も会話もできる空間を作ったり、書店を併設したりという、民間企業の運営ならではの工夫がみられる図書館も出てきた。

公園の整備・運営を民間企業やＮＰＯに任せることも進んでおり、民間運営の公園では、従来の公園とは異なり体験型の公園を作ったり、工夫のある新しい形態の公園がみられる。

さらに、刑務所でも民間企業を活用した建設と運営への移行事例が増えてきている。民間の警備会社が刑務所の一部の運営を行い、企業のもつ警備関連のＩＴ技術等を活用して、刑務所の敷地を囲む高い塀や居室の鉄格子をなくし、受刑者を監督できる工夫をする刑務所も出てきた。刑務所内に住民が利用できるレストランも併設され、地域に開かれた刑務所となっている。これも民間企業のノウハウ・工夫を活用した事例である。

三　市場・政府の機能と公共政策の役割

1　市場の機能

このように公的部門を改革するために、公共サービスの様々な分野で民間企業が活用されるようになっていることがわかる。公的部門における民間企業やＮＰＯの活用の目的は、公共サービス分野でも民間企業等相互の競争原理を活用するためであり、行政改革では、規制緩和等により、公的部門に競争原理、すなわち市場原理の導入が進められている。

本節では、市場のもつ機能の説明から始め、現在の行政改革が、なぜ市場原理を活用する方法で進められているのか、公共政策（学・論）で体系化された概念や知見に基づきつつ考えてみよう。

現代の社会は、市場を通じた取引を基礎にしている。市場とは商品やサービスを取引する場所であり、市場において供給者と消費者の意思に基づいて、価格を通じて売買が行われている。市場では通常複数の企業が競争している。企業の第一目的は利潤追求であり、商品やサービスに係るコストを安くし、消費者の欲求・ニーズを分析し品質内容を工夫して、他企業との競争に勝つために努力する。その結果、消費者の求める商品やサービスが企業によって供給されることになる。このように、市場は競争の刺激によって、価格・コストおよび品質の両方の面において、消費者本位のよい結果を生じさせる機能を持っているといえる。

また、個々の企業や消費者は市場での価格を目安として生産や消費の量を決定し、市場での価格は市場全体の生産量と消費量の関係で決定され変動する。市場で売れ残りが出て供給量が消費量を上回った場合には価格が下落し、反対に、品不足となり消費量が供給量を上回った場合には価格が上昇する。その結果、売れ残りや品不足が価格の上下を通して自然に解消することができ、市場は価格を通じて経済社会全体の生産量と消費量を調整して、うまい具合に生産した商品やサービスを消費者に配分することができる。すなわち、市場は資源が必要とされるところに自然に配分し、社会全体の複雑な資源の配分を最適に行う効率的な機能をもっていることが了解できるだろう。

こうした市場のもつ機能があらためて認識されたことによって、公的部門の改革においても、市場の競争原理や民間企業などの工夫が活用されているのである。

2　市場の失敗と公的介入・公共政策の役割

市場の機能は再認識されたが決して万能のものではなく、市場には市場の失敗と呼ばれる市場機構の限界がある。本来であれば、市場に任せておくと競争が生じ、商品やサービスの価格が下がったり質が向上したりするが、市場に任せておくと、価格が高くなったり品質が向上しなかったり、消費者や社会にとって不利益な状況が発生することがある。これが「市場の失敗」と呼ばれる状態である[7]。

なぜ、市場の失敗が生じるのであろうか。市場の失敗が生じる主な理由として、次のような場合があげられる。

警察・国防などのように民間企業による供給が難しいという失敗が生じる公共財の場合、政府が税金を財源として供給する必要がある。

公害や環境汚染のように、市場を通さないで、他の経済主体に直接環境に関わる不利益を与える外部不経済がある場合、こうした不利益は市場によって調整することができない。

電気・ガス・水道などのように、固定設備に巨額の費用がかかる産業分野では、規模の利益があり、生産量の増大とともに生産に関わる単位当たりの平均費用が減り続けるため、やがて自然に独占化がすすむ。その結果、こうした分野では市場に任せると、独占の弊害が現われ、供給が少なくなったり価格が高くなったりする失敗が生じるため、規制が必要になると考えられている。

医療・介護・保育などのように、消費者と供給者の間に情報に関して大きな非対称性がみられ、情報量に格差がありサービスの質の判断が難しく、消費者側に著しく情報が少ない場合、市場では消費者が情報に基づいてサービスを適切に選択・購入することが難しく、公的な供給や政府による公的な介入・規制が必要になる。

さらに、市場の失敗として、次のようなこともあげられる。市場はうまく機能した場合でも、結果として所得や資産の不平等をもたらすものであり、市場で生じた経済的格差を市場では改善することができない。また、市場に任せておいたのでは、不況やインフレ、失業などの景気変動をさけられず、市場ではその防止もできないのである。

市場にはこうした市場の失敗、市場機構の限界があることが知られており、市場の失敗を是正する必要があるため、政府が規制や公的制度などの様々な方法で公的介入を行っているのである。

政府による公的介入の例として、たとえば、国防や警察のサービスについては政府が直接提供しているし、環境については、企業の生産方法や汚染物質の排出に対して、環境問題を改善・防止するように規制したり環境税を課したりしている。

経済社会は市場を基礎にしているが、政府による公的介入の役割が不可欠であることがわかるであるう。このように、従来、市場の失敗がある場合、政府によって公的介入・公共政策によって是正すべきだと考えられ、政府の活動範囲と規模が拡大してきたのである。

3 政府の失敗と公的介入・公共政策の役割

①政府の失敗

一九八〇年代の初め頃になると、市場機構の限界に基づく市場の失敗に対して、政府の公的介入により是正するという考え方に対して、政府の公的介入にも政府の失敗があることが指摘・強調されるようになった。こうした新たな知見に基づき、政府による公的介入のあり方に対して見直しが必要であると考えられるようになってきた(8)。

政府の失敗として、大きくは次のような二つの内容が指摘されている。

第一に、公的組織は税金で賄われるため、コスト意識を欠き非効率となりやすく、公的組織による公共サービスの提供には効率性の低下が生じるという失敗である。公的組織は無駄を省くなどの経営努力をしないでも運営できるため、公的組織の提供する公共サービスは同じサービスを提供する民間企業より高い費用で提供することが生じてしまう。

また、公的部門で働く公務員などの職員には民間企業にあるような競争による圧力が少なく、公的部門にはコスト削減や商品やサービスの質の向上への動機づけが十分に組み込まれていない。その結果、公的部門の組織構造では、公共サービスの価格は高いまま、サービスの工夫もなされないままという失敗が生じやすい。

第二に、公的部門の政治家や公務員は公共の利益のために行動すると考えられてきたが、実際には自分の利益のために行動する傾向があり、その結果、公的部門は拡大し財政赤字が増大しやすくなるという失敗がある。政治家・公務員・企業はそれぞれの利益を求めて癒着する傾向があり、三者が癒着した状態は鉄の三角形と表される。

政治家は選挙地盤の票を求めて、選挙地盤に関わる産業に有利な公共事業を整えたいという考えが強くなる傾向がある。公務員は天下り先を作るために、政府の外郭団体を作ったり関連企業とのネットワークを利用したり、権限の増加を求めて所轄の事業を拡大するように行動する傾向がある。企業は特別な有利な利益を求めて政治家や公務員に働きかける結果、政策や規制の内容が社会の利益にそったものではなく、働きかけた特定の企業や産業分野に有利な内容になってしまうことも生じる。企業に特別な利益をもたらすような公共政策が政治を通して行われるという失敗が生じる場合もある。

たとえば、政府が特定の産業において、市場の独占や競争を制限して保護する場合、こうした公的介入がなかった場合と比べると、独占を認められた企業側は特別な利益を得られることになる。

②政府の失敗に対する公的介入・公共政策の役割

公的介入にも政府の失敗があることが認識されるようになったが、どのようにすれば政府の失敗をなくすことができるのであろうか。

政府による公的介入が行われたのは、市場には市場の失敗、市場の限界があり、こうした市場の失敗を改善するためであるから、政府の失敗があっても政府の公的介入をなくすことだけでは解決することはできない。

一九八〇年代以降、政府の公的介入が拡大しすぎ、むしろ政府の失敗の方が大きくなってしまったと認識されるようになり、公的部門、公共政策のあり方が見直されるようになっている。公共政策の概念・知見に基づき、解決の方法として考えられていることは、政府の公的介入の程度を規制緩和や民営化により縮小し、公共サービスの提供を政府から民間へ移行し、政府による一定の公的介入のもとで、民間企業やＮＰＯに提供を任せる方法である。

公的部門で民間企業やＮＰＯを活用することによって、公的部門に市場のもつ競争原理が導入され、公的部門における政府の失敗が解決されるのではないかと考えられているのである。この場合、政府が担う公的介入・公共政策の役割として、市場の失敗の問題を防ぎ、民間をうまく活用するための条件整備やルール作り、公共サービスの質を確保するための評価・監督等が必要となる。

公的部門における市場のもつ競争原理と民間活用の手法には、公的組織の民営化、規制緩和による民間企業やＮＰＯの参入、民間運営、民間委託等の方法がある。前述した具体例にあるように、郵政事業では民営化、図書館・刑務所等では民間運営が進められ、介護施設・保育所・学校運営の分野でも規制

緩和により民間企業の参入が試みられている。(9)

四　公共政策の改革事例――規制緩和と市場原理の導入

これまで市場、政府、公共政策の機能や役割について検討してきた。続いて、規制緩和、民営化、民間の参入等が進む公共政策の具体的な分野を取り上げ、三つの政策分野における改革事例を説明しよう。

第一事例は電気の分野で、まだ規制緩和が十分には進んでいないが、これから本格的に進められる分野である。規制によるどのような政府の失敗が認識され、規制緩和を進めることになったのか。

第二事例および第三事例は福祉の分野を取り上げ、第二は介護の分野で、電気分野とは別の理由により規制がなされていたが、既に規制緩和が行われ、一部市場原理が導入された分野である。

第三事例は保育の分野で、少子化の進行に対して子ども政策に焦点があてられる中、介護と同様の手法で、民間活用等、一部市場原理の導入がこれから本格化する分野である。

1　電気の分野

まず、電気の分野の規制緩和の動向を概観しよう。(10)電気の分野では、現在、一般家庭では地域の電力会社からしか電気を買うことができず、電力会社を選択できない。規制緩和は少しずつ実施されてきたが、十分には行われていなかった。しかし、二〇一四年に一般家庭への電力小売りを全面自由化する電気事業法の改正が成立し、電力システム改革が本格的に進められることになった。二〇一六年からは、価格やサービス内容を基準にして、消費者である一般家庭が電力会社を選べるようになるであろう。

こうして、電気事業分野の自由化、規制緩和が電力システム改革として本格的に進められることになった。電気事業の分野では、一九五〇年代初頭に、全国を一〇地域に分け、地域ごとに一つの電力会社に独占させる現在の電力供給の制度が作られており、二〇一四年の電力小売り自由化の決定は約六〇年ぶりの大きな転換になったのである。

これまで電気の分野では民間企業による競争をさせずに、消費者である一般家庭は電力会社を選択できず、東京地域ならば東京電力というように、地域ごとに一つの会社に独占させてきた。

このように、電気の分野で民間に競争させず地域に一つの会社に独占提供させてきた理由は、電気・ガス・水道の分野に特徴的な自然独占と呼ばれる市場の失敗が生じるからである。電気等の分野では、一軒一軒をつなぐ電線等のネットワークを築く巨大な固定設備が必要で、巨額の費用がかかる。こうした産業では、生産量の増大とともに生産の平均費用が減り続け（規模の利益）、競争に任せておいてもやがて自然に独占企業が生じてしまうことがあらかじめ知られている。

自然に独占企業が生じる状態になると、独占した企業が価格を高くしたり生産量を少なくするなどして、独占による問題が生じる。そのため、こうした市場の失敗をもつ産業分野では、初めから政府が国営や公営により独占的にサービスを提供したり、特定の企業の独占を認めた上で、企業の原価を監視し電気料金が高くならない等の規制を導入して管理する必要が出てくるのである。

しかし、二〇一四年に政府は電気事業分野の独占状況を解消することにした。その理由として、電気の分野では、市場の失敗に対応するために、政府が一地域に一企業の独占を認め独占的供給をさせてきたが、東日本大震災の原発事故を契機として、電気分野における政府の失敗が表面化するようになり、政府の介入による失敗の方が強く認識されるようになったからである。

政府の失敗として指摘されたこととして、電気の分野では、長い期間にわたって独占を認めてきた結果、政府の介入である規制の目的が、独占による問題に対応し消費者を保護することから、むしろ、規制される電力会社を保護するように変質するようになってしまった点があげられる。たとえば、独占の弊害が出て電気料金が引き上げられないように、政府は独占を認めた電力会社に対して電気料金の規制を行っている。しかし、料金決定に使われている総括原価方式では、電気料金は電力供給に係るコストに適正利益を加えて決定され、全てのコストを料金から回収できる仕組みである。そのため、電力会社には経費節減を工夫するインセンティヴが働かなくなり、電力会社は高めの費用をかけて生産してしまう傾向になり、生産の効率の悪さが許される状態を生じさせてしまったのである。

このように、規制の内容が、実際には規制される企業や産業に有利になるように決められたり、変質するという政府の失敗が生じていることが認識されるようになった。その背景には、規制する側の政府と規制される側の企業で天下りポストの提供などを通じて癒着が生じていたことも指摘されている。また、電力送電に必要なネットワークの大規模設備を複数の企業が共同利用することによって、独占を認めてきた市場の失敗の根拠であった生産費用低減効果も薄れてきたため、電気分野の独占をやめて、競争の利益を活用することが可能になると考えられるようになった。

電気産業は、費用低減という特徴により市場の失敗がある産業と考えられ政府の介入が行われてきたが、これらの理由により、規制緩和し地域ごとの独占をなくす決定がなされたわけである。二〇一六年度からの電力供給の全面自由化が実現すると、小口利用者の一般家庭でも一〇電力会社以外から電気を買うことができるようになり、電力会社を選択できるようになる。その結果、電力会社間に競争が生じて、サービスが多様化し消費者の選択の幅が広がる、電気料金の低下につながる、ことが期待されている。

2　介護の分野

第二の規制緩和・市場原理導入の事例は介護の分野である。[11] 介護の分野は前述した電気の分野とは異なる理由により規制が行われていたが、既に規制緩和が行われた分野である。

介護の分野では、規制緩和を行う前は、基本的に地方自治体が介護サービスを提供してきた。二〇〇〇年前後に規制緩和が行われ、介護の在宅サービスの提供において、自治体等の公的組織による提供に加えて、民間の営利企業や非営利組織ＮＰＯなどの供給の参入が認められ、企業及びＮＰＯとの間で競争が始まった。

介護分野で規制により政府介入してきた理由は、介護分野に市場の失敗があるためであった。介護分野では、利用する側である介護を必要とする人には、どのような介護事業者があり、要介護の状態に対応してどの事業者からどのような介護サービスを購入すればよいか、介護サービスの内容や質を判断して選択するのが難しいという問題がある。これは、利用する消費者の側に情報や判断の知識が少ないという特徴から生じる問題で、情報の非対称性による市場の失敗と呼ばれる。医療および保育の分野にも同じ市場の失敗の問題がある。

したがって、介護の分野では、消費者の側に情報や判断知識が少なく、消費者による事業者やサービスの選択が十分に働かないと考えられるため、初めから規制によって競争を制限して、介護サービスの提供を公的責任において、原則地方自治体が提供してきたわけである。

ところが、介護の分野でも、政府が条件を整えて市場の失敗である情報の非対称性の問題に対応すれば、市場の失敗の発生を防ぎながら、規制緩和を行い、競争原理を導入し活用することができると考えられるようになった。この結果、二〇〇〇年の介護保険の導入にあわせて、介護サービスの提供について、株式会社等の営利企業、非営利組織ＮＰＯなどの多様な供給主体の参入が認められ、介護分野で供給主体間の競争が始まったのである。

営利企業等の介護事業者は利用者を獲得するために、テレビでコマーシャルをするようにもなっている。都市部では地方自治体による介護サービスの提供はほとんど無くなっている。

3　保育の分野

第三事例は保育の分野で、少子化の進行に対して子ども政策に焦点が当てられる中、待機児童の解消に向けて財源の拡大を図るとともに、規制緩和の実施により一部市場原理の導入が進められ、二〇一五年四月から民間活用が本格化する分野である[12]。

保育分野では、規制緩和を行う前は、保育所の設置主体を地方自治体と社会福祉法人のみに限定してきた。保育分野で規制により設置主体を限定してきたのは、介護分野と同様に、情報の非対称性による市場の失敗があるためである。

一九九七年の児童福祉法の改正により、保護者の保育所選択が尊重されたことに続いて、二〇〇〇年に、待機児童解消を目標に、保育所設置主体の規制緩和を行い、社会福祉法人以外の民間企業やNPOにも保育所の設置を許可することとした。

さらに、二〇一五年四月から、待機児童の問題の深刻化を受け、多様な主体（幼稚園、民間事業者、NPO、親団体）の参入を進める子ども・子育て支援新制度が始められる。この新制度は保育園・幼稚園に係る戦後初の大きな改革といわれる。これまでの保育所に加えて、多様な民間サービスを活用し、新しいタイプの保育サービスが導入され、幼稚園と保育園の機能を併せた認定こども園の増設、小規模保育・家庭的保育・事業所内保育など地域型保育事業の拡充、が行われる。子どもを預ける親にとっては、保育サービスの量が増えるとともに、選択肢も増えることになる。

また、保育分野には、消費税増分のうち二〇一五年度七、〇〇〇億円が投じられ、新制度実施によって保育サービスの量と質の拡充を目指し、正社員としてフルタイムで働く人、パートタイムで働く人、専業主婦、いずれも状況に応じた保育・教育サービスが利用できるようになる。

五　公共政策のあり方――市場原理の活用と政府による規制の役割

ここまで、規制緩和による市場原理の活用が進められている三つの事業分野をみてきた。電気、介護、保育という具体的な分野の状況でみたように、公共政策全体の流れとして、公共サービスの提供が政府から民間へ移行され、民間企業やＮＰＯに提供を任せ、市場のもつ競争原理の導入が進められている。

近年では、こうした規制により競争を制限してきた分野で、競争原理を導入し競争を有効に機能させるためには、事業者に関する規制を緩和するだけでは不十分であることが知られてきた。それぞれの事業分野のもつ特性や課題を踏まえて、競争を促進し公正な競争をするための条件整備やルール作り等、競争のための規制強化が不可欠であると考えられている(13)。競争のための規制という新たな規制が必要となるに伴い、政府にはサービスの直接提供から条件整備やルールづくり、監督の役割へと変化が生じている。

前節で規制緩和の改革動向を概観した三つの政策分野において、各分野の特性や課題に対応した条件整備、ルール作り、監督の仕組みなど、政府による競争のための規制強化のあり方について考えてみよう。

1　電気の分野

電気の分野では、電力小売りを全面自由化する法律が成立し、二〇一六年からは自由に電力会社を選べるようになる。

電気分野に必要とされる条件整備、ルール作りとして[14]、
第一に、新たな事業者が参入しやすく、既存の電力会社と同じ条件で競争できる環境を整えることが重要である。政府には、既存の電力会社の発電部門と送電部門を分離し、全ての事業者が送電部門のインフラである送電網を公平に使用できるようにする規制強化が必要となる。

第二に、多様な事業者が電力供給するようになっても、電気の安定供給を確保する仕組みが必要となる。

第三に、政府はこれまでの規制機関の役割が独占を認め電気料金の規制をしてきた役割から、競争のための条件整備等の規制介入および市場が有効に機能しているかの監督・監視という新たな規制の役割に移ることが重要である。

2　介護の分野

介護分野では、競争原理を導入し競争を有効に機能させるために、事業者に関する規制を緩和したことに加えて、介護分野のもつ市場の失敗である、情報の非対称性の問題に対応できるように、介護保険法において、競争促進及び公正な競争のための条件整備やルール作りなど、競争のための規制が設定されている[15]。

競争のための主要な規制である、政府の条件整備、ルール作り、監督の仕組みをみると、

第一に、利用者による介護事業者および介護サービスの選択が十分に機能するために、利用者の選択に必要となる介護事業者や介護サービスについての情報を提供する仕組みが作られている。介護保険法において、介護事業者は介護サービスに係る情報を都道府県に報告し、都道府県がそれらの情報を公表しなければならないことが義務付けられている。

都道府県は介護事業者の情報を市町村に送付し、市町村は冊子・ホームページなどを通じて介護事業者の情報を提供したり、利用者からの情報の問い合わせに応じたりして、利用する機会と十分な選択の確保を図る整備をしている。また、都道府県等の自治体は、第三者評価機関によって、介護事業者が提供する介護サービスの質を客観的に評価する仕組みの構築も進めている。

第二に、情報弱者である利用者の選択を支援するもう一つの仕組みとして、介護支援専門員・ケアマ

ネージャーという新たな職種が作られている。ケアマネージャーとは介護を必要とする者等が自立した生活を営むのに必要な援助に関する専門的知識及び技術を有する専門職である。利用者が要介護の心身の状況に応じ適切な介護サービスを利用できるようにするため、ケアマネージャーは利用者の介護事業者及び介護サービスの選択に対する支援を行う。ケアマネージャーは利用者と相談しながら、介護サービスを購入・利用するケアプランを作成し、介護事業者等との連絡調整を行うことにより、利用者の適切な介護サービス利用を確保する役割を担う。

第三に、介護分野には利用者が事業の提供する介護サービスの質を判断し選択することが難しい特性があるため、地方自治体に介護事業者を指定・監督することも義務付けており、介護事業者としての質を一定程度担保している。

介護保険法では、都道府県は設備・運営・従業員に関する基準を満たすかどうかによって介護サービス事業者として指定できるかどうかを判断し、指定された事業者のみが介護サービスを提供できるとされており、政府が介護事業者の一定の品質を保証している。

さらに、都道府県が介護事業者について業務管理体制の整備や運営に問題があると認めるときは、事業所への立ち入りや検査等を行うこと、不正事業者に対し指定の取り消しも行うことにより、都道府県が事業者の監督を行っている。

第四に、介護サービスの価格は、介護市場の需要と供給の決定に任せず、政府が決定する公定価格制度の仕組みがとられている。第五に、利用者間の公平性を確保するために、サービス利用代金の九割が公的介護保険から給付される利用者補助方式をとっている。

このように、介護分野では、規制緩和し競争導入に変更した後でも公的介入が行われ、政府は介護分野のもつ市場の失敗を少なくし競争原理をうまく活用するために、様々な条件整備等の工夫を行っていることがわかる。

しかしながら、こうした政府による条件整備、ルールづくり、監督の仕組みは必ずしも十分ではない。第一の情報提供の仕組みでは、提供される情報の量自体が少なく、とりわけサービスの質に関する情報が不足している。さらに、提供される情報は供給者側である介護事業者からの情報が中心であり、情報内容に偏りがある。現状の情報提供の仕組みでは、利用者は客観的な情報が少ない中で、事業者からの情報に頼って選択せざるを得ない状態である。こうした供給者側からの偏った情報提供を改善するためには、第三者機関による情報の入手と公表が必要であろう。

第二の利用者選択を支援するケアマネージャーについて、ケアマネージャーが利用者の立場より、むしろ供給者の立場にたちやすい構造となっている。介護保険法では、ケアマネージャーの業務として、常に利用者である要介護者等の立場に立って、特定の事業者若しくは施設に不当に偏ることのないよう公正に業務を行わなければならないと明記されているが、ケアマネジャーの多くが介護事業所に所属しているため、ケアマネージャーが常に利用者の立場にたてるような構造にはなっていないという問題がある。

3　保育の分野

保育の分野では、待機児童の解消を目的に、二〇一五年四月から始まる子ども・子育て支援新制度の下で、多様な民間サービスを活用し、新しいタイプの保育サービスを拡充することによって、保育サービスの量を増やすとともに、子どもを預ける親にとって選択肢が増えることが期待されている。保育分野では、介護分野と同じように、保育の内容・質に関する情報の非対称性という課題を抱えている。保育分野における競争のための規制として、政府の条件整備、ルール作り、監督の仕組みについて、課題を考えてみると、[16]

第一に、子どもを預ける親・利用者に情報提供し、利用者の選択支援をすることが必要となる。政府は、保育所や幼稚園、認定こども園などの保育施設の情報をまとめ、都道府県にウエッブサイトで公開させる仕組みを作ることとしている。施設の開所時間、定員、職員の配置、給食の有無、病児保育等の基本情報を提供し、利用者が施設を選びやすくする。

第二に、利用者の選択支援のもう一つの仕組みとして、利用者支援の専門職員が相談等を受けつける仕組みも作られる。

第三に、保育分野でも、介護と同様に、利用者が保育サービスの質を判断し選択することが難しい特性があるため、地方自治体に保育事業者の認可・指導監督が義務づけられ、保育事業者としての質を一定程度担保している。さらに、新制度では、新しいタイプの保育サービスである認定こども園や地域型保育も認可・指導監督の対象事業とされ、保育の量と種類の増大に対応した規制強化が図られる。

第四に、保育の質そのものの測定が困難であるという問題がある。現在の保育サービスの評価体系では、施設整備、保育士数等の構造評価に留まっており、二〇〇五年の第三者評価ガイドラインによって、福祉サービス共通評価項目に加えて、保育の特性に着目した三四項目が追加されたが、なお十分ではない。保育プロセス・保育条件等のプロセス項目によって保育の質の評価をすることが重要であることが指摘されている[17]。

第五に、保育分野には「隠された行動」という情報の非対称性の問題があることが知られている。隠された行動と呼ばれる問題は、保育サービスを選択するのは親であるが、最終的な消費者は子どもであり、親が監督できないところで、保育サービスの質が切り下げられている可能性があるという点である[18]。

政府には、保育サービスの質・内容の中で、見えやすい部分についての監督だけでなく、見えにくく隠れやすい部分についての監督をする仕組みや方法の構築が重要となる。見えにくく隠れやすい部分として、リスク管理・安全・安心対策、苦情・問題解決の方針及び体制などがあげられる。こうした部分の保育の質を担保するためには、仕組みや体制の構築等の構造評価に留まらず、保育サービスのプロセスに着目し、仕組みや体制が十分機能するか、その実効性・有効性に対する評価や監督の規制強化が必要である。保育サービスのどの部分に着目した評価および監督が有効か、より詳細な検討を行い、有効な評価および監督の仕組み・方法の構築が鍵となる。

さらに、隠された行動問題の回避策の一つとして、職業倫理性を身に付けた専門保育士の配置の充実もあげられている。また、政府は、事業者への公費補助を増やし、保育士の増員や賃金増を図り、量の増加とともに質の向上を目指す予定である。

以上、三つの具体的な政策分野の改革でみたように、公共政策の改革全体において、規制緩和によって市場原理の導入が進められるとともに、市場原理導入のための規制緩和だけでは不十分であることが知られてきた。公的部門で市場の競争原理を有効に機能させるためには、競争のための条件整備、ルール作り、評価、監督など、政府の公的規制の役割が不可欠であると考えられている。公共サービス分野における市場原理の導入に伴い、競争のための政府による規制・公的介入をどのように行うのがよいか、そのあり方が問われている。

注

（1）伊藤恭彦「公共政策と行政」加茂利男・大西仁・石田徹・伊藤恭彦著『現代政治学（第3版）』（有斐閣、二〇〇九年）所収、一一二頁を参照。

（2）公共政策の概念については、足立幸男「ディシプリンとしての公共政策学」足立幸男・森脇俊雅編著『公共政策学』（ミネルヴァ書房、二〇〇三年）所収、二頁、秋吉貴雄「公共政策とは何か、公共政策学とは何か」秋吉貴雄・伊藤修一郎・北山俊哉著『公共政策学の基礎』（有斐閣、二〇一〇年）所収、五頁、細江守紀「公共政策の課題」細江守紀・三浦功編著『現代公共政策の経済分析』（中央経済社、二〇〇五年）所収、二五頁、常木淳「公共政策分野における法と経済学」『法学教室』（二〇一一年）、No. 365、二五頁、渡辺智之「経済学者から見た法と経済学」『法学教室』（二〇一一年）、No. 365、四九頁等において、検討されている。

（3）市場の類型について、井堀利宏「市場と政府」『公共経済学』（新世社、一九九八年）所収、八―九頁を参照。

（4）足立（前掲）、四頁を参照。

（5）秋吉（前掲）一四頁を参照。

（6）日本で公共政策（学・論）研究の端緒となった業績は、足立幸男『公共政策学入門』（有斐閣、一九九四年）、宮川公男『政策科学の基礎』（東洋経済新報社、一九九五年）であるとされ、日本における公共政策（学・論）の研究開始、その後の学会創設と動向について、秋吉（前掲）で論じている。

（7）市場の失敗については、公共経済学の分野で多くのテキストが刊行されている。法学部生として理解しやすいテキストとして、井堀利宏『公共経済学』（新世社、一九九八年）、足立幸男『公共政策学入門』（有斐閣、一九九四年）があげられる。

（8）市場の失敗と政府の失敗、政府の役割については、田辺国昭「民営化・民間委託・規制緩和」西尾勝・村松岐夫編著『講座行政学』（有斐閣、一九九四年）所収、に簡潔にまとめられている。

（9）公的部門における市場原理と民間の活用、規制緩和、公共政策のあり方等について、山本哲三・野村宗訓編著『規制改革30講』（中央経済社、二〇一三年）、常木淳『法と経済学による公共政策分析』（岩波書店、二〇一二年）も参照のこと。

(10) 電気分野の規制緩和とその課題について、舟田正之『電力改革と独占禁止法・競争政策』(有斐閣、二〇一四年)に詳しい。山本・野村(前掲)でも、電力の規制改革が論じられている。
(11) 介護分野の規制緩和とその課題について、佐橋克彦『福祉サービスの準市場化』(ミネルヴァ書房、二〇〇六年)、佐藤卓利『介護サービス市場の管理と調整』(ミネルヴァ書房、二〇〇八年)に詳しい。
(12) 保育分野の規制緩和とその課題について、駒村康平「準市場メカニズムと新しい保育サービス制度の構築」『季刊社会保障研究』(二〇〇八年)、Vol. 44. No. 1、同『福祉の総合政策』(創成社、二〇〇一年)に詳しい。子ども・子育て支援新制度については内閣府子ども・子育て支援新制度のHPを参照のこと。
(13) 規制緩和による市場原理の導入に伴う新たな規制強化の役割について、細江守紀「市場経済と政府の役割」細江・三浦(前掲)、三頁を参照。
(14) 電気分野の条件整備、ルール作り、監督などの規制強化の役割について、大橋弘「電力自由化に関する経済学的な論点」『公正取引』(二〇一三年)、No. 754、奥村裕一「自由で公平な電力の競争市場と発送電分離」『都市問題』(二〇一三年)、Vol. 104を参照。
(15) 介護分野の条件整備、ルール作り、監督等の規制強化の役割について、佐橋(前掲載)、佐藤(前掲)で検討されている。
(16) 保育分野の条件整備、ルール作り、監督等の規制強化の役割について、駒村(前掲、二〇〇一年、二〇〇八年)で検討されている。
(17) 保育におけるプロセス評価の必要性について、駒村(前掲、二〇〇八年)一〇頁、一四頁を参照。
(18) 保育サービスにおける「隠された行動」及びその対策について、駒村(前掲、二〇〇八年)一〇頁を参照。

第11章　戦争と平和

葛谷　彩

はじめに

本稿では、「戦争」と「平和」の概念を扱う。まずわれわれ日本人の一般的な「戦争」と「平和」の理解を確認する。辞書『大辞泉』によれば、「戦争」とは「軍隊と軍隊とが兵器を用いて争うこと。特に、国家が他国に対し、自己の目的を達するために武力を行使する闘争状態」とある。これに対して、「平和」は「戦争や紛争がなく、世の中がおだやかな状態にあること。また、そのさま。心配やもめごとがなく、おだやかなこと。また、そのさま」をさす。ここでは、「戦争」は主として「国家間の戦争」であり、「平和」は「戦争の不在」として、対立的に理解されている。おそらく、これがわれわれ日本人の「戦争」と「平和」の最も一般的な理解であろう。なぜなら、「戦後〇〇年」という表現を用いる際（奇しくも今年（平成二七年）はちょうど戦後七〇年に当たる）、そこでイメージされる「戦争」とは日本がアメリカ、イギリスおよび中国などの連合国と戦った「第二次世界大戦（太平洋戦争）」であり、「平和」とは「終戦（昭和二〇年（一九四五年））以来、日本と他国の戦争が無い状態」を意味するからである。

しかし、戦後七〇年を迎える現在、こうした「戦争」と「平和」の理解は岐路に直面しているのではないだろうか。本稿では、「戦争」と「平和」の概念を歴史的に辿ることで両者の多様性を確認し、さらに当時の政治的・社会的背景に留意することで、「戦争」と「平和」が時代や環境と密接に関連するものであることを指摘し、現在のわれわれが「戦争」と「平和」を再考する足掛かりを提供する。

先ほど、われわれは「戦争」と「平和」を対立する概念であると理解していると述べた。すなわち、「戦争」とは国家間の紛争であり、戦争一般は廃絶すべき悪である。「平和」とは戦争の不在であり、追求すべき善であるというイメージである。しかし、このような理解は、人類史上いわゆる「近代」という時代において確立された二〇〇年余りの歴史を持つものにすぎない。そのことを確認するために、近代以前の「戦争」と「平和」を見てみよう。

そもそも戦争は人類と共に古来より存在した。すなわち、それは人間の力ではどうすることもできない「不可避な」ものであり、善悪の議論の対象ではなかった。時には水や食糧などの希少な資源もしくは土地を獲得するための必要な手段と見なされ、時には「英雄的行為」として賛美され、また共同体の男子が成人として認められるための「通過儀礼」として見なされた。例えば、中世ヨーロッパの十字軍戦争やイスラーム教におけるジハード（聖戦）[1]のように、宗教的使命感から賛美されたりもした。じじつ、当時は戦争が必ずしも甚大な犠牲や被害を及ぼすものとは考えられておらず、例えば、ヨーロッパでは一七世紀の三十年戦争などの例外を除けば、最も恐れられていたのは中世に大流行し、全人口の三分の一から五分の一を奪ったとされる黒死病（ペスト）などの疾病であった[2]。

「平和」という概念も、歴史や文化によって多様である。石田雄『平和の政治学』（一九六八年）は、さまざまな文化の「平和」観を三つの文化的類型に分類している。第一の「正義（神意）の実現」としての平和観に分類されるのが、古代ユダヤ教である。そこでは平和（「シャローム」（shālōm））は戦争のない状態として、戦争の反対概念を形成していたわけではない。時には、むしろ反対に勝利を意味することさえあった[3]。このような平和観は、同じ一神教であるイスラーム教や中世ヨーロッパのキリスト教においても見られた。第二の「秩序の維持」としての平和観に分類されているのは、古代ギリシャ・ローマのそれである。古代ギリシャにおいて、平和はギリシャ語で「エイレーネ（eirene）」と呼ばれ、秩序とまとまりのある状態を意味し、平和は豊かな繁栄をもたらすと考えられた。古代ローマにおいては、平和はラテン語で「パクス（pax）」とよばれ、「パクス・ロマーナ（ローマ帝国下の平和）」という言葉に体現されるように、しばしば征服によって実現された戦争のない状態と考えられる傾向が強かった。第三の「心の平安」としての平和観に分類されるのは、インドのそれである。インドにおいては、平和はサンスクリット語で「シャーンティ（śānti）」とよばれ、これはみだれることのない心の状態を意味する[4]。

このように近代以前において「戦争」は必ずしも悪と見なされず、むしろ人間には避けられない運命として理解されることが多かった。「平和」についても「戦争の不在」ではなく、「正義（神意）の実現」とされ、むしろそのための戦争は聖戦として尊ばれることもあった。

しかし、他方で戦争の暴力性を規制しようという試みも一貫して存在した。ここで着目したいのが、「正しい戦争」についての思想である[5]。西洋法制史学者の山内進によれば、それは戦争において、正しい正しくないという判断基準が戦争にはありうるという認識であり、とりわけ西洋世界では古代ギリシャ・ローマの時代から現在にいたるまで頻繁に行われてきた議論であった。山内によれば戦争をめぐる道徳的な立場には、主として次の三つがあるとする。第一は戦争否定論であり、あらゆる戦争を否定する立場である。例えば、キリスト教のクウェーカー教徒に代表される絶対平和主義がこれに含まれる。第二は戦争肯定論であり、これは理由のいかんを問わずに戦争を肯定し、時にはこれを賛美する立場である。上記二つの立場は対極にあるが、ともに「正しい戦争」についての思考を否定する点では共通している。第三が条件付きで戦争を認める思想としての「正しい戦争」論である。山内によれば、『正しい戦争』論は自衛戦争すら認めない平和主義ではないが、およそすべての戦争を認めるというものでもない。それは、武力行使の必要な事態があることは承認するが、その原因と方法に「正しさ」という条件を付すものであり、それ以上でも以下でもない。この点で、「正しい戦争」論は時として緩やかな平和主義と重なり合う。(6)」つまり「正しい戦争」についての思想は、「戦争」の存在を前提としていながら、「戦争」について何が正しくて何が不正であるかを区別する条件を考察することにより、「戦争」を規制していく思考と言える。

戦争が頻発したヨーロッパでは「正しい戦争」についての長い議論の伝統があり、それは「正戦論（just war theory）」と呼ばれる。「正戦論」が「戦争」と「平和」をめぐる議論において重要であるのは、今日の国際社会の特徴である主権国家体制が確立されたヨーロッパで誕生し、発展を遂げた点にある。それに加えて、ヨーロッパでは「正戦論」はキリスト教という本来平和主義（暴力の否定や隣人愛の強調）を説く宗教の中から生まれてきた点も強調したい。というのは、キリスト教の教義と不正な暴力を正すための軍事的暴力の使用をどう両立させるかが、ローマ帝国で普及しつつあった古代キリスト教の焦眉の課題であったからである。教父アウグスティヌス（三五四～四三〇年）は、悪に対抗することの正当性を訴えつつ、他方でそれがキリスト教的愛の精神で行われなければならないとして一定の条件の下での戦争を肯定した。アウグスティヌスの正戦論を中世ヨーロッパにおいて継承し、現代に至る正戦論の原型を構築したのが、中世スコラ神学の大家であるトマス・アクィナス（一二二五頃～七四年）であった。彼は正戦の三つの要件として、①正当な権威、②正当な原因、③正当な意図を挙げた。この考え方は後の近世ヨーロッパの国際法において、戦争が正当な理由（jus ad bellum）をもつことと、戦争が正しく

戦われること（jus in bello）を、正戦の二つの要件と考える枠組みとして継承されることになる。(7)

以上、近代以前の「戦争」と「平和」の概念について簡単に見てきた。それでは、どのようにしてわれわれの「戦争」と「平和」の対立的理解が確立されたのか。それを探るために、今日の国際社会の原型（主権国家体制）が誕生した初期近代（一六～一七世紀）のヨーロッパに遡ってみよう。

一　初期近代：一六～一七世紀

ここからは、一六世紀から現在に至るまでの「戦争」と「平和」の概念を、⑴歴史的背景、⑵当時の「戦争」の様相と戦争観、戦争との関連における「平和」の概念、⑶さらに「正しい戦争」の思想、すなわちどのような基準で戦争を正当化し、かつ規制するのかについて見ていく。

一六世紀前後にキリスト教の普遍的権威の強い影響力の下にあった中世ヨーロッパ世界が経済構造の変容や宗教改革の動きを受けて崩壊していく中、新たな政治秩序が求められるようになり、その中心となったのが各国王たちであった。一五世紀から一七世紀にかけて、国王が他の封建領主の権力を吸収し、他国との戦争遂行のための官僚制と常備軍を備えた絶対主義国家が誕生し、さらに一定の領域を基盤として自らよりも上位の権力を否定する主権国家が台頭した。(8) それに加えて、主権国家を概念的に体系化し、正当化する思想家たちによってそれはより強固な存在となった。その一人が、イギリスの思想家ホッブズ（一五八八〜一六七九年）であった。

ホッブズが生きた当時のヨーロッパは、内戦と宗教戦争が吹き荒れていた。彼の母国イギリスでも清教徒革命が起きており、彼の問題関心は何よりもこうした内戦状況を克服することにあった。彼が主著である『リバイアサン』を始めとする著作を通じて取り組んだのは、何が戦争を正当化するのかではなく、何が平和（この場合は国内の平和を意味する）を確実にするのかという問題であった。彼はこの問題に対して主権理論の精緻化によって応えようとした。ホッブズによれば、人間は「自然状態」（政府も法もなく、完全に自由な個人がそれぞれ自らの欲望を追求できる状態）においては、「戦争状態」、すなわち、「万人の万人に対する闘争」に陥っている。そこで、このような暴力におびえた状態から脱却するためには、人々は自らの自然権（自らの欲望を自由に追求する権利）を主権者（国王）に委ね、主権者の支配に絶対的に服従する必要がある。主権者は人々に安全を保障する代わりに、人々からの服従を担保するという社会契約を結ぶことで、自らの強力かつ絶対的な権力を正当化することができ、かつそうした主権者のみが、国内に安定した平和的秩序をもたらすことができるとホッブズは論じた。彼の主権概念の最大の特徴は宗教的権威ではなく、社会契約論によって、国内の諸集団による暴力行為を徹底的に排除する強力な主権国家の正当化と国内平和の実現を結びつけた点にある(9)。しかし、国際平和、すなわち国家間の戦争の排除についてはホッブズはそれほど重視していなかったとされる。「万人の万人に対する闘争」という言葉で彼が想定していたのはあくまで内戦であった。当時のヨーロッパでは国家間戦争よりも、宗教的対立などを背景にした内戦の方がより恐れられていたのである。例えば、主としてドイツにおいて新旧両派間で戦われた最後のかつ最大の宗教戦争であった三十年戦争(一六一八〜四八年)では、ドイツの人口の約三分の一が失われたと言われる(10)。

主権国家の地位が定着し、主権国家からなる国際秩序の存在が国際的に承認されたのは、一六四八年に三十年戦争の講和条約として結ばれたウェストファリア条約においてであるとされる。これにより各主権国家の主権が相互承認される主権国家体制はウェストファリア体制と呼ばれることとなる(ウェストファリア体制については、池本論文を参照のこと)。各主権国家はこれにより、交戦権や講和締結権などの対外主権を手に入れ、こうした強力な主権をもった主権国家同士の激しい権力闘争を規制するルールの必要性が生じることとなった。この課題に対応したのが、当時のオランダの国際法学者であるグロティウスを始めとする自然法学派の国際法学者たちであった。

彼らは戦争を主題とし、国家はどのような場合に戦争を行うことができるのかという「正戦」の問題を重視した。その代表的人物であるグロティウス(一五八三〜一六四五年)は、「国際法の父」と呼ばれ、三十年戦争を背景として一六二五年に主著『戦争と平和の法』を著した。グロティウスの議論の最大の特徴は、中世ヨーロッパの正戦論に依拠しつつも、それと異なり、神の意志ではなく、自然法(神の存在、神の意志とは別個に存在する理性の命令)に則して論じたことにある。彼は戦争の正当原因(jus ad bellum)として、(1)防衛、(2)物の回復、(3)刑罰の三つを挙げ、それぞれについて徹底的に世俗的な観点からの考察を行なった。[11] 中世とは異なって、各主権国家の上に立つ権威が存在しないことを前提としていたため、国家間の戦争は当然のことながら正当化された。その上でそれに国際法による縛りをかけようとしたのがグロティウスの正戦論であった。

以上、ホッブズの主権論とグロティウスの国際法における正戦論を見てきた。ここで「戦争」と「平和」についての彼らの立場を整理しよう。前者については、ホッブズが問題にしたのは「内戦」であり、グロティウスが考察の対象としたのは「国家間戦争」であった。したがって、後者についてはホッブズが主権国家の確立により目指したのは「内戦の不在」としての「平和」であり、グロティウスが追究したのが「国家間戦争の不在」としての「平和」であった。しかし、両者に共通していたのは自らの上に権威を認めない主権国家の存在を前提としていたことである。したがって、両者の議論から導き出される「戦争」と「平和」の概念とは、国内における暴力的対立（内戦）は主権国家にのみ暴力の正当な独占（警察力）を認めることによって徹底的に排除し、非合法化されたのに対し、国外における暴力的対立（国家間戦争）は交戦権と軍事力をもつ主権国家同士の戦争という形で、国際法によって正当化されたことを意味する。[12] すなわち、ここでの「平和」とはあくまで「国内の平和」「内戦の不在」を意味し、国家間の戦争は国際法によって規制の対象とはなっても、「平和」の概念の射程には入らなかったのである。主権の対外的行使である国家間戦争のない世界としての平和を目指す動きは、近代主権国家が確立し、定着する一八世紀になってからであった。

二　近代（1）：一八世紀

一七世紀から一八世紀にかけてのヨーロッパでは、かなりの数の戦争が戦われた。他方で、頻発する戦争に対して、条約による一時的な平和ではなく、国家間の戦争のない「永遠平和」を目指すべきであるとする声が市民層から高まった。その背景には当時市民層を中心に普及しつつあった啓蒙思想があった。啓蒙思想は人間の理性や進歩を確信するがゆえに、「戦争のない世界」が人間によって創造できるという考えをもたらしたのである。[13]

啓蒙思想家による「永遠平和論」の代表的著作がドイツの哲学者イマヌエル・カント（一七二四～一八〇四年）の『永遠平和のために』である。彼はその中で、自然状態は戦争状態であるから、「それゆえ、平和状態は、創設されなければならない」とした。[14]さらに戦争の第一の原因として重視したのが、常備軍の存在であった。なぜなら、それは他国に脅威を与え、国家間の軍備競争を招くため、結果として軍事費が増大し、その負担に耐えられなくなって先制攻撃を行う傾向が強いためであるとした。したがって、カントは「常備軍は、時とともに全廃されなければならない」と論じる。しかし、その一方で、カントは国民が一時的に武装する形のいわゆる民兵による自衛は否定しておらず、全ての戦争を否定したわけではなかったことは注意しなければならない。[15]また人々が永遠平和の創設に向かうための触媒として戦争に一定の役割を認めてもいた[16]。永遠平和を確立するためのプロセスとして、彼は自由な市民的体制（国民が自由かつ平等であり、法の支配が確立している政治体制）をもつ共和制国家が、国際法に則って自由な連合を確立し、全ての戦争の永遠の終結を目指すべきであり、またそれは最終的に実現可能であると説いた[17]。このようにカントが想定しているのは国家間の戦争であり、「永遠平和」とはそうした国家間の戦争の無い状態を人間が理性に則って築き上げることに他ならなかった。カントの「永遠平和」論は、一方では国際組織による平和を実現する機関としての国際連盟や国際連合の設立につながり、他方では世論が政治に反映される体制としての共和制を民主主義に読み替えることで、民主主義国家同士は戦争をしないという、一九八〇年代以降のアメリカの国際政治学界で受け入れられてきた「民主的平和論」の形成にも大きな影響を与えた[18]。これについては後で触れる。

一八世紀後半に国際法の正戦論において転回がもたらされた。その中心となったのが、実証主義国際法学を確立したスイスの国際法学者エメリッヒ・ヴァッテル（一七一四〜六七年）である。彼は主権国家が平等であるという議論から出発し、戦争の正・不正を問う正戦論から、交戦の規則のみを定めた戦時国際法への転換を推進した。なぜなら、対等な主権国家同士の間では一方が正しく、他方が不正であると決めること（正戦論）はできないからである。かくして「正戦論」は姿を消し、それに代わって、戦争においては正・不正を区別できず、交戦当事者の立場を平等・対等なものとする「無差別戦争観」と言われる考え方が登場し、一九世紀を中心として第一次世界大戦に至るまで支配的な考え方となった。

この考え方の下では、戦争原因（jus ad bellum）の正・不正は問われず、あくまで戦争の戦い方（jus in bello）の正当性・合法性のみが問題とされ、それを扱うのが交戦法規を含む戦時国際法であった。これは国家に戦争を行う自由を認めたものであり、戦争の多発と激化を招くのではないかと思われるが、ヴァッテルを始めとする国際法学者らはそのようには考えなかった。なぜなら、ヨーロッパはいわゆる一つの文明的共同体であり、メンバーである各国はたとえ相互に戦っても、それは一定のルールに基づいて行われるため、相互の破滅をもたらすことはなく、ヨーロッパの平和と各国の独立を維持するという共通利益がそれを可能にしているからであるとした。[19]

三　近代（2）：一九世紀

一八世紀の後半に入ると、ヨーロッパ主権国家体制と戦争のあり方は大きく変容する。それはアメリカ独立革命戦争（一七七五～八三年）からフランス革命戦争（一七八九～九九年）を経て、ナポレオン戦争（一八〇〇～一八一五年）に至る過程によりもたらされた。市民の政治参加の権利の獲得と平行して、一般兵役義務の導入により結成されたフランス革命軍やその後のナポレオン軍は愛国心をもち、士気の高い軍隊の強さを他のヨーロッパ諸国にアピールすることとなった。こうして戦争は「王の戦争」から「国民の戦争」へと転換した。またナポレオンによるヨーロッパ各地への侵攻は、占領国におけるナショナリズム（同じ国民であるという共通意識を持った人々が、主権国家を構成するべきであるという思想や運動）を高めることとなった[20]。

ナポレオン戦争後に開催されたウィーン会議（一八一四〜一五年）において、ヨーロッパは原則としてフランス革命前の状態に戻ることになり、イギリス、プロイセン、オーストリア、ロシア、フランスの五大国間の勢力均衡と、ヨーロッパの平和を重視する「ヨーロッパの協調」の理念に基づくウィーン体制が確立された。ウィーン体制の中核は、「ヨーロッパの協調」の名の下に大国が会議を開催して協力し、ヨーロッパ全体の秩序を管理する会議体制であった[21]。これは一九世紀半ば以降になると、各国におけるナショナリズムの台頭や第二次産業革命による産業化の進展により崩れていくが、少なくともクリミア戦争（一八五三〜五六年）やドイツ統一をめぐる戦争（普墺戦争（一八六六年）、普仏戦争（一八七〇〜七一年））を除いては大国間の戦争は起こらず、ヨーロッパは第一次世界大戦が勃発するまでのほぼ一世紀の間「長い平和」を享受した。

他方で、先述したナショナリズムは一九世紀後半にはヨーロッパ規模で広がり、これは戦争のあり方にも影響を及ぼすこととなった。一方では政治指導者たちは国民を戦争に動員するためにナショナリズムを利用すると同時に、他方では世論のナショナリズムに拘束されて他国との妥協や平和的解決が困難になった。

また一九世紀後半から始まった第二次産業革命により、国境を超えるコミュニケーションや貿易などの経済活動が増大し、相互依存が深化した。[22]世界の一体化が意識されると同時に、それはヨーロッパ各国の帝国主義政策の推進を容易にしたため、各国は競ってアジアやアフリカに進出し、植民地支配を拡大させていった。それは一方では、ヨーロッパ各国の帝国主義競争を激化させることにつながったが、他方ではヨーロッパの世界化を可能にした自身の近代文明に対する楽観的な自信を深めることとなった。

ここで近代戦争の理論の形成に大きく貢献し、一九世紀プロイセンの軍人で、ナポレオンと戦ったクラウゼヴィッツ（一七八〇～一八三一年）の『戦争論』（一八三二～三四年）を見ていこう。第一にクラウゼヴィッツは戦争の本質について、二種類の戦争の類型を提示した。すなわち、戦争とは「拡大された決闘」であり、また常に生きた「力」の衝突であるため、理論的には極端にまで至る傾向、すなわち、敵の戦闘力の殲滅を目指す傾向をはらんでいる。これを彼は「絶対戦争」とよぶ。[23]しかし現実における戦争は、政治的理由と軍事的理由により制約を受ける「現実の戦争」（制限戦争）である。[24]ここから彼は「現実の戦争」は、「政治におけるとは異なる手段をもってする政治の継続に他ならない」という有名な命題を引き出す。[25]すなわち、戦争は外交などと同様、あくまで政治的目的を達成するための手段であり、このような政治の役割が、理論的には「絶対戦争」という極限に至る戦争を抑制するとした。[26]彼は戦争を政治的交渉の断絶の結果起きるのではなく、その継続であり、政治的目的の達成という思考によって遂行されるべき極めて合理的な活動と見なした。これにより、戦争は国家間の紛争の最終的な決着の手段とされ、一定のルール（交戦法規）の下、国境線近くで正規軍同士によって、あくまで相互の殲滅ではなく、政治的目的を達成するために戦われ、勝敗という形で決着がつけられた後は、講和条約の締結と賠償の支払いにより終了するものとされた。

他方、一九世紀の戦争はナショナリズムと軍事技術の発展により、その激しさと規模が拡大したのも事実であった。このような戦争がもたらす被害に対して平和への関心が高まることとなった。例えば、ロシアの文豪トルストイ（一八二八～一九一〇年）は、ナポレオン戦争中のロシアを舞台にした大著『戦争と平和』（一八六五～六九年）の中で平和を破壊する最大の脅威として戦争を描き、一九〇四年の日露戦争の勃発の際は、反戦平和を呼びかけた詩を発表するなど、あらゆる殺人を否定する絶対平和主義と無抵抗主義を説いた(27)。「平和主義」という言葉が登場するのもこの時期（一九〇一年）とされる(28)。

トルストイの絶対平和主義はキリスト教信仰に基づくものであったのに対し、一九世紀末から二〇世紀初めにかけて、技術の進歩やそれに伴う国境を超えた相互依存の進展に代表されるヨーロッパの近代文明への確信から戦争の消滅と平和の到来を論じたものが目立った。例えば、イギリスの経済学者・平和運動家のノーマン・エンジェルはその主著『大いなる幻影』（一九一〇年）で、将来の戦争の破壊力が余りにも甚大であるため、交戦諸国にとって戦争は経済的に見合うものとはならないと予測した。彼の議論は世界各国で大きな反響を呼び、数年のうちに二〇カ国語以上に訳された(29)。このような経済的相互依存の深化による平和論は既に一八世紀のカントなどにおいても見られたが、一九世紀から二〇世紀の転換期における平和論の特徴は、技術の進展や国境を超えた経済や交流活動の活発化に裏打ちされていたことであった。

戦争のもたらす甚大な被害への人道主義的な立場からの関心は、国際法においても大きな影響を及ぼした。一八九九年と一九〇七年の二回にわたって開催されたハーグ国際平和会議では、国家間紛争の司法的解決を委ねる常設仲裁裁判所の設置が合意されたほか、残虐な兵器とされたダムダム弾の使用禁止や、捕虜の人道的扱いの規則を定めたハーグ陸戦規約などが合意された。同会議は戦争そのものを禁止するものではなかったが、「戦争の規則」を確立する形で戦争の暴力性を規制しようという試みであった。他方、こうした国際法が適用されるのは、あくまでヨーロッパの文明国に対してのみであった。アジア・アフリカに進出したヨーロッパ諸国は、同地域を未開もしくは野蛮な地域と見なし、かれらが「半開」と見なした中国、トルコ、日本、タイなどとはいわゆる不平等条約を結び、「未開（野蛮）」と見なした地域は「合法的」に征服して、植民地化した。[30]

四　現代（1）：二〇世紀

第一次世界大戦（一九一四～一八年）と第二次世界大戦（一九三九～四五年）は各国の総力戦体制の下で戦われた世界戦争であった。総力戦とは、戦場で軍事的に決着がつくのではなく、交戦国の経済的、技術的、さらには道義的な動員能力の有無で決まる戦争を指す。そこでは、物資や兵員の供給能力だけでなく、敵国民の戦争への意欲をそぎ、自国民の士気の高揚を目的とする、戦争目的の正当性を互いに宣伝する広報能力も重要な要素であった。したがって、一九世紀までの制限戦争が基本としていた、戦闘員と非戦闘員（民間人）との区別や戦場と銃後の区別は曖昧なものとなり、非戦闘員であっても生産拠点である都市に住んでいれば、空襲などによる攻撃の目標となった。それまで文明の進歩の証として肯定的に捉えられていた近代技術は、殺傷能力の高い武器の無制限な使用による未曾有の被害と破壊をもたらし、人々に大きな衝撃を与えた。

このような状況に直面して、従来の主権国家体制に代わる新たな秩序の構築を求める声が高まった。こうした人々の期待を受けて大きな影響力を発揮したのが、アメリカのウッドロー・ウィルソン大統領と、一九一七年のロシア革命により成立した社会主義政権（一九二二年よりソ連邦）の指導者レーニンであった。両者はそれまでの伝統的な政府間の外交（旧外交）に対して、指導者自らが自国の正義を掲げて世論にアピールする「新外交」のスタイルを示した。第一次世界大戦末期の一九一七年一一月にレーニンが無併合・無賠償・民族自決の和平を全交戦国に訴えた「平和に関する布告」を発表すると、それに対抗する形で一九一八年一月にウィルソンが「一四か条平和原則」を公表し、これは同年のパリ講和会議でのアメリカの主張の中心となった。彼の主張はイギリス、フランス、日本、イタリアなどの戦勝国の帝国主義的行動の前に挫折を経験することとなったが、その構想の中核である国際連盟の創設は認められ、一九一九年に国際連盟が発足した。[31]

ここで、第一次世界大戦後の戦後秩序をめぐるアメリカのウィルソンとソ連のレーニンの構想における「戦争」と「平和」の概念に焦点を当てたい。両者は第二次世界大戦後に本格化するイデオロギー対立としての冷戦の出発点という見方もできるからである。まずレーニンの構想において、二つの戦争観が示される。一方のヨーロッパ列強諸国の戦争について、「防衛戦争」と言いつつも、実態は自国の金融資本が世界市場を制覇するための帝国主義戦争であると断罪する。これに対し、抑圧者である国に対して被抑圧者がおこなう戦争は「正真正銘の民族戦争」であり「祖国防衛」であるとした。これは「抑圧者に対する被抑圧者の革命戦争」の正当化であり、第一次世界大戦末期からのロシア革命を初めとする中東欧諸国における革命や内戦、第二次世界大戦後のアジア・アフリカ地域における植民地独立戦争にその特徴を見出すことができる。[32] 彼にとっての「平和」はロシア革命がヨーロッパへと波及して、世界規模での革命（共産主義政権の成立）が実現することによって達成されるべきものであった。

他方ウィルソンは、第一次世界大戦という「戦争」が引き起こされた原因は、ヨーロッパ列強諸国の政治外交エリートが世論のあずかり知れないところで、秘密外交と勢力均衡の原則に則って自国の勢力圏（植民地）と利益の拡大を追求したことにあると見ていた。したがって、より安定した永続的な平和は、各国の力やエゴイズムに左右される勢力均衡ではなく、国際法、国際機構および自由貿易の促進などの自由主義的価値観に基づかなければならないと考えた。

自由主義と共産主義の違いはあれ、両者は自国の正義というイデオロギーが他国にとっても正しいがゆえに、これが世界規模で普及することが平和の実現につながると考えた点では一致していた。すなわち、「平和」は「戦争の不在」というよりは「正義の実現」であるという見方である。それでは、「戦争」はどう位置付けられるのか。両者はなるほどヨーロッパ列強諸国による第一次世界大戦については批判的であった。しかし、自らの正義の実現の手段としての戦争は肯定した。レーニンは世界革命の実現という観点から「革命戦争」を肯定し、ウィルソンは一九一七年にそれまでの中立を転換して参戦する際、「世界を民主国家にとって平和なものとする」ための戦争として、第一次世界大戦への参戦を正当化したのである。

一〇〇〇万人近い軍民の死者を出した第一次世界大戦は「戦争犯罪」概念の制度化と国際法における戦争の違法化を促進した。それは一九世紀までの戦争観である、主権国家同士の行う戦争を合法とし、戦争そのものの正・不正を問わないという無差別的戦争観からの訣別を意味した。一九一九年のヴェルサイユ条約では、敗戦国ドイツに対して戦争責任者の処罰に関する規定が盛り込まれた。一九二八年には「戦争放棄に関する条約」（パリ不戦条約）が締結され、国家の政策的手段としての戦争が否定されたが、あくまで締約国が「国際紛争を解決する手段として戦争に訴えることを自制することを確約する」という紳士協定のレベルに止まり、法的拘束力をもたないものであった。じじつそのほぼ一〇年後には第二次世界大戦が勃発した。第二次世界大戦は第一次世界大戦をはるかに上回る六〇〇〇万人の軍民の死者を出した総力戦であった。とりわけ、都市爆撃やゲリラ戦、ナチ・ドイツによるユダヤ人大量虐殺

（ホロコースト）や米軍による広島・長崎への原爆投下など、民間人の被害が顕著であった。大戦の終結後には、侵略戦争を国際犯罪であるとすると同時に、「平和に対する罪」（侵略戦争を行った罪）に責任ある指導者個人を国際戦犯法廷において裁くとしたのが、敗戦国ドイツ及び日本で設置されたニュルンベルク国際軍事裁判と極東国際軍事裁判であった。これらの軍事法廷では、「平和に対する罪」の他に「人道に対する罪」（文民である住民に対する非人道的行為および迫害行為。この場合はナチ・ドイツによるホロコーストが該当する）が国際法上の犯罪として公式化された（なおこうした戦争犯罪を裁く常設の国際刑事裁判所が設置されたのは、二〇〇三年であった）。一九四五年の国際連合憲章において、戦争の違法化が明文化され、第二条四項において武力行使による紛争解決が原則的に禁止された。これにより、自衛戦争と国連の安全保障理事会による承認を得た武力行使のみが国際法上合法かつ正当であるとされた(33)。

第二次世界大戦末期に既にその兆しがあったアメリカとイギリスなどの西側諸国とソ連の戦後秩序をめぐる対立は、戦後間もない一九四七年ごろには顕在化した。いわゆる自由主義・市場経済を掲げるアメリカが主導する西側陣営と、社会主義を掲げるソ連が主導する東側陣営との対立である「冷戦」の始まりであった。米ソ両超大国はイデオロギー的にも軍事的にも対立していたが、第二次世界大戦末期に開発され、使用された核兵器の登場は、攻撃する側もされる側も共に殲滅させる勝者なき戦争をもたらすとして、米ソ間の戦争を事実上不可能にした。皮肉にも米ソは大量の核兵器をもって対峙していたがゆえに、互いに核戦争を回避したいという利益を共有できたのである。いわば「恐怖の均衡」（核戦争に対する恐怖から核攻撃を相互に自制する状態）による平和であり、四〇年余り続いた「（大国間の）長い平和」であった。

しかし、それは冷戦の間、戦争が起きなかったことを意味するものではない。第二次世界大戦後独立を果たしていったアジア・アフリカ地域（第三世界）を中心に、非正規の戦闘集団によるゲリラ戦や内戦は頻発していた。こうした、大きな破壊力のある兵器で武装せず、正規の軍隊の形態もとらない兵士たち（例えば軍服を着用しないなど）による戦争は、「低強度紛争」とよばれた。このように一九六〇年代になってアジア・アフリカ地域の諸民族が独立して国際社会に参入したことは、国際政治のあり方にも影響を及ぼした。一九六〇年には豊かな先進諸国からなる北と貧しい発展途上国からなる南の間の富の格差の問題が、南北問題として提起された。東西両陣営はこの問題を自陣営の影響力競争と結びつけ、発展途上国に対して政治的・経済的援助や支援を行なった。それにとどまらず、安定していない地域に両陣営がしばしば介入し、時にそれは米ソの代理戦争という形で戦争へと発展した。(34)

他方、冷戦期の世界での平和運動の対象は当初専ら核戦争に向けられた。じじつ、一九六二年のソ連によるキューバ社会主義政権への核兵器供与をめぐるキューバ・ミサイル危機は、米ソが最も核戦争に近づいた時とされた。この場合の「平和」とはまさに「核戦争の不在」に他ならず、核の廃絶は当時の平和運動の中心的テーマであった。例えば、物理学者であり、原爆の開発に大きな役割を担ったアインシュタインとイギリスの哲学者バートランド・ラッセルが中心となり、科学者や知識人が軍縮問題や平和問題について検討する国際会議をカナダのパグウォッシュで一九五七年に開催した（「パグウォッシュ会議」）。

これに対し、一九六〇年代の南北問題の顕在化を背景として、平和の概念に対しての新しい問題提起がなされた。一九六五年にインドの平和研究者スガタ・ダスグゥプタがインドの現状を「平和ならざる状態（peacelessness. ダスグゥプタの造語）」と表現し、インドをはじめとする第三世界諸国では、戦争や紛争などがないという意味では、一般的には平和と言える状態であるにもかかわらず、極端な貧困のために現実には戦争状況よりもさらに悲惨な飢え、疾病、栄養失調などの苦境にあると論じた。こうした発展途上国による先進国への異議申し立てに対し、ノルウェーの平和研究者ヨハン・ガルトゥングは単に戦争が無いという意味での平和を「消極的平和」と呼ぶ一方、幸福や福祉および繁栄が保障されているという意味での平和を「積極的平和」と名づけた。一九六九年の「暴力、平和および平和研究」という論文の中で、ガルトゥングは「積極的平和」を重視し、「平和」の対概念は「戦争」ではなく、「暴力」であるとした。暴力とは人々が備えている潜在的な自己実現の可能性を奪う不当な力であり、彼がとりわけ問題にしたのは政治的抑圧、経済的搾取、差別や植民地支配など、社会構造の中に組み込まれている不平等な力関係である「構造的暴力」であった。したがって、平和学あるいは平和研究は、単なる戦争の防止に止まらず、社会構造全般の課題を考える領域となり、実践的かつ実際的学問とならざるをえないと主張した。[35] このような「平和」概念の拡大は、冷戦終結後の九〇年代から提唱された「人間の安全保障」論（安全保障の焦点を国家だけではなく、個人の人権や生活にも広げるべきであるという概念）に継承されていった。

五　現代（2）：二一世紀

一九八九年の東欧諸国の民主化に象徴される冷戦の終結の直後、西側諸国の人々を中心に新しい世界秩序の到来に対する楽観的なムードが溢れていた。とりわけ、一九九〇年八月に起きたイラクのサダム・フセイン政権による隣国クウェートへの侵攻に対し、国連の安保理による武力行使容認決議を受けて、翌年一月にアメリカを中心とする多国籍軍がイラクを攻撃し（湾岸戦争）、短期間でイラクをクウェートから撤退させたことは、冷戦下で機能不全になっていた集団安全保障体制の担い手としての国連の復活を印象づけた。

しかし、旧ソ連・旧ユーゴスラヴィア連邦など旧社会主義圏やアフリカを中心に多発するようになった民族紛争や内戦およびそれに伴う民族浄化などの人権侵害に対して、国連を中心とする国際社会が対応につまずくようになると、冷戦後の唯一の超大国となったアメリカが主導的立場を担うようになった。一九九九年コソヴォ紛争におけるＮＡＴＯの空爆は国連安保理の承認なしに実施された「人道的介入」[36]として、その是非をめぐって論議をよんだ。

九〇年代以降の国際社会において焦点とされたのが、二つのタイプの戦争であった。一つは旧社会主義圏や「破綻国家」が数多く生じたアフリカを中心として生じた民族紛争、内戦および二〇〇一年の「九・一一」テロ事件に象徴されるイスラーム教原理主義の過激派によるテロリズムである。これらの紛争や暴力をイギリスの国際政治学者メアリー・カルドーは「新しい戦争」と呼ぶ。それは一九世紀以来の主権国家体制を背景にした、国家同士の、正規軍同士の一定のルールに従った戦争（「旧い戦争」）に対し、民族、氏族、宗教や言語など、ある特定のアイデンティティに基づく集団（非国家主体）による権力の追求（「アイデンティティ・ポリティクス」）を目的とする戦争である。またそうした集団は恐怖と不安を掻き立てることで住民の政治的コントロールを図るため、暴力行為の多くが市民に対して向けられる（民族浄化など）。さらに旧い戦争が中央集権的な国家による統制経済に支えられるのに対し、「新しい戦争」では「グローバル化された」戦争経済、すなわち、略奪や外部からの支援（国外離散民からの送金、周辺諸国政府からの支援、武器、麻薬、石油やダイヤモンドといった高価な物品の不法取引など）から資金を調達する。(37) 要は旧い戦争に対し、「脱国家化」という特徴を持つ戦争と言える。

こうした「新しい戦争」に対し、アメリカを始めとする先進諸国は「非対称戦争（国家と非国家主体の間の戦争）」で対応した。破綻国家地域の民族紛争や内戦に対しては、そうした戦争で起きた民族浄化などの深刻な人権侵害を阻止する目的で、「人道的介入」が講じられた。その代表例がアメリカを中心とするＮＡＴＯ軍が国連安保理の承認なしに武力行使した一九九九年のコソヴォ空爆であった。また国際テロリズムに対しては、二〇〇一年「九・一一」テロ事件直後のアメリカによるアフガニスタン戦争、さらに大量破壊兵器がアル＝カーイダなどのテロ集団にわたることを阻止する目的（先制的自衛）で、国連の安保理の決議なしにアメリカがイギリスなどの有志連合で行なった二〇〇三年のイラク戦争がある。テロに対する自衛として正当化された「アフガニスタン戦争」であるが、その一方で「九・一一」テロ事件直後のブッシュ大統領（当時）の演説に象徴されるように、それはアメリカのみならずブッシュによれば、世界にとって至高の価値である「自由」（言論や信教の自由など）の敵であるテロリズムに対して「自由を擁護する」ための戦争として正当化された。[38] さらにイラク戦争は、当時のブッシュ政権に近い「ネオコン」とよばれる強硬派の人々によって、フセイン独裁政権の打倒によりイラクの民主化を実現し、ひいてはそれが中東の民主化につながるという理由で正当化された。

このような「人道的介入」や「民主化のための戦争」の思想的バックボーンとなったのが、九〇年代のアメリカで唱えられた「民主的平和論」であった。これは民主主義国同士の間では戦争をしないという傾向があるという議論で、九〇年代に国際政治学者ブルース・ラセットを中心として展開された。ラセットらは歴史的データからこれまで民主国家同士が戦うことはまれであったとし、また民主的な国家の国民が共有する規範と制度により民主国家同士は戦争しないとし、したがって、民主国家が増加すれば、戦争が減り平和が拡大することになると論じた。[39] ここには実は厄介な問題が孕まれている。すなわち、民主主義による平和が正しいものであるなら、平和のためには軍事力でもって独裁国家を民主主義国家にするのは正しいということになりかねない。この議論を推し進めると、究極的には民主主義による「永遠平和」を達成するために、「戦争」を不断に行い続けなければならないという逆説に至る。[40] すなわち、近代以降の「戦争」と「平和」(戦争の不在＝秩序の維持)の対立的理解に対して、ここでは「戦争」は「平和」(民主主義という「正義」の実現)という目的のための正しい手段として、正当化される危険性を秘めているのである。

他方、アメリカはフセイン政権の打倒と選挙による民主的政権の実現という目的は達成したが、その後アメリカの単独主義的行動とりわけ軍事行動の負担の大きさが明らかとなってきた。イラク戦争でフセイン政権を排除したことは権力の真空を生み、イスラーム教のシーア派対スンニ派の権力闘争の激化による混乱をもたらし、これに加えてアル＝カーイダなどのイスラーム原理主義の過激派集団が入り込むことにより、イラクはかえってテロ攻撃の温床と化し、イラク戦争の正統性のみならずその有効性が問われることとなった。[41]

こうして見ていくと、世界はいまやイスラーム原理主義の過激派集団のテロリズムによる「正戦(ジハード)」と、これに対して「自由」や「民主主義」の理念を掲げたアメリカ主導の有志連合による「正戦」としての対テロ戦争という、二つの「正戦」の衝突という様相を呈しているかのようである。このような状況を受けて、アメリカを中心として「正戦論」をめぐる論争が起き、その文脈の中で注目されたのが一九八五年に亡くなったドイツの法学者・政治思想学者であるカール・シュミットの正戦論批判であった。

シュミットによれば、「正戦」論は道徳的目的（例えば、人権や平和など）を掲げるがゆえに、敵を道徳的犯罪者と見なし、それが対立をエスカレートさせ、敵を徹底的にたたく殲滅戦を誘発しやすいとしてこれを批判した。このとき彼が批判の対象としていたのは、第一次世界大戦において「平和」や「民主主義」を戦争の目的に掲げることで戦争を正当化し、敵であるドイツを道徳的な敵としたアメリカやイギリスの立場であった。「最も恐ろしい戦争は平和の名において遂行され、最悪の非人道的行為は人道の名の下において行われる」というシュミットの言葉は、先述したイラク戦争後の内部抗争とテロリズムにより混乱極まるイラクの現状を目の当たりにすると、人道的介入と対テロ戦争に対する正鵠を得た痛烈な批判と言えよう。それでは、シュミット本人はどのような戦争観を持つべきであると考えたのか。彼が依拠したのは、主権国家同士の戦争は国際法上合法とされ、一定のルールの下で正規軍同士が戦い、平和条約の締結により終戦するという、ヨーロッパ公法（国際法）に基づく無差別戦争観であった。そこでは敵を絶対的悪とみなすことがないため、対立のエスカレートの危険性が抑制できると考えられた。もっともこのようなヨーロッパの主権国家体制に固執するシュミットの議論は、批判も招くこととなった。いわく、国連やＮＡＴＯなどの国際的な共同体による介入という形をとることで、軍事的介入のエスカレートや犯罪化は阻止できるという批判や、グローバル化により国家の主権が制約され、非国家主体が戦争においても存在感が増す中、主権国家体制とヨーロッパ公法に基づく無差別戦争観への回帰は有効な解答になりえないといったものである。(42) しかし、冷戦後の「正義の実現」としての「平和」を求めるあまり戦われた「正戦」としての戦争が、かえって平和を損なう結果となっている逆説を指摘したという点では、シュミットの正戦論批判は一石を投じたと言えるのではないだろうか。

おわりに

戦争は人類の歴史とともにあり続けた。しかしその一方で、戦争の存在を認めつつ、これを規制しようという試みも行われてきた。宗教戦争が絶えなかった近世ヨーロッパで、「正しい戦争」の思想としての「正戦論」が発達したのは理由があることであった。それは、正戦論の「世俗化」による戦争の規制のプロセスであり、「正義の実現」としての「平和」ではなく「秩序の維持」としての「平和」を目指すプロセスであった。キリスト教会という普遍的権威の衰退により、至高の存在になった主権国家からなるウェストファリア体制の下、中世キリスト教神学から出発した国際法の歴史が、正しい戦争の基準を神の意志（中世）から人間の理性の命令という道徳的基準（近世）へ、さらに戦争の理由ではなくやり方の正当性・合法性のみを問うこと（近代）へと変遷させる形で発展したのがその表れである。他方戦争自体もクラウゼヴィッツのいう一定のルールの下で損害が限定可能な「制限戦争」を想定することができた。しかし近代技術文明の発展がもたらした二〇世紀初頭の世界戦争は、そうした「制限戦争」

や「無差別戦争観」をもはや無効にした。人々は「戦争の違法化」や自由民主主義や社会主義という「正義の実現」により平和の達成をめざす道を歩み始めた。それは一方では第二次世界大戦や冷戦という戦争やグローバルな対立をもたらしつつも、他方では国際連合などの国際機関や国際法の進展という成果を可能にし、今日の国際世論とりわけ先進諸国における世論においては、国際紛争を解決する手段としての戦争はもはや許されないものとされている。その意味で戦争放棄をうたった憲法第九条をもつわれわれ日本は、戦争の不在としての平和への道の最前線にある「平和国家」であるかもしれない。しかし他方で、冷戦という二つの正義をめぐる戦いが終わった後に出現したのは、一方でイスラーム原理主義を他方で自由と民主主義を掲げて戦われる現在の「正戦」ともいうべき状態である。一神教になじみのないわれわれ日本人は、これをもって戦争の存在を前提として戦争の正・不正を問う「正しい戦争」の思想は無意味であると達観して、「平和国家」としての自らの正当性を再確認するかもしれない。

しかし、戦後七〇年の間も日本の外では戦争は絶えることが無かった。また武力行使禁止原則が明文化されても、現在の国際社会が主権国家体制である限り自衛戦争は現在もなお国際法上認められた戦争である。その意味で現在も「戦争」の存在を前提としていながら、「戦争」について何が正しく何が不正であるかを区別する条件を考察することにより、「戦争」を規制していく思考としての「正しい」戦争の思想は有効ではないだろうか。それは「戦争」と「平和」を対立的なものとして捉えるのではなく、「戦争」が現実に起きている世界の中で「平和」について考え、「平和」を目指す中で、現実にある「戦争」

を正面から見据える思考であると言える。われわれは「戦争」と「平和」を対立的に捉え、前者を否定し続けてきた結果、今「戦争」に近づきつつある、あるいは自ら招いている危険性がないだろうか。本稿は、「戦争」と「平和」の正しい解答を教えることはしないし、またできない。なぜなら、それは存在しないからであり、あくまで読者の皆さんが自分たちで探すより他ないからである。本稿が「戦争」と「平和」をともに考える機会となれば幸いである。

注

（1）もっともジハードとは、本来「能力を尽くす」もしくは「奮闘努力する」という意味であって、戦闘の意味を必ずしも含まない。またイスラーム教の伝統的な法学派では、ジハードの語を限定的に捉える傾向があるとされる。詳しくは奥田敦「イスラームにおける正しい戦い――テロリズムはジハードか」山内進編著『「正しい戦争」という思想』勁草書房、二〇〇六年、一四五―一七二頁。

（2）石津朋之『戦争学概論』筑摩書房、二〇一三年、三六三―三六四頁。

（3）石田雄『平和の政治学』岩波新書、一九六八年、二一頁。

（4）同、二三―二九頁。

（5）山内進「序論　聖戦・正戦・合法戦争」同編著『「正しい戦争」という思想』勁草書房、二〇〇六年、一―四一頁。

（6）同、七頁。

（7）中西寛・石田淳・田所昌幸『国際政治学』有斐閣、二〇一三年、二六〇頁、山内（二〇〇六）、二一―二二頁。

（8）佐藤哲夫「国際法から見た「正しい戦争」とは何か――戦争規制の効力と限界」山内編著（二〇〇六）、二三四頁。

（9）内藤葉子「戦争」古賀敬太編著『政治的概念の歴史的展開』第二巻、勁草書房、二〇〇七年、一九〇―一九一頁。中西・石田・田所（二〇一三）、六一―六五頁。
（10）中西寛『国際政治とは何か――地球社会における人間と秩序』中公新書、二〇〇三年、八九―九〇頁。
（11）山内（二〇〇六）、二六―二八頁。佐藤（二〇〇六）、二三五―二三六頁。
（12）内藤（二〇〇七）、一九一頁。
（13）Michael Howard, *The Invention of Peace & the Reinvention of War*, Profile Books, revised and extended edition, 2002, p. 2, p. 6.
（14）イマヌエル・カント『永遠平和のために』宇都宮芳明訳、岩波文庫、二〇〇九年、二七頁。
（15）同、一六―一七頁。
（16）同、七〇―七五頁。
（17）同、二九―四八頁。
（18）加藤朗『入門・リアリズム平和学』勁草書房、二〇〇九年、八一―八二頁。
（19）山内（二〇〇六）、三三―三五頁。佐藤（二〇〇六）、二三七頁。
（20）中西・石田・田所（二〇一三）、六九―七四頁。
（21）同、七二―七三頁。
（22）同、七四―七六頁。
（23）カール・フォン・クラウゼヴィッツ『戦争論』（上）清水多吉訳、中公文庫、二〇一四年、三四―四〇頁。
（24）同、四一―四七頁。同（下）、四七三―四七八頁。
（25）同（上）、六三頁。
（26）同（下）、五二三頁。

(27) 石津（二〇一三）、一四五頁。
(28) 寺島俊穂「平和」古賀敬太編著『政治的概念の歴史的展開』第三巻、勁草書房、二〇〇七年、四一頁。
(29) 石津（二〇一三）、一五六頁。
(30) 山内（二〇〇六）、三五―三六頁。
(31) 中西・石田・田所（二〇一三）、八一―八二頁。
(32) 内藤（二〇〇七）、一九八―一九九頁。
(33) 内藤（二〇〇七）、二〇〇頁、中西・石田・田所（二〇一三）、三七六―三七七頁。
(34) 中西・石田・田所（二〇一三）、一〇一―一〇二頁。
(35) 加藤朗（二〇〇九）、六六頁。ヨハン・ガルトゥング『構造的暴力と平和』高柳先男・塩屋保・酒井由美子訳、中央大学出版部、一九九一年。
(36) 人道的介入については、最上敏樹『人道的介入――正義の武力行使はあるか』岩波新書、二〇〇一年。
(37) メアリー・カルドー『新戦争論――グローバル時代の組織的暴力』山本武彦・渡部正樹訳、岩波書店、二〇〇三年、第一章。
(38) 阪口正二郎「最近のアメリカが考える「正しい戦争」――保守とリベラル」山内編著（二〇〇六）、二〇八頁。
(39) ブルース・ラセット『パクス・デモクラティア――冷戦後世界への原理』鴨武彦訳、東京大学出版会、一九九六年。
(40) 中西・石田・田所（二〇一三）、一三二頁。
(41) 同、一〇八―一一五頁。
(42) 古賀敬太「シュミットの正戦論批判再考」臼井隆一郎編『カール・シュミットと現代』沖積舎、二〇〇五年、一五一―一七七頁。権左武志「20世紀における正戦論の展開を考える――カール・シュミットからハーバーマスまで」山内編著（二〇〇六）、一七五―二〇三頁。阪口（二〇〇六）、山内編著（二〇〇六）、二〇四―二三二頁。

第12章　国際社会と国際組織

池本　大輔

一　国際社会

1　主権国家システム

現在の世界は、主権国家システムとよばれる一つの国際社会をなしている(1)。この主権国家システムは、約二〇〇の主権国家によって構成される。では、国家が主権をもつとは何を意味するのだろうか。主権には、対内的な意味と対外的な意味とがある。前者は、国家が一定の領域とその住民に対して、他のいかなる存在にも優越する権威を持つことを指す。その国の政治体制が君主制か共和制か、民主制か独裁制かは、さしあたり問題にならない。後者は、世界政府のように、国家に対してさまざまなルールや決定を強制することのできる上位の存在がなく、国家と国家はお互いに対等であることを意味する。国家に対して上位の存在がないことから、現在の国際社会は無政府状態だと言われる。

主権国家システムが最初に誕生したのは、初期近代のヨーロッパである。それ以前の中世ヨーロッパは、ローマ教会を頂点とする一つのキリスト教共同体だった。対内的には、封建貴族や都市が武装する権利を含めさまざまな特権を有しており、対外的にはローマ教皇や神聖ローマ皇帝が超国家的な権威を持っていたため、主権国家と呼べるものは存在しなかった。だが一六世紀になると、このようなヨーロッパの中世的秩序は大きく変容する。まずイングランドやフランスで、国王権力が封建貴族の特権を侵食することによって、絶対主義国家が成立した。さらにドイツに始まった宗教改革の結果として、ローマ教皇の権威を認めないプロテスタント派の国家が相次いで誕生した。そのうちの一つイングランドは、ローマ教皇が自国の司教を任命する権利を否定し、国王自らが教会の長となることで、その独立性を高めた。このような動きは、やがてフランスのような一部のカトリック国家にも波及してゆく。

一七世紀前半に現在のドイツを主な舞台として戦われた三十年戦争は、プロテスタントとカトリックという二つの宗派の間の宗教戦争としての側面と、ハプスブルク家(神聖ローマ皇帝を輩出しスペインを支配していた)と反ハプスブルク勢力の争いという側面とをもっていた。この戦争の結果、ローマ教皇や神聖ローマ皇帝の権威は大きく失墜した。とりわけ、ハプスブルク家がヨーロッパに覇権を打ち立てる可能性が潰えたこと、オランダやスイスが帝国から独立し、帝国各領邦の独立性が高まったことは、対外的主権確立への重要な一歩であった。同時に、この戦争を通じて、フランスをはじめとする各国では常備軍や徴税のための行政機構の整備が進み、その対内的主権は著しく強化された[2]。現在の主権国家システムを、三十年戦争を終結させた条約の名前にちなんでウエストファリア体制と呼ぶのはこのためである。

さて、当初絶対主義国家という形で成立した主権国家は、やがて国民国家へと発展していく。国民国家とは、（かなりの程度まで想像上のものであるが）共通の言語や歴史を中核とする文化的な集団である「ネイション（民族）」に存在根拠を求める「国家」のことを指す[3]。政治的軍事的単位である国家と文化的単位であるネイションの境界が一致することが国民国家の特色である。この考え方が広く受け入れられるようになると、人々は「私たちの国家」という意識を持つようになる。あるネイションが別のネイションの支配下に置かれていたり、複数の国家の間で分断されていたりする場合には、単一の独立国家をもつことを要求する民族自決運動が起きることが多い。フランス革命の結果としてフランスが国民国家に衣替えすると、それに触発される形でイギリスでも国民意識が形成された。一八四八年の二月革命以降はヨーロッパ各地でナショナリズムが高揚し、イタリア統一（一八六一年）やドイツ統一（一八七一年）が実現した。

ところで、主権国家システムは国家より上位の権威を欠いているので、誰が主権国家（国際社会の一員）であるかは、主権国家の相互承認によってのみ決定されうる。当初ヨーロッパで誕生した国際社会の範囲は地理的に限定されており、世界の他の地域には別の国際社会が存在していた（例えば、東アジアには中華帝国を中心とする冊封体制が存在した）。だがヨーロッパ諸国が海外進出を進めるにつれて、ヨーロッパ国際社会の範囲も徐々に拡大していく。もっとも、当初主権国家として承認されたのはヨーロッパ諸国とその植民者によって建国された北米・南米諸国のみであり、これらの国々はアフリカやアジアを事実上支配していた勢力を主権国家システムの一部とはみなさなかった。一八世紀末から一九世紀にかけて起きた産業革命の結果として、英仏に代表される欧米諸国は並ぶもののない工業力・軍事力を獲得し、二〇世紀初頭までにアフリカ・アジアのほとんどの地域を植民地化して広大な帝国を築いた。このことによって、世界ははじめて一つの国際社会のもとに包摂されたのである。しかしこの国際社会は、「文明化」された主権国家と、主権国家によって植民地化された従属地域、従属地域ではないが対等とも認められない存在（日本・中国・トルコなど）の三つを含む、不平等なものであった。非欧米諸国の中で、近代化や西欧化を進めることによって、欧米諸国から初めて主権国家として承認されたのは、この最後のグループに属する国々である。

　第一次世界大戦中、アメリカのウィルソン大統領は戦後の国際秩序の原理として民族自決原則を掲げ、植民地状態に置かれた世界各地の人々の独立への希望をかきたてたが、実際に原則が適用されたのは敗北したドイツ・オーストリア＝ハンガリー・ロシア・オスマン諸帝国のヨーロッパ領土のみであった。アジア・アフリカの大半の植民地が独立し主権国家としての地位を獲得できたのは、第二次世界大戦が終わった後のことである。世界中が主権国家によって覆われる現在の世界は、このような長いプロセスの結果としてようやく誕生したのであった。

2　国際社会における紛争解決——外交、バランス・オブ・パワー、国際法

国際社会が無政府状態によって特徴づけられることはすでに見た。そのため、国際関係は本書の第一〇章以前で扱われる国内政治とはかなり異なる論理に基づいている。国家間で利害が対立し、紛争が発生した場合、国際社会ではどのように解決されうるだろうか。

まずもって重要なのは外交（交渉）である。[4] ヨーロッパ諸国は、中世イタリアの都市国家間で発達した慣行を受け入れ、お互いに外交使節を交換し、在外公館を設けるようになった。この慣行は国際社会の拡大とともに世界中に広まってゆく。国家は外交交渉を通じて、相互に自らの国益を主張しながら、妥協点を探る。現在に至るまで、国際紛争のもっとも重要な解決方法は外交である。

しかし、あらゆる国際紛争が外交によって解決されうるわけではないのも事実である。国際社会において、戦争の可能性が完全には排除されないゆえんである。そこで人々は、国際秩序を維持するためにどうすべきか、という問題に長い間取り組んできた。大まかにいって、現在の国際政治学には軍事力やバランス・オブ・パワー（勢力均衡）を重視する立場と、国際法や国際組織の役割を重視する立場の二つがある。前者はリアリズム（現実主義）と呼ばれ、後者はリベラリズム（国際協調主義）という。両者

を簡単に紹介しよう。

リアリストによれば、無政府状態とは戦争状態に他ならない。戦争状態といっても常に戦争が起きているわけではないが、いつでも戦争が起きうる状態である。そこで、国家はその安全と存続を最重要な目標とみなさなければならない。国際関係において、軍事力が重要なのはそのためである。軍事力とは相手との強弱によって測られる相対的なものであるから、国家は自国の安全を図るため、他国が自国より優位に立つのを防ぐよう行動する必要がある。具体的には、自国の軍事力を強化し、同盟を締結することが考えられよう。このような政策をバランス・オブ・パワー（勢力均衡）という。一八世紀以降、バランス・オブ・パワーは国家が追求すべき「政策」という意味に加えて、一国が他国に抜きんでた軍事力を有することなく各国間の力の均衡が維持されれば国際平和が保たれるという観点から、望ましい国際社会の「状態」を示す概念としても用いられるようになった。もっとも、どのような力の分布が平和の維持につながるのか、リアリストの間でも合意があるわけではない。最近では、冷戦後の世界におけるアメリカのように、一国が圧倒的な力を有する状態こそ平和をもたらすという立場（覇権安定論）も有力である。

これに対してリベラリストによれば、国家とは別に地球社会と呼ぶべきものが存在し、それが国家の行動にとって重要な条件となっている。リベラリストは国際政治に関するリアリストの悲観的な見方を批判し、国家が互いに協調して平和を維持することは可能だと主張する。産業革命以降のめざましい工業化と経済発展とを背景に、一九世紀中葉は進歩の可能性を信じるリベラリズムの時代であった。当時のリベラリストが国際平和をもたらす要因として最も期待したのは、政治の民主化と自由貿易の拡大であった。この考え方は、民主的平和論や相互依存論という形で現在まで受け継がれている。一九世紀末になると、リベラリストたちは国際法の強化によって平和を維持すべきと提唱するようにもなった。

このリアリズムとリベラリズムの対立はよく知られているが、一九一四年に第一次世界大戦が起こるまでは、バランス・オブ・パワーと国際法は対立するものではなく、両者は相互補完的に国際社会の秩序維持に貢献しているという第三の見方（国際社会論と呼ばれる）がむしろ有力であった。[5] 一九世紀には、バランス・オブ・パワーを維持するための小規模な戦争は起こったが、それが大戦争につながることはなく、大国間には一定の抑制が働いていた。他に抜きんでた力を持つ国が存在しないこと（＝状態としてのバランス・オブ・パワー）が、国際法の遵守をうながした。他方、当時の国際法は国家間の紛争の解決手段としての戦争が行われることを前提にしつつ、その遂行方法に一定の歯止めを掛けることで、戦争の犠牲者を減らそうという発想に立っていた。したがって、国際法の存在はバランス・オブ・パワーを維持するための戦争の妨げにはならなかったのである。

バランス・オブ・パワーに抑制が働いた要因は二つあった。第一に、ほとんどの国では政治が民主化されていなかったため、外交政策は一部のエリートによって決定されていたが、これらのエリート達は国益を追求して相互に対立する一方、自らをエリートたらしめている伝統的社会秩序の転覆につながるような大規模な戦争の発生を防ぐという点では共通の利益を有していたこと。第二に、同盟関係が柔軟で組み替えが容易であった。とりわけ、イギリスはヨーロッパ大陸のいかなる同盟にも与さず（「栄光ある孤立」政策）、いかなる国も大陸で支配的な地位を占めることがないようバランスを維持する役割を果たしていた。

しかし、これらの条件は第一次世界大戦勃発（一九一四年）までに失われた。第一に、各国で政治が民主化し、外交政策の策定に対して議会や世論がより大きな影響力を持つようになった。これは民主主義の観点からは望ましい変化であったが、交渉担当者が譲歩しにくくなり、国際紛争を外交的に解決することを困難にした面もある。同時に、戦争は今や「私たちの国家」の一大事と認識されるようになり、多くの人々が自発的に自国のために戦い、命を投げ出すようになった。第二に、一八七一年のドイツ統一によりヨーロッパ大陸の中央に強大な軍事力をもつ国家が登場したことで、バランス・オブ・パワーが大きく変化した。

これらの変化により、バランス・オブ・パワーから抑制が失われた。特に一九世紀末以降、ドイツの外交政策が植民地獲得や海軍増強をめざす方向へ変化すると（新航路政策）、同国の台頭を脅威に感じたイギリス、フランス、ロシアは三国協商を結成して対抗した。対するドイツは、オーストリア＝ハンガリー、イタリアとの三国同盟を強化し、結果的にヨーロッパは二つの軍事同盟に分断されてしまった。そしてオーストリア＝ハンガリー帝国の皇位継承者がサラエボで暗殺されたことを引き金として、ほぼ全てのヨーロッパ主要国を巻き込む第一次世界大戦が勃発したのである。このように、各国が自己の安全を目標として一方的に行動したために他方による対抗措置を招き、かえって両者の安全を危うくしてしまうことを安全保障のディレンマという。第一次世界大戦の結果として、国際社会論への支持は低下し、国際政治に対する見方は、国家主権の制約を伴う強力な国際組織を創設することによって平和を維持すべきという立場（リベラリズム）と、それに反対する立場（リアリズム）の二つに分極化した。

二　国際組織

二〇世紀になってから国際社会の組織化が徐々に進んでいる。以下では安全保障（平和の維持）のために創設された多国間の国際組織である国際連盟・国際連合と、経済協力のために発達してきた国際的な貿易・通貨レジームについて説明する。(6) 国際組織とは、（例外もあるが）三つ以上の国家によって創設され、法人格を持ち、理事会・総会・事務局を中核とする内部構造を備える組織のことを指す。以下で紹介する国際連盟と国際連合は、あらゆる国家が参加できる組織であるため普遍的機構と呼ばれる。それに対して、地理的に範囲が限定された国際組織を地域的機構という。その代表例はＥＵ（欧州連合）であるが、ここでは紙幅の関係上、普遍的機構に話を限定する。(7)

1　国際連盟と国際連合

（1）国際連盟

第一次世界大戦は戦闘員・非戦闘員をあわせ二〇〇〇万人近くの死者を出してようやく終結した。人類史上未曾有の犠牲を伴う戦争によって、バランス・オブ・パワーにもとづく伝統的な国際政治の信用が失墜したのは不思議ではない。その参戦が大戦の帰趨を決定づけた新興国アメリカの大統領ウッドロー・ウィルソンは、バランス・オブ・パワーを厳しく批判し、集団安全保障に基づく国際秩序によってそれを置き換えるよう提唱した。集団安全保障とは、国家が自己の権利を実現するため戦争に訴えるのを制限する代わりに、国内政治における議会や裁判所に類似した制度を備えた国際組織を設け、国家間の紛争を平和的に解決する道を用意しようという考え方である。集団安全保障を実現するため、一九二〇年に国際連盟が創設された[8]。

国際連盟の下では、戦争はもはや当事国だけの問題とは見なされなくなった。国際的な安全保障は集団的な責任であり、すべての国が平和を維持する義務を負う。裏を返せば、他国の努力によって実現した平和に「ただ乗り」することは禁じられたことになる。国際連盟は戦争を原則として非合法化するところまでは進まなかった。しかし連盟の加盟国は加盟国間で紛争が発生した場合、常設国際司法裁判所の仲裁・裁判、あるいは理事会の審査に委ねることを約束し、この手続が不調に終わった場合でも、三ヶ月間は戦争に訴えないことになった。理事会は大国からなる常任理事国と、中小国からなる非常任理事国によって構成され、イギリス・フランス・イタリア・日本が常任理事国となった（のちにドイツが加わる）。理事会の意思決定には全会一致が必要とされた。全加盟国が参加する総会は一国一票の原則を採用し、理事会は自ら決定する代わりに問題を総会に付託することもできた。事務を担当するために設けられた事務局とあわせ、理事会・総会・事務局という組織構造は、その後創設される国際組織のモデルとなった。

さて、紙の上に書かれたルールはそれだけでは絵に描いた餅に過ぎない。そこで連盟の加盟国は、各国が侵略を受けた場合に侵略された国を擁護すると公約することによって、侵略を未然に抑止しようとした。それにもかかわらず実際に戦争が起きてしまった場合には、侵略国を処罰するため、国際連盟の決定に基づいて、加盟国が経済制裁もしくは軍事的な措置をとることになっていた。ただし、国際連盟自体は独自の軍事力をもたなかった。

国際連盟は海軍軍縮条約を実現し、小国間の国際紛争を解決する上でも貢献した。だが、一九二九年に起こった大恐慌を契機として、国際協調の機運は急速に後退してゆく。枢軸国（ドイツ・イタリア・日本）が第一次世界大戦後に誕生した国際秩序に挑戦するようになると、国際連盟は大国が関与した事件、とくに日本が起こした満州事変やイタリアによるエチオピア侵略を解決することができず、第二次世界大戦の勃発を防げなかった。国際連盟が失敗に終わった理由は大きくわけて二つある。第一に、国際連盟が直面したのは解決することが極めて困難な問題であった。第一次世界大戦の戦勝国、とくにフランスは、敗戦国ドイツの弱体化をめざすあまり、非常に厳しい講和条約（ヴェルサイユ条約）を押しつけた。ドイツは旧来の領土の十分の一を失い、天文学的な額の賠償金を負わされたため、ドイツ人の多くはヴェルサイユ体制を正当なものとはみなさなかった。

第二に、国際連盟自体にもいくつかの問題があった。国際連盟の理事会の決定には全会一致が必要であったため、理事国の対立により連盟はしばしば実効性を欠いた。さらに、主要国は集団安全保障のコストを負担することに消極的だった。第一次世界大戦後の世界に大国として登場したアメリカとソ連は、国際連盟に積極的に関わることはなかった。アメリカはウィルソンが国際連盟創設を提唱したにもかかわらず、ヨーロッパでの戦争に再び巻き込まれることを懸念した上院の反対によって、国際連盟への参加を断念した。ロシア革命の結果として世界初の共産主義国家となったソ連は外交的に孤立しており、ヒトラーがドイツで権力を掌握したあと一九三四年になってようやく連盟に加盟したが、一九三九年に追放された。米ソ不在の結果、国際連盟で中心的な地位を占めることになったのはイギリスやフランスであったが、両国も自国利益と直接関わりのない問題での制裁発動には消極的だった。これは侵略国に対する制裁がリスクを伴うことを考えれば不思議でなく、独自の軍事力を持たず加盟国による制裁に依存した国際連盟の構造的な欠陥だといえよう。国際連盟はその規約で国際平和が全加盟国にとっての関心事であると宣言したものの、実際には各国が集団安全保障のコストを負担するのを嫌ったため、失敗に終わったのであった。

（2）国際連合

第二次世界大戦後、大戦中の連合国の結束を基礎として、国際連合が新たに創設された（一九四五年）。国際連盟が大国間の意見の相違によって失敗に終わったという反省から、国際連合では以下みるように大国の役割や大国間の協調がより重視されることになった。

国連憲章では、国際紛争を解決するために武力を用いることは原則として禁止されたが、二つの例外的な場合には、武力を用いることが認められている。それは憲章第五一条に定められている自衛（自国が攻撃を受けた場合）・集団的自衛（自国と密接な関係にある外国が攻撃を受けた場合）と、憲章第七章に規定されている集団安全保障（侵略行為に対する制裁として、国連の安全保障理事会の決定にもとづき行われる）である。このうち自衛・集団的自衛は、国連の集団安全保障が発動するまでという条件付きのもとで認められていることに注意が必要である。すなわち、国連憲章は国連という国際組織の決定にもとづいて行われる集団安全保障を平和維持の中核に据えつつ、それが発動できない場合に備えて、集団的自衛権にもとづく旧来型の軍事同盟にも一定の役割を認めたのである。

安全保障理事会は国際連盟の理事会が改称されたもので、集団安全保障の発動権を独占し、加盟国はその決定により拘束される。安全保障理事会は常任理事国五ヵ国、非常任理事国一〇ヵ国（一年に一度改選）によって構成され、その議決には九ヵ国の支持が必要である。常任理事国のアメリカ・ソ連・中国・イギリス・フランスの五カ国には拒否権が認められた。国際連盟が実効性を欠いたことへの反省から、国連憲章には国連軍に関する規定が新たに盛り込まれた。

しかしながら、第二次世界大戦後の国際政治において国連が中心的な役割を果たしてきたとは言えない。大戦終結後まもなく米ソ間で東西冷戦が始まり、世界は二つの陣営に分断された。冷戦の背景にあったのは体制選択をめぐるイデオロギー対立であり、西側陣営は主として自由民主主義諸国、東側陣営は共産党の一党独裁と生産手段の公有化・計画経済によって特徴づけられる社会主義諸国によって構成された。冷戦のため、大国間の協調を前提とする安全保障理事会は機能しなくなった。国連軍の設置は実現せず、国際紛争が集団安全保障の枠組みにもとづいて対処されたのも、朝鮮戦争（一九五〇―五三年）と第一次湾岸戦争（一九九〇―九一年）の二度しかない。

そこで国連に代わって冷戦期の安全保障に中心的な役割を果たすことになったのは、地域や二国間の軍事同盟であった。つまり国連憲章では例外とされたものが、実態としてはむしろ原則となったのである。ヨーロッパ・北米地域では、アメリカを中心とする西側諸国がＮＡＴＯ（北大西洋条約機構）、ソ連を中心とする東側諸国がＷＴＯ（ワルシャワ条約機構）をそれぞれ結成した。東アジアではヨーロッパとは異なり、多国間の軍事機構は存在せず、日米安全保障条約のようにアメリカと各国が結んだ二国間協定により同盟関係が築かれた（ハブ・アンド・スポークという）。東西両陣営は核兵器を保有して対峙し、「世界が最も核戦争に近づいた一三日間」といわれたキューバ危機（一九六二年）のような事件を経験しながら、もし実際に核戦争になれば必ず双方が破滅するという恐怖の均衡の上に平和が維持された。

ベルリンの壁の崩壊（一九八九年）・東西ドイツ統一（一九九〇年）・ソ連の崩壊（一九九一年）によって、二極構造の世界は終わりを告げた。冷戦終結と時を同じくして勃発した第一次湾岸戦争が集団安全保障の枠組みで解決されたこともあり、冷戦後の世界では国連がより重要な役割を果たすという期待が高まった。実際、安全保障理事会の決議数が冷戦終結後大幅に増加する一方で、国家間の軍事衝突の件数は減少傾向にある。しかし、冷戦後の世界においても常任理事国間でコンセンサスを形成するのは容易でない。旧ユーゴスラビア連邦崩壊過程で起きた民族紛争では、ロシアや中国が介入に消極的な立場をとる中、NATOは人道的観点から安全保障理事会の決議なしに空爆に踏み切った。冷戦終結とソ連の崩壊により唯一の超大国となったアメリカは、国際組織や同盟国の意向を軽視する単独行動主義へ傾斜し、九・一一同時多発テロ事件後の二〇〇三年には、武力行使を容認する安全保障理事会の決議を経ないままイラク戦争に踏み切った。国連の集団安全保障を中核とする国際平和の構想が現実のものとなるまでの途は、なお険しいと言わざるをえない。

集団安全保障に代わって、国連の中核的活動になったのが平和維持活動（PKO）である。平和維持活動は国連憲章には明記されていないが、一九五六年のスエズ危機をきっかけとして始まった。その特徴は、当事者のどちらが悪いかは判断せずに軍事力の引き離しをはかる点にある。平和維持活動は、紛争当事者の合意にもとづき、中立的な立場で停戦や休戦、軍隊の撤退の監視などを行う活動であり、武力の行使は自衛のために必要な最小限度で許容される。冷戦終結以降、平和維持活動は質・量両面で重要性が増している。これは、世界の様々な地域で、米ソ対立の下では沈静化していた民族・宗教対立が激化し、内戦が頻発するようになったためである。先進国からみると、内戦の結果として治安維持など国家としての基本的な機能を果たせない国家（破綻国家とか失敗国家と呼ばれる）ができると、国際的なテロ活動の温床となる危険性がある。

そこで冷戦後の世界では、新しい世代の平和維持活動が行われるようになった。第一は平和構築であり、これは紛争当事者の停戦合意後に行われる、国連の暫定統治期間の治安維持、選挙の組織・監視、インフラ整備などを指す。(9) 第二は平和強制と呼ばれ、当事者の合意がない場合でも国連が介入することが意図されていたが、ソマリアでの介入に失敗したあとは慎重な意見が多くなっている。国連の他の部門（開発機関等）との協力が広範に行われることも、新しい世代の平和維持活動の特色である。

安全保障以外の国連の活動やそれに関わる機関についても簡単に述べておこう。経済社会理事会は経済・社会問題全般に関して必要な決議や勧告などを行う。総会は全ての加盟国の代表が参加する国連の議会であり、平和と安全・国際協力の推進・国際法の発展・基本的人権の実現・国連の予算など、さまざまな問題について加盟国や安全保障理事会に勧告を行うことができる。総会は一国一票制をとるため、アジアやアフリカの植民地が独立を達成した一九七〇年代以降は途上国の発言力が強くなった。総会の決議には加盟国や安全保障理事会を拘束する力はないが、南北格差の問題が国際政治の主要な議題となるなど、とくに社会・経済分野ではアジェンダ設定に一定の役割を果たしている。国際司法裁判所は、国際紛争を裁判によって解決し、国連総会やその他の機関が法的意見を求めた場合に勧告を行うことを任務とする常設の裁判所である。但し、国際司法裁判所の管轄権が発生するのは紛争当事国の双方が合意した場合のみであり、その判決には執行力がない、という二つの限界を抱えている。事務局は国連内部の事務を司る。その長である事務総長は、国連の顔ともいえる存在であり、様々な国際問題について発言するという非常に重要な役割を担っている。

2　国際経済レジーム

次に、第二次世界大戦後めざましく発展した国際経済レジームについて見ていこう。レジームは狭義の国際組織ほど明確な内部構造を持っておらず、その形態も、継続的に開かれる会議外交（以下で言及する先進国首脳会議は一例）のようなものから、多国間条約によって創設された制度（次にみるガットやブレトンウッズ体制はこれ）も含まれる。要するに、レジームとはその場限りの外交関係と狭義の国際組織の間に位置する、さまざまな形態・程度に組織化された外交関係のことを指す。

もともと、国際的な経済交流を扱う領事関係は、戦争と平和の問題を扱う外交関係とは制度上明確に区別されており、国家間の通商その他の経済活動は、二国間で締結される通商航海条約により規律されるのが一般的だった。そのため、国際電信連合や万国郵便連合など特定の問題を対象とするものを除き、経済問題を一般的に扱う多国間の国際組織は存在しなかった。しかし戦間期に主要国の多くで選挙権が拡大し、失業や不景気に対処するため政府による経済への積極的な介入が求められるようになると、そのような介入と国際的な経済活動とをどう両立させるかという問題が発生した。

この問題に対処するため、第二次世界大戦後西側諸国によって国際的な貿易・通貨レジームが創設された。覇権安定論の支持者は、西側諸国間で国際経済レジームが創設される際には、アメリカが覇権国として決定的に重要な役割を果たしたと主張する。しかし実際には、冷戦期の世界は東西両陣営が対峙する二極構造であり、アメリカはソ連の軍事力や共産主義の脅威に対抗するため、同盟国の西欧諸国や日本に配慮する形で国際経済レジームの形成にあたった[10]。これらのレジームは、冷戦終結後に旧東側諸国やインドも参加するようになったことで、真にグローバルな存在となった。

(1) 国際貿易レジーム

一九二九年に世界恐慌が始まると、世界の主要国は国内産業を保護するため関税の引き上げなど保護貿易政策を採用する一方、当時事実上国際通貨制度として機能していた金本位制から相次いで離脱したため、世界経済はブロック化してしまった。ブロック経済の下では、資源や輸出市場の確保のために勢力圏を確保しようという動きが強まり、第二次世界大戦を引き起こす一因となった。そこで大戦後はこうした轍を踏まないよう、世界的な貿易の自由化を実現するためガット（GATT、関税と貿易に関する一般協定）が締結された。ガットは関税引き下げによる貿易自由化をめざすと共に、関税率を相手国に応じて差別したり関税以外の面で国内製品を優遇したりすることを禁じ（無差別原則）、二国間交渉にかえて多角的交渉を原則とした。同時に、国際的な自由貿易と国内における福祉の実現とを両立させるため、各国が一定のセーフ・ガードを設けることを認めた。

ガットのおかげで戦後の国際貿易は飛躍的に増加し、世界経済は大戦による打撃から回復することができた。しかし一九七〇年代以降、アメリカの貿易赤字を背景として、日米間、欧米間で貿易摩擦が激化した。このような事態に効果的に対応するため、一九九五年にガットを発展させる形でＷＴＯ（世界貿易機関）が設立された。ＷＴＯの特徴はその強力な紛争処理手続にある。第一に、ネガティブ・コンセンサス方式が採用されたことで、加盟国間に貿易摩擦が発生した場合、紛争当事国の一方が望めば紛争解決手続が進むことになった。第二に、敗訴した国が期限内にＷＴＯの裁定を履行しない場合には、勝訴国が対抗措置を取ることを認めた。これらの特徴は、先述した国際司法裁判所の二つの限界を、通商問題に限定されるとはいえＷＴＯが克服したことを意味している。

ガットの貿易自由化交渉は、先進国が競争面で優位に立つ工業製品を中心に進み、途上国が求めた農産物の貿易自由化はあまり進まなかった。その後は先進国の産業構造の変化を反映して、ＩＴや金融などサービス貿易に交渉の焦点が移っている。ただ、ＷＴＯにおける最近の貿易自由化交渉は、先進国と最近世界経済の中で存在感を高めつつある中国やインドなど途上国との対立のため、捗々しい成果を挙げられていない。

そのため、一九九〇年代以降、地域単位で自由貿易地域や共同市場を創設して貿易を自由化する傾向が強まった。もともとガットはその無差別原則の例外として、第三国に対してそれまでより高い関税を課すことなく、参加国間で実質上すべての貿易（貿易額の九〇％程度が目安とされる）にかかる関税を撤廃する場合に限り、一部の国だけでこうした制度を創設することを認めてきた。ＥＵ（欧州連合）加盟国は、この例外に依拠する形で一九五〇年代から域内での貿易自由化を進めた。冷戦終結後は超大国の介入が減少して世界各地域の自立性が高まったこともあり、アメリカ・カナダ・メキシコの三カ国が参加するＮＡＦＴＡ（北米自由貿易協定）、メルコスール（南米共同市場）、ＡＦＴＡ（東南アジア諸国連合自由貿易地域）などが相次いで創設された。

日本はガットやＷＴＯを通じたグローバルな貿易自由化を重視していたこともあり、自由貿易協定（日本では経済連携協定とも呼ばれる）締結の動きに出遅れた感が否めないが、二〇一五年にはＴＰＰ12（環太平洋戦略的経済連携協定）の交渉が妥結し、二〇二〇年にはＲＣＥＰ（東アジア包括的経済連携協定：ＡＳＥＡＮ諸国と日中韓豪新の計一五カ国が参加）にも調印した。自由貿易地域の拡散は、ＷＴＯの交渉が行き詰まる中で貿易自由化を進めるためにはやむを得ない面があるが、ガット以来の世界貿易の無差別原則を空洞化させる恐れもある。

（２）国際通貨レジーム

ガットと並んで戦後の国際経済レジームの基盤となったのが、一九四四年に設立された固定相場制にもとづく国際通貨制度である。国際通貨制度とは、国家間で行われる商品・サービスの貿易取引や資本取引の円滑な決済を可能にする仕組みのことを指す。国際通貨制度が必要なのは、国家ごとに通貨が違い、国際的な取引のためには通貨の交換が不可欠なためである。戦後の国際通貨制度は、その創設に合意した国際会議が行われたアメリカの都市にちなんで、ブレトンウッズ体制と呼ばれる。第二次世界大戦前は主要国のほとんどが金本位制を採用していたが、アメリカが世界の金の大半を保有するようになったことを背景に、ブレトンウッズ体制では米ドルだけが固定価格で金と交換できることになった。アメリカ以外の各国は、自国の通貨をドルに対して平価（日本の場合は一ドル＝三六〇円）の上下一％以内に維持する義務を負った。金に対する価値が保証されたドルを基軸通貨として、各国の為替レートを固定したのである。各国が固定相場を維持するのを支援するため、ＩＭＦ（国際通貨基金）が設立された。

マンデル＝フレミングの法則によれば、①固定相場制、②国際的な資本移動の自由、③各国の金融政策の自律性、の三つを同時に実現するのは不可能である。ブレトンウッズ体制は、国際貿易を促進するため固定相場制を採用したが、各国経済に構造的な不均衡がある場合には平価の変更が認められていた（①）。多くの参加国は経常収支[11]に伴う取引（主として貿易）以外の国際資本移動の自由を厳しく制限することで（②）、完全雇用実現のため必要な金融政策の自律性を確保した（③）。

ガットとブレトンウッズ体制をあわせた第二次大戦後の国際経済レジームを、「埋め込まれた自由主義」と形容することがある。「埋め込まれた」というのは、世界的な自由貿易体制が完全雇用という社会的な目的と調和するような形で実現されていることを指す。そのおかげで、各国は国内の実情にあった経済運営を行うことが可能になり、西欧諸国が福祉国家の建設にあたる一方、日本は国家主導の産業政策による工業発展と先進国への仲間入りを実現した。

ブレトンウッズ体制は戦後の国際経済の発展に大きく貢献したが、一九七三年に崩壊し、世界は変動相場制に移行した。アメリカが、西欧諸国と日本の経済成長による国際競争力の低下・ベトナム戦争に伴う海外支出・「偉大な社会」計画による財政支出の拡大により、経常収支と財政収支の「双子の赤字」を抱えるようになったことが原因である。多額のドルが海外に流出し、アメリカの金保有量は急激に減少した。これを受けてニクソン大統領は一九七一年にドルの金兌換を停止したが、赤字国のアメリカ、黒字国の日本や西ドイツのいずれも、貿易不均衡の縮小を国内経済運営に優先させるような政策を採ることには消極的だった。加えて、国際資本移動が徐々に自由化され、外国為替市場の取引高が増加した結果、固定相場制を維持するためのコストは増加していた。つまり、主要国が国際資本移動の自由化と経済政策の自律性を固定相場制の維持に優先させたため、ブレトンウッズ体制は崩壊したのである。

新しい国際通貨制度のあり方について検討するため、二〇カ国の代表からなる委員会が設立されたが、第一次石油ショックに伴う世界経済の混乱のため、新制度への移行は見送られた。一九七六年にジャマイカのキングストンで開催された総務会で、変動相場制への移行に伴うＩＭＦ協定の改正が承認され、各国がどのような為替制度を採用するかは自由となった。

変動相場制に移行したことで、為替相場の変動を通じて黒字国と赤字国との間の不均衡が自動的に解消することが期待された。（黒字国の通貨は上昇し、その国の国際競争力が損なわれるので黒字は縮小する。赤字国は逆。）しかし、実際には不均衡は持続した。加えて、石油ショックで原油価格が上昇したため、中東の産油国が巨大な黒字を抱える一方、輸入原油に依存する先進国・途上国の国際収支は悪化し、不均衡の新たな原因となった。

そのため一九八〇年代になると、アメリカやイギリスは国際資本移動を完全に自由化することで、黒字国から赤字国への資金の還流を促すようになった。国境を越えて動くマネーの量は、とてつもない勢いで増加している。一九九八年には外国為替市場の取引高は一日あたり平均で一兆五二七〇億ドルであったが、二〇〇七年には三兆三二四〇億ドル、二〇一九年には六兆五九五〇億ドルに達した。現在の外国為替市場の取引高は、わずか一日で日本の国内経済総生産一年分を上回る計算になる。大規模な国際資本移動は各国のマクロ経済運営を制約し、「埋め込まれた自由主義」は終焉した。いまや多くの先進国は高い失業率と財政赤字、貧富の格差の拡大に悩まされている。他方、規制緩和の後押しもあってロンドンとニューヨークの金融センターは急激に成長し、経常収支赤字を海外からの資金流入で埋め合わせることが可能になったため、ブレトンウッズ体制の下では不振にあえいだ英米両国の経済は順調に成長した。とりわけ、ドルの基軸通貨としての地位のおかげで、アメリカは膨大な財政・経常赤字にもかかわらず、巨額の軍事支出をつうじて覇権国としての地位を維持し、経済的繁栄を謳歌することができた。直接投資の受け皿になった中国やインドなど一部の途上国も、資本移動自由化の恩恵を蒙るかたちで急速な経済成長を遂げた。

国境を越えて動き回るマネーの規模が巨大化したことで、一九九七年のアジア通貨危機のように急激な通貨変動が実体経済に悪影響を与える事態が起きることになった。ＩＭＦは固定相場制の維持を助けるための機関から、このような危機に直面した国家に対する経済支援を行う機関へと変身した。しかし、ＩＭＦが支援と引き換えに構造改革を求めることが、各国の実情にあわず社会的・経済的混乱を引き起こしているという批判も強い。ＩＭＦの最高意思決定機関は各国二名の代表から構成される総務会であるが、日常業務や具体的な政策決定は理事会により行われる。理事会を主宰する専務理事はヨーロッパ諸国から選ばれるのが慣例である。[12] 各国の投票権は拠出額に比例するが、重要な決定には八五％以上の票が必要であり、アメリカは一五％以上の票を有するので、事実上拒否権を持っている。このように欧米諸国を中心とする組織運営に対して、途上国は不満を募らせている。

（３）Ｇ７とＧ20

ブレトンウッズ体制が崩壊したあと、一九七五年に先進六ヵ国（アメリカ・日本・ドイツ・イギリス・フランス・イタリア）によって、Ｇ６と呼ばれる国際的な政策協調のためのフォーラムが新たに作られた。Ｇ６は翌年以降カナダの参加によってＧ７となった。Ｇ７による主要国首脳会議は、一九九七年以降ロシアが参加することでＧ８に衣替えした。このほか、Ｇ７は年に数回財務相・中央銀行総裁が出席する会議を開き、国際通貨・経済問題について協議を行っている。

ブレトンウッズ体制の崩壊とＧ７の創設を、西側先進国の集団指導体制に基づくレジームの誕生を象徴する出来事と見る向きもある。しかしＧ７は、世界的な貿易収支の不均衡を是正すべく各国が協調して為替相場をドル安に誘導したプラザ合意（一九八五年）のような例外を除けば、実効的な国際協調のフォーラムであったとは言い難い[13]。先に見たように、ドルの基軸通貨としての地位が冷戦終結後に再確立されたおかげで、アメリカの覇権はむしろ強化された。

そのアメリカの覇権国としての地位を脅かしたのは、グローバル金融危機である。二〇〇八年にアメリカの四大証券会社の一つであったリーマン・ブラザーズが倒産したことをきっかけに発生したグローバル金融危機は、国際金融の中心地であるアメリカやイギリスを襲った点で、従来の金融危機とは根本的に性質の異なるものであった[14]。リーマン・ショックの直接の原因はアメリカの不動産バブルの崩壊であったが、不動産融資を元にした金融商品を世界中の金融機関が購入していたことや、米中間の貿易不均衡に代表されるいびつなグローバル経済のあり方が問題を世界的なものとした。危機のあと、従来のＧ７に代わって、中国などの途上国も参加するＧ20が世界経済についての話し合いの主な舞台となった。

グローバル金融危機の興味深い点は、一九三〇年代の大恐慌に匹敵する規模の経済的危機であったにも関わらず、先進国内部での貧富の格差の拡大や中国・インドの台頭といった、危機以前からのグローバルな所得分布の傾向にほとんど変化がなかったことである[15]。危機のあと内向きになったアメリカでは、問題は移民や貿易相手国の不公平な経済慣行にあると主張する右派ポピュリズム勢力への支持が強まり、二〇一六年の大統領選挙でトランプが当選した。トランプは「アメリカ第一」を旗印に、これまでアメリカが主導的な役割を果たしてきたＮＡＴＯや多国間の国際経済レジームに対して批判的な姿勢をとった[16]。アメリカはＴＰＰ12から撤退し、ＷＴＯの最終審にあたる上級委員会もアメリカの反対で欠員補充が進まなかったため、二〇一九年に上級委員会は機能不全に陥った。

三　国際社会を超えて

以上本章では、主権国家システムの成立と変容を、とりわけ二〇世紀後半以降の国際社会の組織化に重点を置く形で検討してきた。国連の集団安全保障の機能不全に象徴されるように、国際組織にはさまざまな限界がある。国際組織が多数決で意思決定を行い、決定に反対した国家もそれに拘束される、という形で国家主権を制約することは、ＥＵを除けば稀である。それゆえ、現在の国際組織を国際社会における政府、あるいは国家の上に立つ「主体」として捉える見方は、明らかに現実を反映していない。国際組織の発展は、国際社会が無政府状態であるという事実を根本的に変化させるようなものではなかった。もっとも、国際組織の存在が無意味だという見方は誤りである。国家間の外交や妥協をうながす「場」としては、国際組織は重要な役割を果たしているからである。

それでは、現在の国際社会はいかなる方向に向かっているのか。主要な三つの論点を検討することで、本章の結びとしよう。

(1) 国家の階層化

既にみたように、主権国家システムは国家が対等であることを前提にしている。ところが、最近の国際組織の中には、加盟国の地位に格差があるものがみられ、国家が階層化しつつあるのでないかと指摘されている。国連の安全保障理事会の常任理事国が享受している特権的な地位や、ＩＭＦの意思決定において投票権が出資額に比例することはその一例とされる。もっとも、「大国」の地位が国際社会によって公式に承認された事例としては、ナポレオン戦争を終結させるため開かれた二〇〇年前のウィーン会議まで遡ることが可能であり、国家の階層化は最近になって始まった現象ではない。主権国家システムの歴史をつうじて、国家が形式的には対等だった場合でも、その国家の軍事力や経済的な豊かさに応じて、実質的な影響力の格差は常に存在していた。国際社会の組織化が二〇世紀になって進んだ結果として、この格差が顕在化したと見ることも出来よう。

問題は階層化そのものではなく、多くの国際組織やレジームの内部構造が創設時の国際社会のあり方によって規定され、現在では時代遅れになっていることにある。覇権安定論が正しければ、アメリカの衰退と中国の台頭により、アメリカは国際秩序を維持するためのコストを負担する意思や能力を失い、国際秩序は不安定になる。トランプ政権下で起きた事態は、この予測を裏付けるもののようにも見える。しかし、覇権国の力によって支えられる国際秩序という考え方自体にそもそも問題がある。第一に、覇権国が他国に対してはルールを押し付ける一方で、自国はそれに従わないという事態が起こりうる。第二に、主権国家システムは国家主権をその根本原則とすることで、異なる体制や価値観を擁する国々の共存を可能にしてきたが、覇権国が自国の価値観に基づく国際秩序を形成しようとすれば、その価値観を奉じない国々との間で早晩軋轢が生じるであろう。冷戦後の世界で発生したのは、まさにそのような事態だったと思われる。覇権国の力でなく、多国間協調こそ国際秩序の基礎だとすれば、アメリカの覇権の衰退は、途上国も含めた新たな国際社会の組織化や国際レジーム形成への道を開くかもしれない。国連の安全保障理事会を改革し、成長著しい途上国に国際経済レジーム内でより大きな発言力を認めることで、現在の国際社会の実情を反映させる必要がある。それと引き換えに、新興国の側も国際的なルールの枠内で行動することを学ばねばならない。

(2) 失敗国家の存在・人道的介入の必要性

国家主権の帰結の一つとして、内政不干渉の原則がある。ところが、冷戦終結後の国際社会では、内戦状態に陥り、秩序維持など国家としての基本的機能を果たすことのできない国家(失敗国家と呼ばれる)の存在と、それに対する支援が大きな問題となっている。それと同時に、冷戦終結によりイデオロギー対立が終焉し、実質的に自由民主主義が勝利したことを背景として、基本的人権の重大な侵害や虐殺が起きている場合には、国際社会が人道的介入を行う必要性があると主張されるようになった。もっとも、アメリカが起こしたイラク戦争がその後の秩序悪化の原因となったように、国連の決定を経ない介入は非常に危険である。国連の枠組みの中で行われる場合でも、失敗国家への支援は国家としての基本的機能を果たせるようになるまでのあくまで一時的なものであり、平和維持活動のところでも述べたように、当事者の合意のない人道的介入は例外的なケースにすぎない。

（3）国家以外のアクターの重要化

最後に、主権国家や主権国家が創設した国際組織以外のアクターが重要な役割を果たすようになっているという事実が、主権国家システムという捉え方が時代遅れになっている根拠としてしばしば取り上げられる。ここでいう国家以外のアクターとは、多国籍企業や非政府組織（ＮＧＯ）のことを指す。それと関連して、グローバル化が進展し地球環境問題が深刻になる中で、個々の国家の力の及ばない問題が増えていると主張されることも多い。確かに世界経済の中で多国籍企業の存在感が増しているのは事実であり、国際社会が環境問題や開発援助に取り組むにあたって、非政府組織は重要な役割を果たすようになっている。その限りでは、主権国家システムが相対化されつつあるとか、国際社会（international society）という表現に代わって地球社会（global society）という表現を用いるべきだという主張には一理ある。もっとも、国家以外のアクターが国際社会で重要な役割を果たすようになったことや、個々の国家の力が及ばない問題が存在することが、ただちに国家の重要性の低下を意味するものではない。二一世紀の世界にあっても、国家以外のアクターには解決できない問題は多い。それが個々の国家によっても解決できないとすれば、国家間の協調、すなわち国際社会のさらなる組織化によって対処するより他はないであろう。

注

（1）本章を読んでさらに国際政治について学びたいと思った者は、藤原帰一『国際政治』（放送大学教育振興会、二〇〇七年）、山影進『国際関係論』（東京大学出版会、二〇一二年）、ジョセフ・S・ナイ・ジュニア／ディヴィッド・A・ウェルチ『国際紛争〔原書第10版〕：理論と歴史』（有斐閣、二〇一七年）、ポール・ゴードン・ローレン／ゴードン・A・クレイグ／アレクサンダー・L・ジョージ『軍事力と現代外交：現代における外交的課題〔原書第4版〕』（有斐閣、二〇〇九年）等に挑戦してみると良いだろう。

（2）マイケル・ハワード『ヨーロッパ史における戦争』（中公文庫、二〇一〇年）。

（3）ナショナリズムと国民国家については、ベネディクト・アンダーソン『想像の共同体：ナショナリズムの起源と流行』（書籍工房早山、二〇〇七年）、E・J・ホブズボーム『ナショナリズムの歴史と現在』（大月書店、二〇〇一年）を参照。

（4）外交については、細谷雄一『外交』（有斐閣、二〇〇七年）がもっとも手軽に読める文献である。

（5）ヘドリー・ブル『国際社会論：アナーキカル・ソサイエティ』（岩波書店、二〇〇〇年）。

（6）国際組織や国際レジームについて詳しくは、最上敏樹『国際機構論〔第二版〕』（東京大学出版会、二〇〇六年）を参照すること。

（7）EUについては、池本大輔・板橋拓己・川嶋周一・佐藤俊輔『EU政治論：国境を越えた統治のゆくえ』（有斐閣、二〇二〇年）をあたって欲しい。

（8）国際連盟について日本語で読める文献としては、篠原初枝『国際連盟：世界平和への夢と挫折』（中公新書、二〇一〇年)がある。

(9)平和構築については、藤原帰一・大芝亮・山田哲也編著『平和構築・入門』(有斐閣、二〇一一年)を参照。

(10)メアリ・カルドー『新戦争論：グローバル時代の組織的暴力』(岩波書店、二〇一三年)。

(11)経常収支とは、国の対外的取引を記録した国際収支の三つの構成要素のうちの一つである。経常収支の中でもっとも重要なのは、貿易・サービス収支である。経常収支は政府の歳入と歳出の差を意味する財政収支とは異なる。政府が財政赤字を抱えていても、国全体の経常収支が黒字になることはありうる(今の日本がそうである)。

(12)紙幅の関係上本章では触れないが、世界銀行の総裁はアメリカから選ばれる。

(13)プラザ合意については、船橋洋一『通貨烈々』(朝日新聞社、一九八八年)。なお厳密に言えば、プラザ合意はG5諸国(G7からイタリアとカナダを除く)の合意である。

(14)アンドリュー・ロス・ソーキン『リーマンショック・コンフィデンシャル』(早川書房、二〇一四年)。

(15)ブランコ・ミラノヴィッチ『大不平等：エレファントカーブが予測する未来』(みすず書房、二〇一七年)。

(16)いうまでもないが、トランプ以前の歴代政権がアメリカの国益を追求してこなかったわけではない。トランプ政権とそれ以前の政権との違いは、アメリカにとって何が国益であるかという点についての認識の違いにある。

【執筆者紹介】

添谷 育志（そえや やすゆき）〔第1章　自由と権力〕

所属学会：政治思想学会

主要業績：杉田敦・川崎修編『西洋政治思想資料集』（共著、法政大学出版局、二〇一四年）。マイケル・イグナティエフ『火と灰——アマチュア政治家の成功と失敗』（共訳、風行社、二〇一五年）。

二〇一五年三月末日をもって退職。名誉教授。

熊谷 英人（くまがい ひでと）〔第2章　平等と専制〕

所属学会：政治思想学会

担当科目：政治学原論、政治思想史1、西洋政治史

主要業績：『フランス革命という鏡——十九世紀ドイツ歴史主義の時代』（白水社、二〇一五年）、『フィヒテ「二十二世紀」の共和国』（岩波書店、二〇一九年）。

古代ギリシア以来の西洋政治思想史について、理論的・歴史的観点から研究を進めています。

畠山 弘文（はたけやま ひろぶみ）〔第3章　国家と国民〕

所属学会：日本政治学会

担当科目：政治社会学、政治学

主要業績：『近代・動員・国家』（文真堂、二〇〇六年）。

私の関心は、国家が近代世界を考える際のもっとも基本的な視座である、ということを歴史のなかで、比較の観点も大幅に取り入れながら説明することにあります。これを「動員史観」といいます。よろしく。

中谷 美穂（なかたに みほ）〔第4章 政治参加と政治文化〕
所属学会：日本政治学会
担当科目：政治心理学、政治過程論、社会調査論
主要業績：「何が地方議会への信頼を決めるのか？——手続き的公正に注目したシナリオ実験による検証」（『法学研究』第九三巻（1）、慶應義塾大学、二〇二〇年）、「初めての投票をいかに説明するか？——期待価値理論を用いた投票参加がモデルの提示」（『法学研究』第一〇四号、明治学院大学、二〇一八年）。
意思決定過程のあり方に対する代表者と有権者の認識の乖離について、意識調査や実験的手法を用いて研究しています。

久保 浩樹（くぼ ひろき）〔第5章 選挙制度と政治代表〕
所属学会：日本政治学会
担当科目：政治制度論、アメリカ政治論、計量政治分析
主要業績："Explaining Citizen Perceptions of Party Ideological Positions: The Mediating Role of Political Contexts."（with Royce Carroll）Electoral Studies 51（2018）14-23. "Measuring and Comparing Party Ideology and Heterogeneity."（with Royce Carroll）Party Politics 25（2）.（2019）245-256.
近年のアメリカの政治現象の特徴として分極化が挙げられますが、これらを比較政治や地方政治の視点から相対化して考察することを目下の研究課題としています。サーベイデータ、テキストデータ、専門家調査などのデータの日本政治の分析への応用にも関心があります。

渡部 純（わたなべ じゅん）〔第6章 政党と圧力団体〕
所属学会：日本政治学会
担当科目：日本政治論、現代政治理論、政治学
主要業績：「戦死者とナショナルアイデンティティ—国立墓地の形成過程に見る南北戦争の「語り」と reunion」「ゲティスバーグ演説の訳し方」（『法学研究』第九〇、九四号、明治学院大学、二〇一一、二〇一三年）、「大江健三郎、非政治的人間の政治学」（韓

国日本研究団体国際学術大会招請講演、ソウル、二〇一四年）。
現在の研究テーマは、憲法典の制度的定着過程の理論的考察。憲法に関わるナラティヴ（語り）に着目した事例分析を進めている。

毛 桂榮（もう けいえい：MAO Guirong）〔第7章 政府と行政〕
所属学会：日本行政学会
担当科目：行政学、政治体制論、中国政治
主要業績：『日本の行政改革』（青木書店、一九九七年）、『比較のなかの日中行政』（風行社、二〇一二年）、西尾勝『行政学・新版』（共訳、中国人民大学出版社、二〇〇六年）。
最近は、日本研究より中国研究に関心をシフトしながら、比較政府論、比較行政論を模索中です。

佐々木 雄一（ささき ゆういち）〔第8章 世論とメディア〕
所属学会：日本政治学会
担当科目：日本政治史、政治史、現代政治理論
主要業績：『帝国日本の外交 1894-1922 なぜ版図は拡大したのか』（東京大学出版会、二〇一七年）、『陸奥宗光』（中央公論新社、二〇一八年）。
近代日本外交と国際社会、戦前・戦後日本の首相と内閣、民主政治におけるリーダーシップといったテーマに関して、並行して研究を進めています。

鍛冶 智也（かじ ともや）〔はしがき、第9章 公共と市民〕
所属学会：日本行政学会
担当科目：都市行政、都政研究、地方政府論、公共と市民、政府と企業
主要業績："Drifting Faith: Civil Society and Public Philosophy in Japan," *Dharma World*, Vol. 32, January-February 2005.
コミュニティ支援の国際ＮＧＯや社会福祉法人の理事長や国・自治体の審議会委員・研修講師をしていますが、理論と実践を繋

げて正義と幸福を実現することが課題です。

西村 万里子（にしむら まりこ）〔**第10章 政策と市場**〕

所属学会：日本公共政策学会
担当科目：公共政策論、福祉国家論、高齢社会と法
主要業績：『少子高齢化と社会政策』（共著、法律文化社、二〇〇八年）、『インパクト評価と社会イノベーション』（共著、第一法規、二〇二〇年）。

国・自治体の審議会等の委員をし政策過程に参画するとともに、行政・企業ＣＳＲ・ＮＰＯなどが実施する社会的事業の評価と社会的投資について研究しています。

葛谷 彩（くずや あや）〔**増補第2版のはしがき、第11章 戦争と平和**〕

所属学会：日本国際政治学会
担当科目：国際政治学、政治史、国際関係史
主要業績：葛谷彩・小川浩之・西村邦行編著『歴史のなかの国際秩序観――「アメリカの社会科学」を超えて』（共編著、晃洋書房、二〇一七年）、板橋拓己・妹尾哲志編著『歴史のなかのドイツ外交』（共著、吉田書店、二〇一九年）。

現在は、戦後の日本、西ドイツ（当時）とイギリスのリアリズム国際政治論の比較に取り組んでいます。

池本 大輔（いけもと だいすけ）〔**第12章 国際社会と国際組織**〕

所属学会：日本国際政治学会
担当科目：国際政治学、国際組織論、比較政治
主要業績：European Monetary Integration 1970-79: British and French Experiences（Palgrave Macmillan, 2011）、『ＥＵ政治論：国境を越えた統治のゆくえ』（共著、有斐閣、二〇二〇年）。

地域統合やグローバル化の進展と先進国の民主政治とが、相互に及ぼす影響について研究しています。

索　引

《さ》

《た》

政治学の扉——言葉から考える【増補第２版】

2015 年 3 月 25 日初版発行
2021 年 3 月 15 日増補第 2 版発行

編　者	明治学院大学法学部政治学科
発行者	犬塚　満
発行所	株式会社風行社 〒 101-0064 東京都千代田区神田猿楽町 1-3-2 Tel. & Fax. 03-6672-4001　振替 00190-1-537252
印刷・製本	中央精版印刷

　ISBN978-4-86258-138-9